評伝　立花隆——遥かなる知の旅へ

第一章　死を語る言葉たち

　二〇二一年四月三十日、戦後を代表するジャーナリスト立花隆は、都内の病院で八十年の生涯を閉じた。死因は動脈硬化による急性冠症候群。二〇〇七年に告知された多発性膀胱がんの手術に続き、翌年には冠動脈二カ所に梗塞が見つかり心臓の手術を受けていた。その他にも痛風、糖尿病、高血圧など生活習慣病のデパート（東大病院・永井良三医師との対談、「ぼくは全身『生活習慣病』」、『文藝春秋』二〇〇七年十一月号参照）と自嘲するほど数々の病魔に冒されながら、取材に執筆に全身を酷使した果てに斃《たお》れたのだ。

　東大病院で最初に診断を受けたのは一九九六年十一月、翌年のカルテによると、血圧は上が二百十、下が百三十、痛風の症状が出ているのに立花は、ワインを毎日五百ミリリットル飲んでいたという（『知の旅は終わらない——僕が3万冊を読み100冊を書いて考えたこと』）。心筋梗塞の発作に備え、ニトログリセリンの錠剤を絶えず携帯してもいた。

　永井良三（後に自治医科大学学長）との対談で示された病歴データでは、初診の翌年一九九七年七月には原因不明の激痛に襲われ、東大病院で緊急検査の結果、ＭＲＩで脳梗塞、脳出血の跡が見つかる。八月には激痛の原因を探るため、一週間の検査入院。二〇〇〇年十月には、便の血液反応が初めて陽性となる。二〇〇一年七月頃には、わずかな段差で転倒することが多くなった。翌二〇〇二年十月に便の血液検査が陽性で、大腸内視鏡で直径二センチのポリープが見つかったが手術後、良性と判明。二〇〇六年二月頃からは、糖尿病が顕在化する。二〇〇七年八月に再び、大腸ポリープが見つかる。頸動脈に軽度の動脈硬化も見つかっている。これだけ病魔に冒されながら、立花は一向に仕事のペースを落とさず、その結果として生活習慣も根本的に改善されなかった。高血圧、糖尿に加え痛風の三重苦とあっては、主治医もお手上げ状態で、内臓脂肪も桁外れに多く、不規則な生活と脂肪分の多い食事（時に深夜にわたる）が、ポリープの原因となり、またメタボリック体質の要因になっていた。主治医としては、実に厄介な患者である。立花による、後の述懐。

私は実はがん患者であるだけでなく、各種成人病の患者でもある。毎日摂取しているクスリが十錠以上ある。かかっている病気の重症度からいうと、むしろ循環器系がトップにくる。がんの発病の翌年、心臓機能の検査で、冠状動脈の機能不全が発見された。三本の冠状動脈のうち、一本が九〇％梗塞、もう一本が七五％梗塞だった。血栓が飛んだりしたら、たちまち心筋梗塞で一巻の終りになりかねない。まずは、いつ破綻しても不思議ではない冠状動脈の梗塞部にステンレスのステント（内部補強材）を入れて補強した。

（『知的ヒントの見つけ方』）

そのため血液をサラサラにする抗凝固薬を常時服用、ために手術はもとより、歯の治療もままならぬ状態にあった。二〇一七年に行われた永井良三との対談の最後に、九十五歳で亡くなった父親・橘経雄の最晩年を語る立花隆には、だがまだ余裕があった。脳梗塞で倒れ、最後の数年間を言葉も不自由なまま病院と自宅を行ったり来たりして生きた父を看取《みと》って、彼は「仕事のアウトプットの出来ない人生は、ほとんど意味がないという気がした」と語る。そしてさらに、「自分の仕事の生涯アウトプット総量が、質的にも一定の水準を保ちつつマキシマムになる方向で、僕は人生を終えたい」と。

事実彼はそれに近い形で生涯を終えたと言っていいだろう。立花は闘病の末、最後は検査、治療、リハビリの全てを拒否し、静かな病院死を選んだ。その後の遺体の処理について、生前の最終的意志（＝遺志）表明では遺体を発酵させコンポスト（compost、堆肥）にして畑に撒《ま》くのを理想としていたが、結果的には自然の物質循環への帰還は果たせず、本人が「妥協点」としていた樹木葬（「墓をつくらず遺骨を埋葬し樹木を墓標とする自然葬」、場所は非公開）に付された（『知の旅は終わらない』）。一九九三年、ＮＨＫの番組でのコリン・ウィルソン（『アウトサイダー』、『オカルト』の作家）との対談がきっかけで、立花はこのアイデアを温め続けていたのだ。余談だが、アメリカでは最新エコの「還元葬」（日本では未導入）が注目を集めている。人が土に還《かえ》り木が育つ仕組みだ。二〇二〇年に開業したワシントン州シアトルの葬儀社「リコンポーズ」では、基本料金七千ドル（約百万円）で、すでに二百件の「ヒューマン・コンポスティング（人間の堆肥化、堆肥葬）」を実施している。存命ならば、必ずや立花の食指が動いただろう。もとよりこれは、アメリカ的なビジネスではあるが。

立花の死は一月以上、公表されなかった。本人の強い希望もあって、死後の弔問、香典、供花の一切を辞退している。死の準備というわけでもあるまいが、彼は生前、『死はこわくない』や『がん――生と死の謎に挑む』を著したほか、二〇〇九年には後者のベースになったNHKスペシャル『立花隆思索ドキュメント　がん　生と死の謎に挑む』（十一月二十三日放映）で、自ら病室にカメラを入れ、文字通り身を挺して「がんの総論」を語っている。

信頼を得た担当ディレクターの岡田朋敏は、死の直前、立花から段ボール六十三箱分の資料を託されている。いずれ、立花隆研究の第一級資料として何らかの形での公開が望まれる。

「葬式にも墓にもまったく関心がありません」（『死はこわくない』）と再三明言していた立花は、両親がキリスト教徒だったために、仏壇も神棚もない家で育った。父・橘経雄は早稲田の学生時代に内村鑑三の無教会派系の洗礼を受けている。水戸女学院（現・茨城県立水戸第二高校）の教師だったその姉の教え子が母・龍子で、彼女は戦前に夫の赴任先の長崎・活水学院のチャペルで洗礼を受けた。

こうしたモダンな家庭環境に育ったせいか、立花隆のドライな死生観（「人間の肉体はチリから生まれてチリに帰る」（同））には、およそ仏教的な哀感が欠けている。生前、「ジャングルの象のように死にたい」（同）とまで語っていただけに、古代ギリシアの唯物論哲学者エピクロスの次の言葉は、よく立花の腑に落ちるところがあったようだ。

あなたが死を怖れるとき死はまだ来ていない。死が本当に来たとき、あなたはそこにいない。
だから死は怖れるに当らない。

（同）

つまりエピクロスにとって死とは、生きた人間にも死者にも、遂に「かかわりがない」ものだったのだ（『エピクロス――説教と手紙』）。先のテレビ番組のなかで、立花は「死ぬ力」（立花が取材した鳥取県・野の花診療所の徳永進医師の言葉）について言及している。「死ぬまで生きる力」と言い直されるその力とは、「ジタバタしてもしなくても、死ぬまでみんなちゃんと生きられます」という、立花ならではの明快な老いのエネルギーの定義であり、かつて城山三郎が俳人・永田耕衣の晩年に見た「衰弱のエネルギー」（『部長の大晩年』）とはまた別の、あくまで前のめりの〝反終活論〟だった。

同世代のノンフィクション作家・保阪正康は、がんの手術という共通体験を持つ立花から、自身のがん治療のためという限定を超えた徹底した調査と、専門的知識を背景にした二時間にわたる矢継ぎ早の質問を受け、その熱弁にたじろいだ記憶をこう語る。

彼の話を聞くうち、なるほど、これが立花隆か、と深く得心するところがあった。普通、人が病気について調べるのは、当たり前だが、自分の治療のためだろう。しかし、立花隆には「がんとは何か」、人類のためにこの不思議な現象を解き明かしたい、ということが、自分のことよりも優先される、最も重要な問題なのだ。

（「猫ビルでのがん問答」、『「知の巨人」立花隆のすべて』所収）

同じく大量の段ボール箱の資料を託されたＮＨＫの岡田朋敏にも、立花は「自分の治療法を探すための取材は絶対にしない」と明言している（『ＮＨＫスペシャル　見えた　何が　永遠が　立花隆最後の旅　完全版』参照）。がんに関しては、「がん患者は１００％がんに敗北する」というのが立花の至りついた結論だった。「がんは生命の仕組みと分かちがたく結びついていて、生命の歴史そのものが、がんの強さを反映している。人間とがんに境界はなく、半ばエイリアンで半ば自分である」というところに、彼はこの病の本質を見ていた。

だが、百％の確立でがんに負けたとしても、「人生に勝つことはできる」（同番組）というのが、虚妄なる絶望――これは終章の末尾に引いた、魯迅の「絶望の虚妄なることは、まさに希望に相同じい」（『野草』）に通じ、立花の敬愛した大江健三郎最後の小説『晩年様式集《イン・レイト・スタイル》』の掉尾を飾る詩の一節、「否定性の確立とは、／なまなかの希望に対してはもとより、／いかなる絶望にも／同調せぬことだ……」に呼応している――を乗り越えた立花隆の最後の境地だった。「死の瞬間によい死を死ねるか」というのが、立花の言葉として残されている（同）。ただそれにしても、墓も戒名もいらないから「ゴミとして捨ててほしい」という達観は尋常ではない。末期のベッドで全ての検査を拒否したことについても、先の主治医の永井良三は、かなり意外だったようだ。死ねば物質的には無に帰するという、徹底してドライな思考は、膨大な仕事の痕跡から死体を含めて無への意志に貫かれていて、その衝撃は立花の死後も周囲や多くの読者を戸惑わせている。

　本や物に関して言うなら立花隆は元々、「断捨離」（ヨーガの行法である断行《だんこう》・捨行《しゃぎょう》・離行《りぎょう》に基づく）反対派の急先鋒で、辰巳渚の『「捨てる！」技術』を「ほとんどカスみたいな本」と断じ、著者を名指しで「人の聖域に踏み込んで、平気でそれを踏みにじるような無神経な女」（『文藝春秋』二〇〇〇年十二月号）と激しく罵倒したことさえあった。

　どんな雑本の一冊、些細な取材メモの断片でさえ、立花にとってはかけがえのないデータであり、集積された知的財産だったのだ。それは万能知識人《ゼネラリスト》としての「生の思想」であり、「哲学」であった。最晩年にたどり着いた、一切を無に帰するという「捨てる思想」は、立花隆最後の「死の思想」であり「哲学」であり、そこには大きな飛躍と断絶があった。

　二〇二一年十二月三十一日にNHKで放映された、『立花隆　最後の旅　完全版』ではこうした立花の死生観を、臨死体験者への取材から、自らのがんとの闘いなどを通して浮き彫りにしている。番組の終盤で映し出された、どことも明かされぬ場所にそそり立つ巨大な古木のもとで眠る立花（遺言による「樹木葬」）、何やらそれは「知の巨人」などという虚像を拒絶する不気味な静けさを漂わせていた。

　翻って一九七四年の立花隆の出現（『文藝春秋』十一月号に「田中角栄研究――その金脈と人脈」を発表）が、戦後日本ジャーナリズム史上の一つの「事件」であったとすれば、二〇二一年四月の彼の死もまたこの年の静かな「事件」に違いなかった。戦後を代表するジャーナリスト・立花隆をめぐっては、死の直後からテレビ、新聞、雑誌など各方面で、多ジャンルを横断した怪物に相応《ふさわ》しい特集が組まれた。

それら追悼の言葉の背後から、全てを無に帰したいという遺志をめぐっての立花隆の死生観、そして臨死体験者や宇宙飛行士など「異界」を体験した人々への取材を通しての立花の精神の変容の軌跡が謎として浮かんでくる。あるいは一九八六年に遡《さかのぼ》ると、彼は「脳死」判定問題にコミットしている最中に、聖隷三方原病院（浜松市）で終末期の患者に直接取材を試み、死というものの厳粛さとともに、それを直接考察の対象とすることへの手がかりのなさに愕然としてもいたようだ。

「知の巨人」は、死すべき「迷える巨人」でもあったのだ。旺盛な知的好奇心を最大の武器に、田中角栄研究から脳死問題、生命科学から宇宙論まで極め尽くした立花の知性の本質を、「知の巨人」などという安易な表象は、逆に覆い隠してしまう危険を伴う。

そもそも、立花隆とは一体、何者だったのか。とりあえずここでは、自称「何でも屋」（後述）を言い換えての「万能知識人《ゼネラリスト》」という呼称を選び直してみよう（自身による定義については後述）。それによって、「巨人」というだけでは見えてこない、その特異な知性の型が、より鮮やかに立ち現れてくるかも知れない。

かつて筑紫哲也は、その万能ぶりについて次のような賛辞を送っている。

通常の才能では、脈絡もなく、複雑に散在しているように見える事象が、その人の手にかかると、あたかも強力な磁石が砂のなかから砂鉄を吸い寄せて磁石の下に〝整列〟させるように、はっきりと姿を見せてしまう、そういう能力の持ち主である。

（「まれな種族」、『「知の巨人」立花隆のすべて』所収）

日本人ばなれした「万能知識人《ゼネラリスト》」、立花隆の他の追随を許さぬリテラシー、「読む力」、「書く力」の背後には、恐るべき「見る力」、「聴く力」、「分析する力」、「総合する力」が潜んでいた。それによって鍛え上げられた知的「想像力」と「創造力」――まさに彼は類《たぐ》い希《まれ》な「万能知識人《ゼネラリスト》」の生成の物語を生き抜いた人であった。

例えば、「私が書いた本の中でも、最も知的にチャレンジングな本の一冊」と自ら語る『サル学の現在』（一九九一年）は、立花の驚異的な「聴く力」の成果であった。立花の取材は、子殺し、カニバリズムから同性愛、乱交パーティまでに及び、まさに「サルのすべてを描いた本」になっている。雑誌『アニマ』に長期連載された同書のモチーフを、立花は後日、次のように語っている。

そもそもヒトとはいかなる存在で、ヒトのヒトたる所以《ゆえん》はどこにあるのか。ヒトと動物は本質的にどこで区別されるのか。人間性とは何なのか、何が人間的であり、何が人間的ではないのか。人間はどこから来たのか。ヒトがサルから進化したというのはどういうことなのか……。このような問いに答えようと思ったら、ヒトはサルに学ぶしかありません。

（『知の旅は終わらない』）

この問いから出発し、京都大学サル学の大御所で、「生物社会学」の新分野を切り拓《ひら》いた今西錦司（一九〇二～九二年）に聴く序章「ヒトとサル」に始まり、伊谷純一郎に聴く終章「サルからヒトへの社会進化」まで、七百ページを超えるインタビュー構成の同書で、彼は二十人以上の専門家を質問攻めにし、「サル学の現在」を遍《あまね》く照らし出す。

その拠点となった京大「霊長類研究所」（愛知県犬山市）は、二〇二二年三月末に立花に見届けられることもなく、解体再編されることになった。世界の最高水準と言われた日本の霊長類学（生物社会学）は、急速に進歩したＤＮＡ研究によって分子生物学に、人間への根底的な問いに関して先を越されたことは否めない。だが立花隆の先見と守備範囲の広さは、『サル学の現在』の前年に、早くも『精神と物質――分子生物学はどこまで生命の謎を解けるか』を刊行していることからも疑う余地はない。

『サル学の現在』巻末の参考文献（英文資料を含む）を見れば明らかなように、立花は周到な準備のもとにサル学の牙城に切り込んで行った。紅一点の岡安直比は、当時最年少のフィールドワーカーで、しかも屋久島で立花に出会ったときには乳飲み子連れという異色の存在だった。

アフリカで最後の類人猿ボノボを研究する計画について話すと、立花は心底羨《うらや》ましそうに、「いつか私も連れて行ってください」と語ったと、岡安は追悼文で懐かしむ（「コンポスト葬――生物としての生と死」、『ユリイカ』二〇二一年九月号「特集＝立花隆」）。立花の念願は、アフリカの政情不安のため実現しなかったが、母親とともにコンゴに渡った岡安の子供は、すでに三十代半ばを過ぎている。

ところで、立花が科学分野の取材でオリジナル論文を読む癖がついたのは、この『サル学の現在』の仕事がきっかけだった（中野不二男によるインタビュー「なぜ『宇宙』へ、そして『脳』へ」、『「知の巨人」立花隆のすべて』）。

結果的に彼は、何ら悪意からではなく、サル学の創生期から語り始める晩年の今西錦司が、すでに学者としての頂点を極めたところから、学問的創造力を枯渇させた現在（「今はなにも関心持っとらん（笑）」）までをも外連味《けれんみ》もなく照らし出してしまう。

河合雅雄（京都大学名誉教授）は、同書を「立花隆演出指揮のオペラ」（文藝春秋編『立花隆のすべて　下』所収）になぞらえ、単なるインタビューではなく、また専門家相手ではなく、一般読者にも読めるように、自分で再編集し直し、一つの作品として完成させたことを賞賛する。そのように彼は、インタビューを正確に再現するのではなく、常に新たに裁ち直し、協働作品として完成させるのである。河合雅雄は、今西へのインタビューに「成功」の太鼓判を押している。「晩年多くを語らなかった今西さんから、最後の言葉をこれほど引き出してもらったことを、弟子である私は感謝している」（同）と。

立花はその極意を、こう語っている。

取材で何がいちばん必要かといえば、「質問力」です。サイエンス系の取材の場合、質問力はどれだけ準備したかに比例します。

（『知の旅は終わらない』）

ただ彼はもともと文化系カルチャーの中で自己形成した人間で、サイエンスの分野に踏み込む際には、文字通りゼロからの出発となる。立花の「聴く力」、「質問力」は一朝一夕に身についたものではなかった。一九七〇年というから、出世作「田中角栄研究」（一九七四年）以前ということになるが、立花は地質学者・井尻正二に取材を試み、準備不足のためにこっぴどく怒られた経験があった。「キミ、そんなことじゃダメだよ」と、激しく叱責されたのである（同）。

この時の苦い教訓が、「インタビューというのは、質問を受ける側の知性が試されると同時に、質問する側の知性が試されることになる」（同）という側面があるというもの。だが、無知を自覚しない恥知らずと、恥を恐れぬ好奇心、アグレッシブなジャーナリスト精神とは自ずから別である。立花はそのあたりの機微をこう語っている。

私は自分の天職は、難しいことをやさしく語ることにあると思っているが、そういうことができるのも、恥ずかしい過去をいっぱい持ちながら、さらに恥をかくのをものともせず、徹底的に無知をさらけだしながら質問するからである。そして、書くときは、かつての無知なる自分にもわかるようにやさしく語ろうとするからである。

（『21世紀　知の挑戦』）

次に、一九九九年当時のエピソード。文部省令で設立された「ビッグバン宇宙国際研究センター」の佐藤勝彦同センター長（当時）は、立花からの取材申し込みに応じた。「ビッグバン」を名称に掲げた世界初の研究センター設置に、立花のアンテナが鋭く反応したのだ。ちょうどこの年、立花は『宇宙、地球、生命、脳——その原理を求めて　100億年の旅2』を刊行する。宇宙論に関するその「質問力」は、佐藤を唸《うな》らせることになった。インタビューを終えたその日の夜十一時頃、佐藤の自宅に電話をかけて追加インタビューとなった。

昼間の話を聞いたうえで、何がポイントなのか、納得ができなかったことについて整理し、徹底的に聞こうと思われたのだ。

（「学術研究の大応援者、立花さんの思い出」、『ユリイカ』二〇二一年九月号）

日付をまたいだこのインタビューが機縁となり、佐藤は数々のシンポジウムに立花を頼もしい助っ人として招くことになる。民主党政権下の悪名高き「事業仕分け」の際に、次世代スーパーコンピュータ開発に関して、蓮舫参院議員に、「二位じゃダメなんでしょうか」と詰め寄られたときにも、立花はこうした無知に根ざした挑発が、日本の科学の育成、振興に対する「暴挙」であるとして論陣を張った。

彼は民主党政権下の二〇〇九年、テレビ朝日『ANN NEWS』(十一月二十八日)で、舌鋒鋭く「この国は、今の内閣は何だ」、「バーバリアン(野蛮人)が寄ってたかって日本という国をぶっ壊しつつあるのを、眼の前で見ているという感じ」だと、「怒りに震える思い」をストレートに伝えている。

このあたり、立花の真の敵は蓮舫議員でも民主党でもなく、科学の進歩を阻害するもの一切であったことを明記しておこう。時にそれは、右のような感情過多の発言を生みもする。またある場合には、サイエンスの分野での勇み足(谷田和一郎『立花隆先生、ちょっとヘンですよ』参照)にも帰結し、あるいはオカルティズムやニュー・エイジとの親和性が、批判的に指摘されたりもする(『立花隆「嘘八百」の研究』参照)。そうした批判の成否について逐一検討していたら、忽《たちま》ち周回遅れのランナーになってしまうだろう。優先すべきは、その知的守備範囲のスケールを、まずは可能な限り精確に測定しておくことではないのか。

第二章　武満徹への旅

およそ専門分野とは思われないジャンルでも、立花隆は取材対象との運命的な出会いから主著を残している。吉田秀和賞を受賞した『武満徹・音楽創造への旅』（二〇一六年）はその一つで、「僕の最後の大作」（『知の旅は終わらない』）と自負していた。立花は現代音楽の最先端を担った武満の前衛音楽を、数十年にわたって聴き続け、一視聴者として同時代的に伴走してきた。同書はその成果とも言うべき、膨大なインタビューに基づく評伝的な音楽論であり、特異な作曲家論である。

『立花隆のすべて　下』によると、彼は個人的に〝究極のいい音〟を追い求める「音痴自認のオーディオマニア」だった。立花の武満の音楽世界との最初の出会いは、一九六〇年九月、朝日講堂で行われた「東京現代音楽祭」での高橋悠治のピアノによる「弦楽のためのレクイエム」だったと自ら語るのだが、渡邊未帆の指摘通り、これは思い違い（後述のように立花はその時日本にいなかった）で、一九六一年の草月ホールの誤りのようだ。

この出世作は、肺結核で生死の境を彷徨《さまよ》った武満自身のための「レクイエム」（同時に親交のあった作曲家・早坂文雄への）で、ドイツ大使賞を獲得しながら、初演当時は酷評もされている。たまたまそれが、後日来日した現代音楽の巨匠ストラヴィンスキーに激賞され、武満の飛躍の糧《かて》となった。因《ちな》みに立花は、このとき東大の二年生であった。

私は早くから、現代音楽の数少い聴衆の一人だった。いつごろから、どのようにしてそうなったのか、はっきりした記憶はないが、多分大学に入ってからのことだったろう。現代音楽が、感覚、感性に対して挑戦的であると同時に、知的にも挑戦的であることが気に入っていたのだ。

（『武満徹・音楽創造への旅』）

ここには、母親同士がともに水戸市のプロテスタントで、羽仁もと子の『婦人之友』誌の会員だった三歳下の幼なじみ池辺晋一郎（作曲家）の影響もあっただろう。同書冒頭には、先の武満の出世作への立花の鋭い批評精神が刻印されている。ストラヴィンスキーがテープで聞いたこの楽曲への感想、「この音楽は実にきびしい、全くきびしい。このようなきびしい音楽が、あんな、ひどく小柄な男から、生まれるとは」のコメントに、立花は直感的にある引っかかりを感じたのだ。

それまで、音楽教育的にノンキャリアの武満を無視していた国内の音楽関係者は、この一言で武満を再評価するのだが、立花はここでの「きびしい」の評言に直感的にある違和感を抱いた。彼は武満への長時間インタビューを機に、改めてストラヴィンスキーが実際に英語で何と言ったかを確かめた。その結果、「きびしい」はintenseの訳語として用いられたことが分かった。「インテンスということばは、そのもの本来の性質において、並《な》み外れており、強烈で、激しく、濃密であることを意味する」。したがってストラヴィンスキーはここで、武満徹の音楽の本質を「きびしい」ではなく、「濃密」あるいは「高密度」という意味でインテンスと表現したのだと分析している。

武満徹（一九三〇～九六年）は、十五歳（中学三年）の年に終戦をむかえ、本駒込の自宅を空襲で焼け出されて、文字通りゼロから音楽修業を始めた異色の作曲家だった。ボール紙で折りたたみ式の鍵盤を作り、常に持ち歩きながら練習を繰り返し、焼け残された住宅街からピアノの音が聞こえると、弾かせてほしいと懇願することもしばしば。武満は当時を振り返ってこう語る。

> 道を歩いていて、ピアノの音が聞こえてくると、必ずその家へ行って「申し訳ありませんが、十分でも五分でもいいですから、ピアノにさわらせていただけないでしょうか」と頼んで、さわらせてもらった。（同）

彼は音楽アカデミズムとは無縁に、オーケストレーション（管弦楽法）を、ジャズ・ピアニストで作曲家のデューク・エリントン（代表作に「A列車で行こう」）に学んだと公言する生粋のセルフメイド・マンだった。

実際にピアノを自由に弾けるようになったのは、進駐軍のキャンプ（ピアノ・バー）でだった。作曲家として芽が出かけた一九五四年、武満は先輩格の黛敏郎から当時超高価だったピアノを、家に二台あるからというのでプレゼントされ、現代音楽の作曲家としての自立を心に誓うのだ。

後に改憲論者として「日本を守る国民会議」議長まで務めた黛は、電子音楽をいち早く導入した前衛音楽家の先駆けで、「涅槃交響曲」、オペラ「金閣寺」などの代表作がある。武満の作曲家・黛に対するリスペクトは、生涯変わらなかった。黛が司会の『題名のない音楽会』（テレビ朝日）は、武満没後二週にわたり「武満徹の遺したもの」を放映した。黛から贈られたピアノは、長野県北佐久郡御代田町にあった武満の山荘に大切に置かれている。

結局武満は、このピアノをそれから十三年間使い、一九六七年の「ノヴェンバー・ステップス」までの全作品をこのピアノで作曲することになるのである。　（同）

武満と同年生まれの詩人・大岡信は、盟友・谷川俊太郎（ベトナム戦争さなかの反戦歌「死んだ兵士の残したものは」など武満の楽曲に多くの詩を提供）とともに、大学に行かずに自らのジャンルを築いた彼らを羨望していた。「二十歳前後から社会にいきなり飛びこんでいって、戦いながら自分の道を切り開き、その中で感性を研ぎすましてきた」彼らを間近に見て、「オレは大学へ行った四年間、絶対損した」（同）と思ったらしい。

武満が作曲家を志したきっかけは、終戦の二、三週間前、動員された本土決戦のための食糧基地（埼玉県飯能市）で、見習士官が手回しの蓄音機で秘《ひそ》かに聞かせてくれた「敵性音楽」、「聞かせてよ愛の言葉を」というリュシェンヌ・ボワイエのシャンソンだった。この曲に震撼させられた武満は、このとき、戦争が終わったら音楽をやろうと固く決意するのだ（「それからもうぼくの頭の中は音楽でいっぱいになってしまうんです」（同））。

楽器がなにもできず、ピアノを買う金もない武満は、「作曲家なら楽器がなくてもいいだろうから、いちばんお金がかからないんじゃないか」（同）と思ったという。それから約半世紀の長い足跡を、立花は少年期に遡って執拗にたどり直す。

この超ロングインタビュー（三十時間のインタビューの後に、累計百時間を超える聞き込み取材をした）によって構成された大著は、当然にも武満自身の立花への歩み寄りなくしては成り立たなかった。

その生い立ちから始まり、音楽世界を微に入り細をうがつようにアプローチする同書は、武満がインタビュアーに心を開かなければ到底まとまるはずのないものだった。取材を重ねるにうちに当の武満は、「ぼくはあの人にだったら何か問われたら全部喋《しゃべ》ってしまおうと思ってるんです」と語ったという。NHKの追悼番組『武満徹が残したものは　立花隆が伝える作曲家の「愛」』には、立花の「聴く力」と、熱いパッション（番組中、立花は武満がこよなく愛した『マタイ受難曲』

〔バッハ〕を最後に聴いて逝ったと語りながら嗚咽《おえつ》する）を垣間見ることができる。

この番組には、小澤征爾からシャルル・デュトワ、大江健三郎から坂本龍一まで、世界の名だたる芸術家が多数出演、武満への追悼コメントを寄せた。立花はここで、『ニューヨーク・タイムズ』紙をはじめ、武満の死を伝える世界のメディアに比べ、日本での扱いがいかに小さかったかを怒りを抑えるようにして告発している。がんを宣告され、膠原病に起因する急性肺水腫のため六十五歳で逝った武満の死の衝撃を、立花はこう書き記す。

武満さんの九六年の死はあまりに唐突だった。身体の調子がよくないことは知っていたが、まさかあそこであんな形で、突然亡くなってしまうとは夢にも思わなかった。（中略）その報せを受けたとき、私は人前にいたにもかかわらず、思わず「エーッ」と大声をあげてしまった。あのとき私はすっかり気が動転してしまった。一言でいえば、私の精神と神経がコラプス（崩壊）状態を引きおこし、仕事の継続を拒否したのだ。

（『武満徹・音楽創造への旅』）

琵琶や尺八といった伝統的古楽器を取り入れたオーケストラ作品、「ノヴェンバー・ステップス」（一九六七年、タイトルは邦楽における音楽構造、十一の「段」に由来する）で世界的に注目され、雅楽から映画音楽まで手がけた世界の武満に、立花隆の「聴く力」は十分に拮抗していた。それは一九六〇年代初頭、武満作品に出会い、「ニセモノだらけの前衛芸術の中で、まぎれもない本物に出会った」（『知の旅は終わらない』）、というインパクトのおよそ半世紀に及ぶ持続の賜物だった。

ところで立花隆の主著の一つとなった『武満徹・音楽創造への旅』は、十八年間という長きにわたる中断の末に生み出された曰《いわ》く付きの著書だった。その主要因は、一九九六年の武満の死（享年六十五）の衝撃により立花が、長大なイン取材インタビューの再構成に注ぐエネルギーを喪失したからであった。「それくらい私はあの連載（註：『文學界』一九九二年六月号から五年十一カ月にわたる）に自分を賭けていた」（同書「おわりに　長い長い中断の後に」）のだ。

この窮地を救い、立花の「心に火を点けた」（同）のが、「O・Mなる女性」である。正確には彼女の死（甲状腺の未分化がん）だったと言い直した方がよい。彼女は「ノヴェンバー・ステップス」の尺八奏者・横山勝也の高弟で、取材を通じて出会い立花事務所の仕事を手伝うようになった。本職は箏《そう》のお師匠さんで、邦楽演奏家としてCDも数枚出している。立花の愛読者でもあった彼女は、死に際に十八年間のつきあいで何度も聞いた言葉、「あの本をお願いね」と声を出せずに唇を動かして伝え、それを読み取った立花を動かしたのだ。

「武満さんの突然の死も、心ひしがれる体験だったが、今回の体験はそのとき以上に私の心を引き裂いた。私は彼女と八年間にわたってがん友だった。ほぼ同時にがんになり、がんのこと、その他もろもろをしょっちゅう語りあってきた。しかし今回は側《そば》にいて何もしてやれなかった。できることは『好きだよ』といって毎日手を握るだけだった」（同）

立花には珍しい、ストレートな恋情の告白である。この「O・M」女史こそ、二度の離婚経験をもつ立花隆の最後のパートナーだった。

彼女はこの本ができあがっていく最後の課程で、最大の貢献者だった。西洋音楽のことはよく知っているが、邦楽には弱い私が、武満ミュージックがどんどん邦楽へ傾きを強めていく「ノヴェンバー・ステップス」制作の過程を書く上で彼女の助言解説が最大限に役に立った。邦楽のことなら何を聞いてもすぐ打てば響くように答えが返ってきた。それも楽音付き肉声付きでだ。天性の美貌と美声を誇る人だったのに、首をグルグル巻きにした包帯の下は喉道をカットした無残な傷ぐちが広がるだけだった。神さまはなんでこれほど残酷なことをするんだと心底怒りの感情がわきあがった。

（同）

『アメリカ性革命報告』（一九七九年）を唯一の例外として、およそエロス的な世界を語る言葉から遠くにあった、ノンフィクション作家・立花隆のここでの「愛を語る言葉」は、無防備なまでに純朴と言ってよかった。

否、彼は本質的に、エロス的な世界を語る言葉を持たないノンフィクション作家だったのだ。だから先の『報告』でも、『第二の性』のボーヴォワールに噛みつき、「自分自身では結婚したこともなく、子供を産んだこともなく、セックスの鎖で男に縛りつけられるほどいいセックスをしたこともなく、相手に全き献身をしたくなるほどの愛情を持ったこともない」といった、えげつない言葉を投げつけたりもする。

「要するに、ウーマン・リブ（註：一九七〇年代のリブ運動の後にフェミニズムの時代が来る）の根底にあるのは、女でありたくないという一語なのである」（「リブの精神分析」）と断じた同書は、時代的限界とはいえ余りにナイーヴに立花の女嫌い《ミソジニー》と裏返しの女性恐怖を物語るものとなった。ただおそらく立花にとっての最後の女性、O・M女史への愛（「最後の恋」『武満徹・音楽創造への旅』、「おわりに」）には、それ以上に純粋な何かがあった。

> 「相寄る魂」という言葉があるが、彼女との仲はまさにそれだった。激情をもって愛しあう男と女の間の、ホレタハレタ的な動きは何もなかったし、口説き口説かれ的な言葉のやりとりも全くなかったが、いつのまにか、二人はごく自然にくっつき、ただくっついているだけで幸せだった。ただがん友同士近い将来に死にわかれの運命が待ち受けていることはお互いに暗黙の了解事項としていた。　（同）

「本書を武満さんとO・Mの墓前にささげたい」と締め括《くく》る立花は、「向うに行けば彼女と会える」という「確信」（同）を、ちょうど五年後に果たすことになるのだ。

第三章　香月泰男との運命の出会い

その類い希なる「聴く力」が、「見る力」との相乗効果を発揮するのが、『シベリア鎮魂歌——香月泰男の世界』（二〇〇四年）だろう。現山口県長門市出身の洋画家・香月泰男（一九一一〜七四年）は、満州に出征、敗戦後二年間のシベリアでの抑留生活を経て帰還した、これまた異色の画家だった。抑留、収容所での強制労働を素材とするその「シベリア・シリーズ」に、立花は決定的なかかわりを持った。

シベリア抑留は、先の大戦終結の直前に参戦、満州の関東軍をはじめ樺太、千島の第五方面軍などを武装解除したソ連が軍人、軍属など六十万人の日本人を捕虜にし、そのほとんどはシベリアの収容所《ラーゲリ》に送られ強制労働を科せられ、一割に当たる約六万人が餓死・凍死している。しかも「戦犯」扱いとなった人々を除いて、抑留者の大半が帰国（ナホトカから舞鶴へ）するのに四年を要したのである。

香月の自伝的著書『私のシベリヤ』は、一九六九年、二十九歳のまだ無名に近い立花（後述のように、文藝春秋を二年半で退社した後の雌伏《しふく》時代で、身分としては入り直した東大哲学科の学生だった）が、香月の故郷・山口県長門市の旅館に十日ほど滞在し、一升瓶のワインを傾けながら行ったインタビューが元になっている。立花はそれを、ゴーストライターとして香月の一人称の語りに落とし込んだのだ。後年彼は、「自分で最も気に入っている作品だったから、自分の作品としてカウントされないことをずっと残念に思っていた」（前出『シベリア鎮魂歌』）と語っている。

「シベリア・シリーズ」の一点一点を詳細に解読した『シベリア鎮魂歌』には、香月の『私のシベリヤ』が再録され、改めて取材者立花の「眼」と「耳」の力の合わせ技を、まざまざと思い知らされることになる。香月の「シベリア・シリーズ」は抑留以前、三カ月の訓練期間を経て関東軍の対ソ前進基地ハイラルに配属されるところから始まる。「雲」、「別」に続く「黒い太陽」について彼はこう語っている。

ハイラルはだいたい北緯五十度の地点にある。ここでは、もう太陽が中天高くあがるということはない。せいぜいあがって地平から三十度ばかりの高さだ。東からあがった太陽は南よりの空をころがるようにして西に沈んでいく。地平に近いだけに、太陽はいつも大きく見えた。夕焼けになれば、空一面が燃えるようだった。晴天の日には、大草原の緑が雲に反射するのだろうか、雲が緑色になるのである。しかし、その太陽も、軍隊という獄舎につながれた絵描きである私には、もはや希望の象徴ではなく、輝きを失った暗黒のものと見えることもあった。それを描いたのが、「黒い太陽」（一九六一年）である。

（「私のシベリヤ」、『シベリア鎮魂歌――香月泰男の世界』所収）

確かにこれはプロの筆致に違いない。取材のために逗留した長門市（旧山口県大津郡三隅町）は、何の因果か中国・北京からの引き揚げ者だった立花隆（当時五歳）が、両親のルーツ茨城県水戸市への長旅の際、トランジットで二泊した仙崎の隣町で、彼は取材時に甦《よみがえ》った既視感を香月死後の下関での講演で印象深く語っている。

あるとき、仙崎まで行ったら、あの船着き場あたりで、なぜか、このあたりは自分が知っている場所だという感覚がよみがえったのです。はっきり具体的な記憶がよみがえったわけじゃないんですが、ぼんやりした皮膚感覚のような記憶で、ここは前に来たことがあると思ったのです。引揚船は、山口県の漁村みたいなところに着いたということを前に母親に聞いていたので、もしやと思って、電話で聞いてみたら、それは正しく仙崎だったのです。五歳のときのたった二晩だけの滞在ですから、なんというか、頭の記憶は全くないのに、体が覚えていたんですね。

（「シベリア抑留の足跡を追って」、『シベリア鎮魂歌』所収）

同じ講演で立花は、自らが中国残留孤児になっていても不思議はなかった体験を踏まえ、香月に対して三十歳近い年齢差を超えて抱いた「一つの時代を共通体験した者同士が感じる共感」について語っている。香月の没後にはＮＨＫが『立花隆シベリア鎮魂歌　抑留画家・香月泰男』を放映（一九九五年六月四日）したが、この番組の取材で立花は実際に香月が抑留生活を送った収容所跡に出向き、極寒の極限状況の中でタンパク質の補給のため、収容所のネズミを食い尽くしたというエピソードなどを交え、緊迫感溢れる映像で伝えている。

この番組のきっかけは、香月に惚れ込んだ地元ＮＨＫ山口のディレクターが、立花を担ぎ出してローカル局で二本の番組を制作したことだった。その評判がよく、拡大版としてシベリアに行って、往年の香月の足跡を追おうということになったのだ。幸いソ連崩壊後で取材規制が大幅に緩み、それまでタブーだったシベリア抑留問題を検証することが可能になった。こうして立花は、香月が体験した苛酷な環境、労働現場、食事や宿舎の実態を身を以《もっ》て追体験することができたのだ。

香月のシベリア・シリーズに「鋸《のこぎり》」、「伐《ばつ》」というタイトルの一対の作品がある。香月が付したキャプションによると、「火力発電所で使う薪をつくるため、森林の伐採作業に従事した」経験から生まれた作品だ。その「人の背丈ほどもある、二人曳《び》きの鋸」を、立花は実際にこの時の取材で使って見せている。

立花は帰国後に、香月が最初に手がけた最初の作品「埋葬」（一九四八年）についても熱く語っている。黒を基調とした同シリーズ中、異色の暖色で描かれた作品で香月自ら、「私は異郷の冷たい土の下に葬られる戦友を、ことさらあたたかい色で描いた」（香月は同シリーズの一点一点に自らキャプションを付している）と記している。

死者は山の斜面に埋葬した。柩《ひつぎ》がわりの毛布は、墓に入れる時に取去られ、顔の上にわずかばかりの白布をのせてやるのが、かえって痛ましく、正視出来なかった。凍った土は固く掘りにくく、穴の浅いところは、地表からわずかに掘り下げた程度だった。雪解けには、その何体かが露出した。

（『シベリア鎮魂歌』）

番組中に立花は、このシリーズ第一作に取り組む香月が、「現実はあんなものじゃない」と自己否定を重ね、それでも「何とか絵にしたい」と試行錯誤した経緯を述べつつ嗚咽している。『シベリア鎮魂歌』の多くの部分は、このシベリア取材がベースになっていると立花は語る（『知の旅は終わらない』）。放送から九年後、再収録された『私のシベリヤ』から数えると、実に三十四年後の刊行ということになる。このときの取材テープは、六十時間にも及んだ。番組からもれたその余白を生かそうと、立花は招きに応じて下関市民会館ホールで、先の四時間半に及ぶ大講演会を行っている（一九九六年に『立花隆戦争を語る　香月泰男のシベリア』としてＥＴＶで放映）。

ここで彼は、シベリア抑留の歴史的背景に分け入り、香月の戦争体験と「シベリア・シリーズ」の生成（帰還後二十年にわたる油彩五十七点の連作）過程を、直接原画の一点一点を精査しながら語り尽くしている。

筆者の香月との出会いは、一九六〇年代後半、シベリア抑留生活最長の十一年を経験した、内村剛介『生き急ぐ――スターリン獄の日本人』（三省堂新書、後に『スターリン獄の日本人』として中公文庫）を飾った画集『シベリヤ』からの数点だった。その印象が強烈で、一九九〇年に埼玉県立近代美術館での巡回展（「マイナス35度の黙示録――香月泰男〈シベリア・シリーズ〉展」）に駆けつけたが、今改めて立花隆の「シベリア・シリーズ」を評しての、「文学でいえば、プルーストの『失われた時を求めて』のようなすごさをもった作品」（『知の旅は終わらない』）の一言が、決して大げさではないと思える。

香月の一九六一年の作品「黒い太陽」は、ノーベル賞作家ソルジェニーツィンの『収容所群島』の単行本に装画としても使われている。時を隔てて、香月の故郷・山口県長門市三隅に、香月泰男美術館がオープンしたのが一九九三年。立花隆は二〇一一年、同美術館内に自宅アトリエが再現されたことについて次のように語っていた。

香月美術館で最も価値あるコーナーは、香月さんのアトリエがそっくりそのまま再現されたコーナーだろう。はじめて香月美術館を訪れてあのコーナーに入ったとき、懐かしさでいっぱいになった。もう四十年以上前になるが、私はあのアトリエに毎日毎日十日以上も通いつめ、香月さんの思い出話を一日に何時間も聞いては、聞き書き本『私のシベリヤ』を書いたのだ。あのコーナーはなにもかもが、香月さんが生きて仕事をしていたころそっくりだ。

（立花隆の実妹・菊入直代提供資料より）

生前のアトリエ再現には、大津高校で香月の教え子だった初代館長・板倉秀典、婦美子夫人が全面的にサポートし、イーゼル、パレット、絵の具、絵筆、油壺、ペインティングナイフなどの道具類から、シベリアから持ち帰った飯盒《はんごう》、水筒、軍隊帽、絵具箱も展示されている。立花はさらにこう語る。

香月さんは、ひとつの絵を描く前に、人の目にふれないところで驚くほど多くのスケッチ、下絵のたぐいで絵の構図を研究していた。それらスケッチ、下絵のたぐいは後に破棄されてしまったものが多く、必ずしも残されているわけではないが、香月美術館には、数百点に及ぶものが残されている。それを見ていくと一つ一つの作品が、最初の着想からどのような変容をとげて、完成作品に結実していったのかをある程度たどることができる。

香月さんの没後二十年を記念して香月美術館で開催された「シベリア・シリーズへの原点展」（一九九四年）では、それらの資料が大量に展示されて、シベリア・シリーズが香月さんの頭の中でどのように生まれ、どのようにはぐくまれていったのかを追うことができるようになっていた。この「原点展」の図録は、いまでも、シベリア・シリーズの解説に最も役に立つ資料である。（同）

このように、『シベリア鎮魂歌』での立花の香月へののめり込みは尋常一様ではなかった。音楽のみならず絵画に関しても、立花の共感と追跡の強度は突出していた。取材対象は与えられるのでも、恣意的に選ぶのでもなく、運命的に対象と遭遇すること、田中角栄から武満、香月にいたるまで立花隆の取材対象は、向こうからやってきたとも言えるのだ。しかもジャンルを問わぬ不意打ちのようにして。

第四章　評伝1　引き上げ・両親のこと

『脳を鍛える――東大講義　人間の現在①』で立花は、「先生の専門は何ですか?」という質問に対する答えとして、ずばりこう語っている。

専門はありません。あえていうなら、専門がないことが専門です。ぼくはプロフェッショナルなゼネラリストだと自分では思っています。

そして、ゼネラリストとは俗っぽい表現に置き換えると、〝何でも屋〟のことだと。それにしても、恐るべき何でも屋である。自ら意識的にそれを選択したのではないと断った上で、彼はこう語る。

ただひたすら、あれも知りたい、これも知りたいと次々に知らないことを知る努力をつづけているうちに、いつのまにかいろんなことを知っている人間になってしまい、そのうちそうであることがたつきをたてることにつながったという、結果としてのプロフェッショナル・ゼネラリストです。

しかしその怪物じみた何でも屋の知の旅は、起伏に乏しい凡庸なエリート知識人のそれとはおよそ別のものであった。振り返ってみると、立花隆の怪物的な知性、情報収集力には五歳の時に体験した敗戦時の引き上げが作用していた。一家の引き上げ体験に関しては、立教大学大学院立花ゼミに、母・橘龍子《たつこ》、兄・橘弘道、妹・直代を招いて行った座談会（二〇一六年六月十四日）が残されている（「敗戦・私たちはこうして中国を脱出した」、『「戦争」を語る』所収）。中国残留孤児になっていたかも知れない立花隆の生成以前、幼き橘隆志の暗部を、よく家族がフォローしている。

物心がついたのは北京であったから、それ以前の日本の風景の記憶がないわけです。つまり、二歳から五歳までに自分の中に張った中国での原体験という〝根っこ〟（フランス語でラシーヌ）、それをむりやり剝《は》がされる体験——デラシネ体験をするわけですね。

（『知の旅は終わらない』）

橘一家が北京に移住したのは、太平洋戦争開戦の一九四一（昭和十六）年のことである。父・経雄は師範学校教員から翌年には北京市立師範学校教員（北京一中副校長＝日本政府派遣の監視役）

となる。北京大学進学への登竜門である。右の座談会によると、一家は中国の上流階級の居住地、豆腐池胡同《フートン》の「四合院《しごういん》」にある水洗トイレ付きの集合住宅で、日本の内地より格段に豊かな暮らしを送っていた。

終戦を迎えて北京在住の日本人は、「居留民団」を組織するが、北京を制圧した蔣介石の国民党軍は統制が取れていて、日本人に惨《むご》い仕打ちは行わず、一団は五千人規模で北京郊外の集結地に参集、その後北京市西苑から天津に移動し、そこから船で山口県の仙崎港に帰還する。立花一家五人は、下関、東京を経由して長旅の果てに一族のルーツ水戸に辿《たど》り着くのだ。ソ連兵の一団に遭遇した満州、北朝鮮からの引き揚げ者には比ぶべくもない僥倖と言うべきだろう。立花隆の述懐するところでは、「引き揚げ者の中では一番幸せな部類」（『「戦争」を語る』）だった。

さて、引き上げの翌年、六歳で茨城県女子師範附属小学校に入学、IQテストで校内一番になる。卒業時は茨城大学教育学部附属愛宕小学校となっており、同中学校に進学した立花は、陸上競技、ラジオ製作に打ちこみながら、無教会派クリスチャンだった両親の影響で教会にも通った（キリスト教から完全に離れるのは大学時代）。高校は茨城県立水戸第一高校に進学した。

維新以前、水戸藩内では尊攘派の過激分子が京都を目指して筑波山で挙兵した「天狗党の乱」が勃発、藩内は内戦状態（天狗党と佐幕派の諸生党との）に陥り、多くの人材を失った。徳川御三家の一つでもある同藩は、尊皇攘夷思想の発信源（その拠点は『大日本史』編纂のため小石川に置いた史局「彰考館」）。山本七平『現人神の創作者たち』参照）ともなった。一君万民に象徴されるその過激思想は、青年将校らの「昭和維新」の源流ともなり、未完の明治維新という不完全燃焼のくすぶりとして、戦後までその血脈が残存していたと見るべきだろう。

その象徴的存在が五・一五事件に連座した農本主義者で、立花隆の「いとこおじ」（『知の旅は終わらない』）に当たる橘孝三郎だった。彼は戦後の一九七三年まで、この地で生きていたのだ。「盾の会」創設の前後か、橘宅を直接訪ねたことのある三島由紀夫は、水戸の内戦の鎮圧に失敗し割腹自殺した大名（松平頼位《よりたか》）の血縁者（玄孫）でもあった。

おそらくそんな事に無頓着だった立花隆は、思春期にこの地を離れることになる。一九五七年、出版関係の会社に勤める父親の転勤に伴い、都立上野高校に転入（千葉県柏市から通学）するのである。

ここまでの時代について立花は、ある場所でこう語っている。引き上げ後、茨城から東京に移住、上野高校に転校して、明治維新期の官軍と彰義隊の決戦場とともに葵部落というスラム街を間近に見た思春期の回想である。


もっと小さな子供時代、私は敗戦を父の勤務先であった中国の北京で迎え、それから何カ月もかけて内地に帰ってきた。茨城県の田舎の祖母の家に帰りつくまで、毎日列車で揺られる旅を延々とつづけた。それは焼け跡の中を走って一国の滅びを追体験する旅でもあった。その旅で、目にした国破れたあとの山河の美しさと、彰義隊の決戦場跡の弾痕と葵部落の焼け跡とがいまも私の頭に強く残る三重写しの国の滅びの風景だ。

（『知的ヒントの見つけ方』）

ここで言及されている「葵部落」は、徳川家の霊廟・寛永寺の地所だったところからの命名で、実態は鶯谷駅から日暮里駅にかけての上野の山の崖上に連なるかつての極貧のスラム街。現在は国立西洋美術館が建ち当時の面影は全くない。終戦直後は、百四十三世帯、七百五十人が暮らす「バタヤ」（廃品回収業者）部落だった。

立花隆の目には、上野駅界隈《かいわい》にたむろする戦災孤児の姿も強く焼き付いていたに違いない。立花隆の『「戦争」を語る』第一章には、『決定版昭和史』第十三巻の「戦災孤児と地下道の住人たち」の項から、「狩り込み」（GHQ公衆衛生福祉局が厚生省、東京都、警視庁に厳命し、一九四五年十二月に上野駅地下道の児童を多数含む浮浪者二千五百人を一斉収容、以後、繰り返し実施された）に遭った「浮浪児」の写真（一九四六〔昭和二十一〕年撮影）が引かれ、立花はそのキャプションに「絶望に満ちた表情」と書き記している。

筆者が初見でまず目を疑ったのは、その哀れを誘う子供の表情が、幼き立花自身のものだったとしても何ら不思議ではないほど、イメージとしてあまりに「酷似」していたからである。浮浪児像のすぐ向こうに、そのイメージのままの立花隆が立っている。戦争に「狩られ」た、少年期の記憶を痛々しく携えて。

こうして引き上げを体験した少年期に、漂流者的な生き方を刷り込まれた立花隆は、「ここではないどこか」を、「昨日のようではない明日」（『知の旅は終わらない』）に出会うために、生涯をかけて果てしない知的漂流を続けるのである。立花隆の生涯とは、そのように根こそぎにされた無力な少年の漂流の軌跡であり、定住農耕社会を逸脱した優れて非日本的な日本人の一生だったと言えよう。

二〇〇四年の著作『思索紀行——ぼくはこんな旅をしてきた』は、立花隆の生涯にわたる旅が、いかにラディカル（生の根源に関わるという意味で）なものであったかを物語っている。「序論」で彼は、同書がただの旅行記、紀行文のたぐいではないことを断り、こう語り出す。

思えば、私はずっと旅をしてきた。人間みな四次元時空の中で人生という旅をしている旅人なのだから、それは比喩的には誰にでもあてはまることだろうが、私の場合は、引揚げ世代ということもあって、人生の最初から、文字通りの旅をしてきた。

引き上げ以前、乳飲み子である一歳のときに経験した最初の旅は、長崎のメソジスト派ミッション・スクール活水学院（作家・田中小実昌の母の母校でもある）で国語と漢文の教師だった父・経雄（早稲田大学国文科卒）が、家族を市内鳴滝町の自宅に置いて突然、北京に渡った（文部省派遣教員としての現地赴任）ため、二歳年上の兄とともに茨城県水戸市近郊にある母親の実家で待機するための長旅だった。

すでに日中戦争は開始され、関東軍は南京を落城させ北京には臨時政府ができていた。立花隆の父はこの日本軍が北支（華北）を間接統治することになった上げ潮を見計らって、単身北京に渡ったのだ。そこで彼は、羽仁もと子（日本初の女性ジャーナリストにして無教会派キリスト教徒、羽仁進は孫）の自由学園北京生活学校とも関係があった模様だ。

北京に行った父は、日本で女学校の教師をしていたというキャリアを生かして、当時、北京市の中学、師範学校などに臨時政府から次々に配属されていった日本人監督官のような地位（名目的には副校長）にありついたらしい。いずれにしても父は日本政府の役人になったわけで、終戦時には大東亜省所属の教育職公務員だったことになる。

（同）

そして立花の記憶にとどめられた最初の旅が、四合院と呼ばれた高級住宅地での生活から一転、日本の敗戦による「引揚者の流浪の旅」ということになる。

これについては、九十五歳で亡くなった橘の母・龍子が手記を残しており、『文藝春秋』二〇一二年九月号の特集「太平洋戦争　語られざる証言」に、「立花隆　母が残した引き揚げ体験記」として収録されている。次男の彼は、母親と最後の十五年間をともに過ごしていた（東京小石川の二世帯住宅）。龍子は一九八五年、古希を迎えた年に念願の北京旅行を実現、かつて住んでいた住居跡を訪ねている。

羽仁もと子創刊の『婦人之友』友の会の会員が集合した「橘龍子さんを送る会」（二〇一一年五月二十九日）の式次第で立花隆は、「長じて大人になってからはクリスチャンにならないで終わった（註：兄妹も同様）。母はそれを終生自分の罪としていたようだが、こればかりは妥協するわけにもいかないので、不詳の息子のままで終わらせてもらった」（「不肖の息子として」）と綴《つづ》っている。

ところで、龍子の「引き揚げ体験記」によると、橘一家五人（父・経雄三十六歳、母・龍子三十歳、兄・弘道七歳、隆志五歳、妹・直代一歳七カ月）は、敗戦の翌年三月二十二日に、天津からアメリカ軍貸与の大型上陸用船艇（ＬＳＴ）で山口県仙崎港に帰還、すし詰めになった七、八百人の引き揚げ者が一緒だった。このとき龍子は片言の中国語で中国係官と交渉、貴金属の持ち出し禁止のお目こぼしで腕時計を持ち帰っている。この手記で疑問なのは夫・経雄のことが全く出てこないし、また立花隆の「解説」（「ひそかに書きためた記録」）でも、そのあたりの事情は全く触れられていないことだ。

因みに、橘経雄は引き揚げ後の一九四七（昭和二十二）年に、小説「西苑《せいえん》」（立教大学21世紀社会デザイン研究家の大学院生により「立花隆『立花家の戦争の記憶』」に再編集して収録）を書き記している。

それによると、正確な日付は不明であるが「北京城内」から集結地・西苑に移動を命ぜられた居留民団（日僑自治会本部と改名）のうち、第一回集結に参集した日本人抑留者約六千人は、十日分の食料・燃料を用意して班ごとに共同生活を営むことになる。橘経雄は第一区、第一班の班長だった。そのため居残り組の日本人の世話と後始末のため、西苑集結後三週間にしてようやく、第三便で帰国の途に就くことになる。

西苑の旧日本軍駐屯地の旧兵舎での四カ月半に及ぶ収容生活から、天津から五十キロ離れた塘《タン》沽《クー》の港に近い収容所でさらに三週間、橘一家らの第三次帰国集団は二千名に上った。

一家五人は人数分、一人千円を支給され下関、東京経由で茨城県那珂西にあった龍子の実家にたどり着き、身を寄せることになる。

立花隆の幼心に刻まれたこの収容所生活が鮮やかに蘇ったのは、二〇一一年三月の東日本大震災の時だった。九十五歳で逝った母・橘龍子の追悼集（私家版）で、彼はこう書き記している。

収容所生活が、私の原体験（最初の記憶）になっているから、避難所生活のニュース映像を見たとき、直感的に「ああ、あの頃とそっくり」と思った。福島第一原発の双葉町の住民たちが、最初に入った「さいたまスーパーアリーナ」に落ち着く事ができず、すぐ加須市の廃校に移動させられる光景が、北京の収容所から塘沽の収容所に移動させられた自分たちの姿に重なった。「あの頃とそっくりですよ。みんな逃げまどっている」と母にいうと、「沢山死んだでしょうね。」という。あの頃母は三十一歳。父は三十六歳。二歳の乳児までかかえて一家五人、よくぞ焼野原の中を突っ切って数千キロ離れた故郷まで帰りついたものだ。

（「不肖の息子として」）

このころ、家長の経雄は東京の兄・橘徳の家に身を寄せ、就職活動を行っている。兄の斡旋もあって、一九四六（昭和二十一）年十月には首尾よく定職にありつくことになる。一家が経雄の郷里・水戸へ移居するのは翌四七年のことである。

一九四六年八月に北京市教育局を退職した経雄は、十月、社団法人「日本自由出版協会」の事務局に就職する。それから一貫して橘経雄は、「出版業界人」（立花隆による）として日本の戦後を生き、一九九三年『週刊読書人』の版元である株式会社読書人を専務の肩書きで退職、二〇〇五年に九十五歳で大往生をとげるのである。

その死に際して立花隆は、「亡き父が見た出版大粛清事件」を『文藝春秋』二〇〇五年十二月号に寄稿している。「戦後出版界の生き証人だった父」が書き残したこと、具体的には敗戦直後占領下の出版業界の大混乱を語り直したもので、その一部は父・経雄の葬儀の参列者に配るために、自ら書き記していた。

両親がキリスト者であったことは既に触れたが、母・龍子（旧姓・佐藤、その父・操は茨城県龍ケ崎の警察署長）は、水戸高等女学校の恩師・橘しんの弟・経雄と結婚後、長崎活水学院のチャペルで受洗している。二人は内村鑑三の流れをくむ無教会派のキリスト教徒だった。経雄（我孫子の無教会派・湖北集会に所属）は戦後、教師に復帰することなく、出版業界に身を投ずることになる。

第五章　評伝2　父・橘経雄の戦後とルーツ

その機縁となったのは、五歳年上の兄・橘徳（＝篤郎）で、彼は戦前に改造社の円本の編集者（戦後は重役）だった人物で、フェビアン協会（イギリス労働党の基盤団体）の日本支部（会長・安部磯雄）の主事だった大宅壮一（一九〇〇〜七〇年）とともに、木村毅（文芸評論家、作家）の伝手《つて》で大正時代の終わりにジャーナリズムの世界に入る。橘徳は、木村の推薦で新潮社から刊行された『社会問題講座』の編集嘱託となった大宅の編集助手を務めている（後に橘書店創業）。

通学の関係か、旧制水戸中学卒業まで兄の家に寄寓していた橘経雄は、同じ縁でこの間、預けられていた大宅壮一の長女・周子（大宅映子の異母姉）とも一時期ここで一緒に暮らしていた。

立花隆にとって、この伯父はことのほか印象深い人間だったようだ。改造社を退社した彼は、米国務省監修の外国人向け英会話学習テープのエージェントで一儲けしたらしい。その会社が文藝春秋の近くにあったので、立花は文春退社後に翻訳のアルバイトをもらったり、借金をしたこともあったようだ。とりわけ立花の記憶に刻まれているのは、「この伯父が八〇歳のとき、『オレは明日死ぬぞ』と家族に告げて、本当にその翌朝亡くなった」（『死はこわくない』）、その見事な死に様であった。立花はそのような死を理想と考えていた。

立花の父・経雄が戦後に出版業界人となるきっかけとなった日本自由出版協会事務局入りは、この伯父・橘徳、木村毅のコネクションによると立花は「亡き父が見た出版大粛清事件」で述べている。

さて、その「事件」の内容についてである。戦後日本の出版界を大混乱に陥れた元凶は、戦時期の国策会社・日配（日本出版配給株式会社）にあった。言論統制下の出版流通を独占していた日配は、一九四九年三月、GHQから閉鎖機関の指定を受け、活動停止に追い込まれる。一方、戦後の混乱に乗じて業界内には戦犯（A級戦犯視された七社とB級戦犯視された十一社）狩りの左派勢力が台頭してくる。朝鮮戦争勃発以前、GHQの共産主義への融和政策という追い風に乗ってのことである。

この時代、多くの出版社にとっての死活問題は、紙の配分であった。そのイニシアティブを共産党系左翼が主流の日本出版協会に握られていたのでは、戦犯扱いされた出版社は生き延びる術《すべ》がない。そこで新しい出版団体として立ち上げられたのが、日本自由出版協会である。立花経雄はこの団体に就職したのだ。

同協会は『自由出版新聞』を発行、立花経雄はその業務に関わっていた。一九四九年には、全国出版協会が新たに発足、『全国出版新聞』が発刊されると、彼はその編集長に抜擢される。立花隆に言わせると、実質的に編集長兼編集者兼記者のようなもので、そこでキャリアを積んだ経雄は、業界紙から発展した『読書タイムズ』、さらに『週刊読書人』（一九五八年創刊）となってからは、営業担当の役員を務めるようになる。
父の『全国出版新聞』編集長時代を振り返り、立花隆はこう回想する。

この時期、父はずっと事務局の宿直室に泊り込みの生活をつづけていた。妻子は水戸に置いたままで（東京に家を持つだけの生活のゆとりがなかった）、週末になると洗濯物をかかえて帰ってくるという生活だった（食事は、事務局近くの外食券食堂で全部すましていた）。仕事が過重だったから、職場への通勤に時間をかけるより、職場に泊り込むほうがずっと合理的だったのだろう。

（「亡き父が見た出版大粛清事件」）

橘経雄の東京での単身赴任生活は、十年に及んだ。橘一家が、水戸から千葉県柏市の光ヶ丘団地に居を移すのが、敗戦後十二年を経過した一九五七年（その後、経雄・龍子夫妻は一九七五年に千葉県我孫子市湖北台に転居、一九九五年には経雄の退職を機に東京小石川に転居）、それにより立花隆は茨城県立水戸一高から都立上野高校二年に転入するのだ。
十年間の単身赴任生活にピリオドを打った新居、光ヶ丘団地についての貴重なリポートがある。『週刊読書人』の編集者だった橘経雄が、匿名で書いた「サラリーマンの読書生活――アパート都市・光ヶ丘にみる」（同紙、昭和三十三年五月五日号）がそれだ。

これは新中間層と言われたサラリーマンに焦点を合わせ、彼らの読書生活の典型を、同団地の住人をサンプルに、東大新聞研究所の稲葉三千男らの協力によって綿密に調査したもの。興味深いのは、橘経雄が書いたこのマンモス団地の実態である。

上野駅から国電で四十分、常磐線南柏駅に着く。すると、駅前には〝光ヶ丘〟への専用バスが待っている。ガタガタ道を五分。〝光ヶ丘〟の入り口が小学校前で、そこからマーケット前、集会所前、そして〝光ヶ丘〟終点とバス停留所がつづいていることは、いっぽうで敷地四万坪という〝光ヶ丘〟の広大さを、またいっぽうでは設備の充実ぶりをうかがわせよう。診療所もある。幼稚園も、グラウンドも……そして、平屋家屋、二階建テラスハウス、三階建アパートなど計九百四十戸の各世帯ごとにガスと水道、洗面設備と浴室があって、便所は水洗で、その一三坪から一五坪ほどの部屋の空間はすみずみまで計算され、利用されている

――

日本住宅公団造成のこれらの建物は、現在、老朽化のため「グリーンタウン光ヶ丘」という団地に建て替えられている。だが当時にあっては、京葉工業地域、首都圏への通勤圏内を売り物にし、「ニュータウン」の名を冠した最新鋭の公団だったのだ。

むろん立花隆は、団地族に収まる性分ではなかった。ところで彼の旅好きという域をはるかに超えた流浪癖には、因果な血筋というしかない一族の過去が影を落としていたのかも知れない。

家族に説明らしい説明もなく、単身北京に渡った父は漂白の俳聖・松尾芭蕉への憧れを隠さない文学青年だった。早稲田大学文学部国文学科の卒業論文は、「西鶴リアリズムに就いて」。二年先輩には歌人・窪田空穂の長男・章一郎（歌人、国文学者）がおり、親しい仲だった。

経雄の兄の一人に、山谷で雇われ職人をしていた、フーテンの寅を彷彿とさせる「深川のおじさん」がいた。立花隆が高校二年のとき、彼は千葉県柏市の団地にひょっこり姿を見せ、翌朝、庭先に捨て置かれた古自転車に乗って颯爽と立ち去っていったという（『思索紀行』、「序論」）。

橘家のルーツを遡ると、橘市兵衛という先祖に行き当たるが、この人物もどうやら流浪の末に水戸にたどり着き、水戸藩の足軽として召し抱えられた後、紺屋《こうや》（染物屋）を開業したことが分かっている。そのルーツは、大和方面から流れてきた楠木正成の一門との風説さえあるが、真偽のほどは不明である。ただもしそれが事実なら、立花隆の生涯にわたる「旅」は、歴史的に破れ去った者たちの夢と欲望の遺伝子を背負った、貴種流離譚に見立てられることになる。

立花隆は確信的に、「孝三郎（註：前出の「いとこおじ」）はそう信じていた」（『思索紀行』）と語っている。その根拠は、「母方（孝三郎の）の一族が楠木正成ゆかりの瓜連《うりづら》城（註：一三三六年、楠木正家によって築かれた）の城下町、瓜連（茨城県北部）の有力者の家系だった」（同）からだ。理由はともかく、「この人物が諸国を流浪したあげくに水戸にたどりついたという点だけは各研究者一致している」（同）というのである。

いずれにせよ、橘家のDNAのどこかに、流浪・漂白への止みがたい衝動が埋め込まれていたらしいことに、立花はある確信に近いものを持っていた。飄然と現れ去ってゆく「深川のおじさん」にも、父親の「ある日突然の旅立ちの源流」（同）にも、そして自身の旅に憑《つ》かれたとも言える人生にも共通した。

ただ父親の本家筋はこの地に根を張って堅気を通し、江戸時代から続く水戸藩御用の染物屋の暖簾《のれん》を守り、さらに材木問屋兼土建業を営むまで事業を広げ、水戸で五指に入る大資産家にまでなった。橘孝三郎は、一八九三（明治二十六）年にこの本家筋に生まれた三男で、一七七七（安永六）年に馬市の立った水戸市上市《かみいち》馬口労町《ばくろうちょう》（現・末広町）に店を構えた橘屋奥衛門の流れを組む（保阪正康『五・一五事件』参照）。孝三郎の祖父・祖兵衛は、水戸藩の足軽で、維新後に染め物に手をだし、商才あって瞬く間に店を隆盛させた。

家運が傾いたのは、大酒飲みの立花隆の祖父の代で、北京から一家が引き上げたときには、先祖伝来の資産をあらかた失い、昔の大豪邸の庭隅に隠居した祖父の敷地内に、引揚げ家族は終戦の年から一九五七年の千葉県柏市移住まで、十二年間住みつくことになるのだ。

この間、橘孝三郎の長兄・鉄太郎は紺屋の店を畳んで、旧制一高（現・東京大学）を中退して水戸に帰っていた孝三郎とともに愛郷塾（一九三一年設立、正式名称は自営的農村勤労学校愛郷塾）の基盤となった農場（地元民は「兄弟村」と呼んだ）に帰農している。兄弟は潤沢だった橘家の資産を塾経営で食いつぶし、農工銀行から借金までするようになっていた。名家の出身ではあっても、北京からの引き揚げで水戸にたどり着いた立花隆には、エスタブリッシュの感覚も、ブルジョア意識も育ちようはなかったのである。

第六章　評伝3

大学時代、文春入社と退社の経緯

一九五七（昭和三十二）年、現在の『週刊読書人』の前身の書評紙編集者となっていた父に従い、茨城県立水戸一高から都立上野高校に編入（同期生に後の写真家・荒木経惟《のぶよし》がいた）した転校生・立花隆は、旺文社の「大学入試模擬試験」で全国一位になって周囲を驚かせた。当時彼は、日本で最初のノーベル賞受賞者・湯川秀樹（物理学者）への「熱烈な憧れ」（『知の旅は終わらない』）もあって、大学で素粒子物理学を専攻しようとしていた。しかし、進路指導の教師に「キミは色弱だから理系には行けない」（同）と進路を阻まれ、東大文科二類を受験、現役で合格する。

大学二年時には、戦後日本の最大の政治闘争となった日米安保条約改定をめぐる六〇年安保闘争があった。入学時に駒場自治会の常任委員になった彼は、ここで駒場自治会の委員長だった一学年上の西部邁《すすむ》（二〇一八年に自殺）と遭遇しているはずである。

西部らは一九五八年、警職法（警察官職務執行法）の改正をめぐって日本共産党と対立、党を除名されてブント（共産主義者同盟）を結成、六〇年の安保条約改定反対へ向けて全学連の主流派を形成する。立花はこのとき、共産党にも反日共のブントにも属さないノンセクトの「常任委員」の立場を貫いた。

入学時の一九五九年十一月には、岸信介首相の訪米阻止を目論《もくろ》んで羽田空港ロビー占拠の隊列に加わるが、幸運にも逮捕を免れている。西部ら全学連幹部は、ここで一網打尽に検挙されていた。日本共産党系の学生と、反日共系全学連の激しい対立を目撃していた立花は、六〇年安保闘争がピークに達する翌年四月から十月にかけて、日本を離れることになる。闘争の現場を去るように、イギリスで開かれた「国際反核会議」に出席し、その後ヨーロッパ各国を回る旅に出たのだ。

右の羽田空港ロビー占拠事件から二週間後、イギリスから一通の手紙が届いた。長崎市を出生地とする立花は、安保反対と並行して、原水禁運動にのめりこんでいた。運動へのコミットのきっかけは、一九五四（昭和二十九）年、ビキニ環礁で日本の漁船・第五福竜丸がアメリカの水爆実験により被爆、死の灰を浴びた船員が死亡したことであった。立花十四歳の年の出来事である。

この事件は、映画『ゴジラ』（シリーズ第一作、本多猪四郎監督、一九五四年）に着想のヒントを与えたことでも知られる。核実験による激震が、眠っていた怪獣を「核の落とし子」として呼び覚ましてしまうという物語の起動である。

イギリスからの手紙とは、広島での原水禁大会に乗り込んで世界の代表団にアピールのチラシを配布したことがきっかけとなり、「国際学生青年核軍縮会議」への招待状が舞い込んだのだ。

立花ら二名の学生は奇跡のように、一ドル三百六十円の固定相場で、一般人の海外渡航の自由がなかった時代、しかも大卒初任給が一万円程度の時代に、読売新聞社など大口のスポンサーを見つけ、当時の金額で五十万円というロンドンへの往復渡航費を捻出、同学の駒井洋（元筑波大学教授）と安保闘争の激化を尻目に日本を脱出し、大会に参加することになったのだ。

当時、国会議事堂を包囲した安保全学連は、世界的なニュースになっており、立花は会議のレセプションで質問攻めにあった。会議の一月前には、ジュネーブで東西十カ国による軍縮会議が開かれ、冷戦構造の緩和への期待が高まっていた時期だった。立花はここで、日米安保条約反対の決議案を急遽提出、核戦争のおそれに対してのトピカルな案文が評価され決議にこぎつけるという手柄をたてている（『思索紀行』参照）。二人はこの時、十六ミリに焼き直した新藤兼人監督の『原爆の子』や、写真家・土門拳の『ヒロシマ』などを持参、映画会や写真展まで催している。

ただこの貴重な国際経験は、安保闘争後の日本の学生運動にフィードバックされることはなく、立花は駒井とともに自動的に運動からフェイドアウトすることになる。結果的に政治的な方向転換を促した、海外への雄飛であったのだ。一九六〇年四月に羽田を飛び立ち、香港、ベイルート、フランクフルトを経由してロンドンへ、半年後に貨物船で名古屋港に帰るこの大旅行のために、立花は大学を一年留年している。帰国後のカリキュラムから逸脱した無手勝流の勉強は、知的モンスター立花の基礎を作ったようで、後年彼は真顔で「留年のススメ」を東大生に説いてもいる。

駒場時代のぼくは猛烈に忙しかったわけです。やることが多すぎて、パンク状態でした。だから、海外に半年行っていて、そのまま留年になったのは、むしろ好都合だったわけです。

あのまま普通に進学していたら、あまりにもゆとりのない生活の連続になっていたところでした。しかし、留年したおかげで、精神的にものすごくゆとりが持てました。留年して、一年下のクラスに編入されたんですが、駒場の一年生と二年生は、ある意味で、こんなに差があるものかと思いました。一年前の、あせりばかり感じていた自分がウソみたいでした。

（『脳を鍛える――東大講義　人間の現在①』）

一九六四年、東京大学文学部仏文科を卒業した彼は、文藝春秋に入社、『週刊文春』に配属されるがその後、一九六六年には決然として退社する。そのきっかけとなったのが、立花が全く無関心だったプロ野球の取材にかり出されたことだった。有能な社員ライターだった立花は、「業務命令」で有無を言わさずやりたくもない仕事を引き受け、そのストレスから体調を壊したのだ。

プロ野球に限らず、立花にはギャンブルやプロスポーツに時間を浪費することへの並外れた嫌悪感があった。例えば一九九一年、井田真木子が『プロレス少女伝説』で大宅壮一ノンフィクション賞を受賞した際にも、選考委員の立花は、女子プロレスに対する著者の入れ込み自体に感情を露《あら》わにして猛反発した。

私はプロレスというのは、品性と知性と感性が同時に低レベルにある人間だけが熱中できる低劣なゲームだと思っている。そういう世界で何が起きようと私には全く関心がない。

（大宅壮一ノンフィクション賞の選評より）

それが恵まれた出自からくる知的な拒絶反応であり、差別発言であることに本人は気づいていない。最悪の坊ちゃん気質である。ともかく立花隆という人間は、このように時に品性も知性もかなぐり捨てて、好き嫌いの感情を露わにする一途な人間だった。社員会報に載ったその「退社の弁」(「文藝春秋」社員会報、一九六六年十月十二日)が、また一途でふるっている。そこで彼は知への渇きを訴えていたのだ。

会社に勤めていた三十カ月の間に、いったいどれだけ、ほんとうに読みたい本を読んだといえるだろう。文字を通して開示される著者の人間存在の深奥部にぼくの精神がひきこまれていき、そこでことばによる対話以上の対話が交され、一つの精神的ドラマが展開されてゆくというような読書体験が何度あったろう。

(『ぼくはこんな本を読んできた』所収)

そのうちに立花隆は、読みたい本、読む必要がある本を避けていることで、「刻一刻精神的退廃の課程をたどっているにちがいない」と自覚するに至る。

おそらく、絶えざる生の営みの中で、見ること、考えること、することの三つをくり返しフィードバックすることのうちに、ある日精神的な飛翔をとげられる時が来、すべてが直観のうちに把握することができる日がくるにちがいないというのが、ぼくの生活を支えてきた期待であり信念だった。
（同）

会社勤めをこれ以上続けていては、それが果たせないというのである。こんな「哲学的」理由で一流出版社を二年足らずで退社する人間も希であろう。立花がユニークなのは、その翌年に東京大学文学部哲学科に学士入学していることである。この間彼は、女性週刊誌（『ヤングレディ』）でアンカーマンを務めるなど、学費を稼ぐためにジャーナリズムの世界との接点を保ち続けていた。

後の芸能レポーター梨元勝は、データマンとして立花を支え、社会派ノンフィクション作家として名を成す鎌田慧とも取材記者としてこの時代に知り合っている。いかにも六〇年代的な、多種多彩な才能の横断的交流である。

さて、有為の青年・橘隆志が、立花隆のペンネームで物書きに変成を遂げるのが一九六八年（「素手でのし上った男たち」）。折しも時代は学園紛争の真っ只中、東大（本郷）はその発火点となった「全共闘」（全学共闘会議）の一大拠点であった。この時期彼は、「東大ゲバルト壁語録――〝戦場〟に残された落書きに見る夢と苦悩」を発表している。機動隊との決戦場となった安田講堂（本郷キャンパス）の壁面を飾った落書きの「解読」である。そこに、若き立花隆の初々しいマニフェストが記されていた。

私たちは政治を類《るい》によって語ることに慣れすぎてしまっている。類によって語りうるのはロゴスだけである。しかし、行動はパトスの所産であり、パトスは個別的にのみ語られうる。私は彼らのロゴスにも、彼らに対立するロゴスにも聞きあきていた。政治のロゴスは、いつも紋切り型で退屈だ。私が知りたいのはむしろ彼らの肉体であり、彼らのパトスだ。そのとき発見したのが壁だった。外に向っては類として語る彼らも、壁に向っては個として語っていた。

（『文藝春秋』一九六九年三月号初出、『立花隆のすべて　下』所収）

立花隆にしては、かなり生硬な文章である。キャンパスの壁というメディアに、全共闘学生の溢れるパトスが「落書き」という形で表現されている。それを目撃した立花は、二十八歳の再入学学生だった。だが彼はこの時期、またしても政治運動から背を向けるように、ストライキとロックアウトの続くキャンパスを去っていく。

立花は六〇年代末の学生運動自体に甚《はなは》だ懐疑的だった。当時「大学解体」をスローガンとしていた、「東大全共闘のことはまるっきり信じていません」（『知の旅は終わらない』）と語っている。そして、「バカげた東大闘争」の激化とともに、彼は大学を辞めるのだ。立花の最大の悔いは、哲学科末木剛博教授のヴィトゲンシュタイン講義が聴けなくなったことだった。

後年、彼は「ヴィトゲンシュタインとの出会いは衝撃的で、彼と出会ったことによって、ある意味で、僕の人生が大きく変わった」（同）とまで語っている。主著『論理哲学論考』の翻訳が出る前の話である。

別の場所で、「震えるほどの知的興奮を味わっていた」（『文明の逆接』、引用は『知の旅は終わらない』から）とまで語られるこのヴィトゲンシュタイン・ショックによって、立花は科学哲学や言語哲学にも目を開かれ、またコンピュータや情報理論の基礎となる記号論理学にも手を伸ばすようになる。中途退学以前の猛勉強の凄まじさというと。

この間、わたしは、生涯これほど勉強したことはないというほど毎日勉強していたから（どれほど勉強していたかというと、ギリシャ語でプラトンを読み、ラテン語でトマス・アキナスを読み、ドイツ語でヴィトゲンシュタインを読み、フランス語でサルトルを読み、アラビア語でコーランを読み、ペルシャ語でルーミーを読み、漢文で荘子集註を読みというような日々だった）、毎日徹夜で、その日の授業の準備をするという繰り返しだった。

（『死はこわくない』）

斎藤環が『立花隆「噓八百」の研究』で指摘するように、ヴィトゲンシュタインの主著は英語で書かれているので原書とは言えないが、立花の書庫には大修館の『ウィトゲンシュタイン全集』も揃っていた。

だが紛争の激化で、立花の目論見は中断される。彼は授業もやっていないのに学費を払うわけにはいかないと、大学当局にクレームをつけて東大哲学科を中退、そして何と、新宿ゴールデン街でバー「ガルガンチュア立花」を開店、半年間店のマスターを務めるのである。開店の挨拶状の冒頭には、「このたび、心機一転、これまで手にしておりましたペンを、アイスピックに持ち換え、〝ガルガンチュア立花〟なるバーを開店いたすことになりました」と記されている（『知の旅は終わらない』）。

　店の入り口の木造レリーフには、フランソワ・ラブレーの『ガルガンチュア物語』の一節、「〝fais ce que due(tu) voudras（汝《なんじ》の欲するところをなせ）〟」が掲げられていた。東大仏文卒の面目躍如である。

第七章　出世作『思考の技術』の画期性

一九七一年、波乱万丈の三十代の幕開き（一九七〇年代の幕開きに重なる）に、立花隆は『思考の技術――エコロジー的発想のすすめ』という「事実上の処女作」（「文庫版あとがき」）を刊行する。一九六九年には、寺山修司の推薦文付きで、『素手でのし上った男たち――無から億への栄光！』を上梓してはいるが、処女作というには軽すぎる内容である。

『思考の技術』はエコロジー（生態学）という言葉が社会的に定着する以前の、たっぷり二十年は時代の先を行く好著で、その後、中公文庫に収められ二〇二〇年には新装版が中公新書ラクレとして再刊された。環境破壊など、高度成長のひずみを受けた発想の軌道修正のための問題提起の書で、近年生態系を含めた海洋環境への影響が問題になっている「プラスティックの恐怖」についても、いち早く警鐘を鳴らしている。

筆者がその先見性をことさら強調したいのは、精神分裂症をめぐる「二重拘束《ダブルバインド》」理論の提唱者G・ベイトソンの『精神の生態学』とも同書が響き合う内容をもっているからだ。佐藤良明による新版の翻訳が出たのは、ようやく二〇〇〇年になってからだが、原書に当たる*STEP TO AN ECOLOGY OF MIND*の初版は一九七二年、『思考の技術』はその前年に刊行されている。勉強家の立花隆が、その初出論文のいくつかを原語で読んでいた可能性はないとは言えないが、それにしても立花の目の付け所は鋭く精確であった。

ニューギニアからインドネシアのバリ島の部族までフィールド・ワークを行い、フィードバックをキーワードに、「定常型社会の価値体系」を抽出したベイトソンの理論は斬新かつユニークであった。彼は「ダブルバインド」や「精神分裂症」を、個人の心の問題に限定せず、より大きな「精神のシステム」のなかを流れる「観念のエコロジー」の一部に、ベイトソンの造語では「トランス＝コンテクスチュアル」に押し開いたのである。彼は病理の発生する根に、システムの恒存が、そのサブ・システムの変化によって得られるところにあると語る。このシステムとサブシステムの関係性への注目が、立花に通じる「エコロジー的発想」なのだ。

> 両者のうちの一方が、他方のチェックを受けずに適応的変化を遂げるところでは、つねに関係の存続が危機にさらされることになる。
>
> （G・ベイトソン『精神の生態学』）

立花隆が『思考の技術』第二章「閉ざされた地球――エコシステム」で述べたのはそのことに他ならない。

人間の文明は、知りえたサブシステムを技術によって〝改良〟することによって成立してきた。

（『思考の技術』）

だが問題は、「サブシステム内では有効に働く技術が、しばしばトータルシステムの中では弊害をもたらす」（同）ことにある。この難題の超克には、「エコロジー的発想」が不可欠だと言うのである。

ベイトソンはまた、生態学の持つ二つの顔について述べている。

珊瑚礁《さんごしょう》やセコイアの森林や都市におけるエネルギーと物質移動の経済を扱うのがひとつの顔で、情報とエントロピーと負のエントロピーの経済を扱うのがもうひとつの顔であります。

（『精神の生態学』）

エントロピーとは、熱力学の第二法則（第一法則はエネルギー保存の法則）で、俗に言うエントロピーの増大とは、ある秩序をもったものやシステムは、放っておけば時間の経過とともにランダム（無秩序）に乱れてゆく。従ってエントロピー（乱れた秩序）を負にしてやるためには、外部からエネルギーを注入して秩序を回復しなければならない。この理論が情報工学に応用されたのだ。

立花隆はこの問題に関しても、ベイトソンに呼応するようにこう語っている（エントロピーの概念については、『脳を鍛える』の第八回で改めて改めて詳しく語られる）。

生物というものを考えてみると、これは物質が驚くほど秩序ある状態にまとまったものである。その秩序を維持してゆくことが、生きるということにほかならない。つまり生物は、低エントロピーの状態を保持しつづけなければならないのである。エントロピーを低く保つためにはエネルギーがいる。

（『思考の技術』）

さらに彼は、人間が自分の持つ「情報エントロピー」を減少させて文化を生み、それにより社会のエントロピーを減少させて文明社会を作り上げてきたと述べている。だから、現代文明社会を担う人間が、「これまで地上に現われた、最低エントロピーの生物」（同）ということになる。地球温暖化を含めた現代文明の危機とは、「閉ざされた地球」というエコシステムとサブシステムとの、極点に達した不調和のことだったのである。

「戦争」と「平和」の関係についても、この概念を当てはめることが可能だ。精神科医の中井久夫はこう語っている。

戦争が大幅にエントロピーの増大を許すのに対して、平和は絶えずエネルギーを費やして負のエントロピー（ネゲントロピー）を注入して秩序を立て直しつづけなければならない。一般にエントロピーの低い状態、たとえば生体の秩序はそのようにして維持されるのである。エントロピーの増大は死に至る過程である。秩序を維持するほうが格段に難しいのは、部屋を散らかすのと片づけるのとの違いである。戦争では散らかす「過程」が優性である。戦争は男性の中の散らかす「子ども性」が水を得た魚のようになる。

（「戦争と平和についての観察」、『樹をみつめて』所収）

『思考の技術』第五章「システムのエコロジー」で問題提起されるのは、「自然のすみずみにまで存在する見事なまでのフィードバック機構に比べると、人間の利用の仕方はまだまだ足りない」ということだ。注目すべきはここで立花が、先の「退社の弁」で用いていたフィードバックの概念について、その本質を分かりやすく語っていることだ。フィードバックは、立花の「コンポスト葬」願望に通じる、エコロジー的自然循環の本義に基づくとともに、科学理論としてはある種の「人間機械論」ともオーヴァーラップしていた。

フィードバックとは、アウトプットの一部をインプットに戻してやって、インプットの調節をはかることである。

（『思考の技術』）

ここから立花隆は、最も卑近な例として電気ごたつなどについている温度を一定に保つサーモスタットの原理を説明、サイバネティクス（人工頭脳学）の出現以降のフィードバック機構の普及について語る。

ベイトソンによれば、「サーモスタット機構のついたコンピュータの温度調整は、コンピュータの『精神』が『考えて』行っているといって差し支えない」（『精神の生態学』）。だが、それだけでは不十分なのだ。コンピュータ本来の仕事は、「インプットされる差異をアウトプットされる差異へ変換する」ことにあるからだ。それは、ひとつの「精神プロセス」ではなく、より大きなサーキットの一部と、その外部との情報交換（インプット、アウトプット）なのである。サイバネティクス理論の創始者ノーバート・ウィナーが、『人間機械論』の著者でもあることを想起しよう。

「進歩とエントロピー」の一章を含む同書の原題は、翻訳では副題となった「人間の人間的な利用」（*The Human Use of Human Being*）。デカルト以来の「人間機械論」の系譜の中で同書に特徴的なのは、「神」と「人間」、「自然」との関係が不問に付されていることだ。

米ソ冷戦下の暗号解読から始まったと言われるサイバネティクスは、「神」を消去した「人間機械論」だったと言えよう。そればかりではない。ガリレオによる自然現象の機械論的説明を宇宙全般に拡張したデカルト（『宇宙論』）や、ニュートンの機械論的因果関係にしたがう自然現象の説明を宇宙の発生にまで適用したカント（『天界の一般自然史と理論』、坂部恵『カント』参照）らを呪縛していた、「神」の存在証明との緊張関係から最終的に解放されたのが、ウィナーの世俗的「人間機械論」、言い換えるなら神なき時代の「否定神学」だったと言えよう。

だがそこから改めて、非－人間中心主義的に、「自然」と「人間」とのエコシステムの原理が問い直されることになる。通信工学と制御工学（フィードバック概念を考案）、生理学と機械工学の総合の上になったサイバネティクス同様、生態学（エコロジー）も、「生物と環境および共に生活するものとの関係を論ずる科学」（E・ヘッケル）であり、それらの総合的思考が問われる生物学の一ジャンルだったからだ。言い換えるならそれは、技術に関するハードウェアではなく、技術をいかに用いるかをめぐる知のソフトウェアのことであった。

立花は具体的にその研究対象を、生物と生物の関係、さらに大きくは生物と無生物（物質界）、あるいは環境一般との関係にかかわる学問と定義する。食物連鎖などのフィードバック機構に比べると、人間の利用の仕方はまだまだ足りないというのが、立花に同書を書かせた動機だった。自然は人間なしでやっていけるが、人間は自然なしではやっていけないことを前提として。

立花隆による日本で最初の本格的な、「エコロジー的発想のすすめ」はここを起点としていた。この実質的な処女作で立花は、生物界のなかで極限的「進化」をとげた人類と自然との「調和」のための方程式を具体的に立てることが緊急に必要であると説く。その切実な危機感が、「フィードバック機構をつくれ」という緊急提案につながる。

世界思想のレベルでこのことに最初に注目したのは、モーゼス・ヘスの影響で、人間と自然との間の「交通」（Verkhr）＝「物質代謝」（Stoffwechs＝Metabolism）に注目した『資本論』のマルクスである（ヘスとマルクスの関係については、柄谷行人『力と交換様式』序章参照）。近年マルクスとエコロジー思想の関係を問い直す著作もいくつか現れているが、それはマルクスが『資本論』で、「自然的物質代謝」、「社会的物質代謝」、「人間と自然との物質代謝」という三つの代謝（交換＝フィードバック）を問題にしていたからである。

『資本論』第一巻第一章「商品」の第二節「商品で表示される労働の二重性格」で、マルクスはずばり「労働」の本質を、どんな社会形態とも関わりのない、「人間と自然との間の質料変換つまり人間の生活を媒介するための永久的な自然的必然である」（長谷部文雄訳）と述べている。ここで「質料変換」と訳されているのが、「物質代謝」（Stoffwechsel）のことだったのだ。まさにエコロジカルなフィードバック論の先駆である。マルクスにとって「共産主義」とは、生産諸力と交通諸形態が資本主義的限界を突破し、必然的に新たなフィードバック・システムを構築する世界史的事業のことであった。

興味深いのは立花隆が、「エコロジー的発想のすすめ」を政治の面に当てはめると、独裁制や中央集権的統治機構に比して能率は悪いが、理想的には「最も安定したアナーキー社会」（『思考の技術』）だと、無政府主義《アナーキズム》を肯定的に語っていたことだ（かたやマルクスにとってのコミュニズムは「理想」ではなく、現状を止揚する現実の運動だったのだが）。フィードバック機構を備え、チャンネルの多いシステムの方が、「全体主義という単純システム」より安定しているという立花の信条は、だがどこまでもリベラルである。

すでにこの本を著した一九七〇年代初頭時点で、「万能知識人《ゼネラリスト》」の片鱗は十分にうかがうことができる。ここで仕込まれた関係づけと総合という方法が立花の武器で、最良の「何でも屋」とは、まず偏《かたよ》りのない知性の持ち主であることなのだ。立花的な知的好奇心とは、言い換えるならアナーキーな知性の運動のことでもあった。その果てに一人の類い希な「万能知識人《ゼネラリスト》」が誕生する。しかもそれは彼が、本質的なジャーナリストであったことと少しも矛盾しない。そして恐らく、中年を過ぎて大学教授になったこととも。後年、彼は東大生を前にした講義でこう語っている。

知識というのはピラミッド構造になっていて、特殊な先端的知識はすべて、よりゼネラルでよりゼネリックな（generic、個別的でなくより広い範囲を見渡した）、より大きな基盤的知識の上にのっているわけです。そういう重層的な構造が幾重にも積み重なっているのが知の世界というものであって、学ぶということはすべて、よりゼネラルな、より基盤的部分からはじめて、だんだん階層構造を上にのぼっていくようにしないと決してうまくいかないものです。

（『脳を鍛える』）

最良の何でも屋・立花隆は、そのように複数のジャンルにおける知の階層構造を上にのぼっていくように、自らの脳を鍛え上げながらノーベル賞受賞者に、宇宙飛行士に、専門知に即した優れてゼネリックなインタビューを果敢に試みるのである。

「見ること、考えること、することの三つをくり返しフィード・バックする」（「退社の弁」）という、立花的な「知の技法」は、ジャンル横断的なインタビューの数々によって反復的に、高度なダイアローグに鍛え上げられていった。

第八章　宇宙・細胞・進化をめぐって

例えば『宇宙からの帰還』（一九八三年）では、十二人の宇宙飛行士に帰還後の内面的な変化について問い質して、まさにそれが神的体験であったことを引き出し、さらには鬱病と不倫との狭間で引き裂かれる帰還飛行士の苦渋にまで迫っている。取材データは、ほとんどアメリカで集めた。ワシントンの図書館で、二十年分の関連記事を照会、アルバイトを雇って必要な記事をコピーして万全を期したのだ（『ぼくはこんな本を読んできた』参照）。『中央公論』の連載として行われたこの企画の起動に当たって、立花はアメリカの宇宙飛行経験者全員に手紙を出し、「宇宙体験はあなたにどういう精神的影響を与えたのか」との質問を正面からぶつけた。三十数人のうち約三分の一が、「それは非常にいい質問だ」と返事をくれたという。経費の制限もあって、立花はアポ取りから飛行機、レンタカーの手配、移動まで全て独力で行った上で、単身取材を試みたのだ（前出、中野不二男によるインタビュー「なぜ『宇宙』へ、そして『脳』へ」参照）。

インタビューした飛行士の多くが、「こんなことを聞かれたのは、はじめてだ。よく聞いてくれた」、「いままで人に十分伝えられなかったことを、やっと伝えられたような気がする」と満足げだったという。彼らのなかで、アポロ9号のラッセル・シュワイカート飛行士は、「宇宙体験をすると、前と同じ人間ではありえない」と語り、スカイラブ4号のエド・ギブスン飛行士は、「宇宙体験の結果、無神論者になったという人間は一人もいない」と断言する。

圧巻はアポロ14号に乗って月面に降り立った（一九七一年）、「もっとも思索的でもっともインテレクチュアルな飛行士と言われた」エド・ミッチェルへのインタビューである。立花は科学者であると同時に、敬虔な南部バプティストの彼に、ずばり「あなたはいかにして科学的真理と宗教的真理の対立を克服したのか。それは宇宙体験と関係があるのか」と、核心に迫る問いを投げかける。

これに対し彼は、「まさしくその通りだ。私は二つの真理の相克をかかえたまま宇宙にいき、宇宙でほとんど一瞬のうちに、この長年悩みつづけた問題の解決を得た」と、直球を投げ返す。決定的な瞬間は、宇宙から地球を見たときに訪れた。彼はそのとき、「神の顔にこの手でふれた」、「瞬間的に真理を把握したという思い」に捉えられたと回顧する（以上、『知の旅は終わらない』参照）。

それはキリスト教の枠組を超克する、「宇宙精神（コスミック・スピリット）」、「宇宙知性（コスミック・インテリジェンス）」（同）の啓示であり、そうした霊的知性を本質とする「神」による先の難題の解消であった。

「つまり宗教はすべて、この宇宙のスピリチュアルな本質との一体感を経験するという神秘体験を持った人間が、それぞれにそれを表現することによって生まれたものだ」（同）

彼にとって「宇宙からの帰還」は、地球（地上的なるもの）からの新たな離脱を意味したのである。

この問題に深々とコミットした立花隆は、「ものすごくロジカルな人間でありながら、一方で神秘的なるものへの憧れ」（『ぼくはこんな本を読んできた』）を隠さない人間だった。神秘思想、神秘主義への関心は若い頃から一貫しており、その書庫にはキリスト教神秘主義のほか、イスラム神秘主義、インド神秘主義、ユダヤ神秘主義、ロシア神秘主義の文献まで網羅的に揃えられていた。その果てに、「科学の最先端はほとんどオカルトだ」（同）といった放言さえ飛び出す始末だ。

因みに立花隆の東大卒業論文は、当時ほとんど日本で知られていなかった、フランス革命時代の貴族哲学者に関する「メーヌ・ド・ビランの『ヨハネ伝注解』に見る神秘思想について」だった。「ヨハネによる福音書」には、「初めに言《ことば》（ロゴス）があった。言は神と共にあった。言は神であった」という、立花を何度もそこに引き戻させた一節がある。果たされはしなかったが、「僕はいつかこの福音書について本を書きたい」（『知の旅は終わらない』）とさえ語っていた。神秘思想との関連で、どう読み解いたか大いに興味深い。

本題に戻ってアポロ9号のシュワイカート飛行士の場合は、スピリチュアリズムへの傾斜ではなく、環境主義者ジェームズ・ラヴロック（一九一九～二〇二二年）の「ガイア」（GAIA）理論（一九七九年）に行き着いた（同）。GAIAは「大地・地面」を意味するEarthに対して、水、空気、地球に生きる生物を含めた地球全体を指す言葉だ。

ラヴロックは立花隆が自身、「大きな影響を受けた人」（同）で、その理論は地球を一つの生きた生命体（＝「超個体」）として捉え返そうというもの（ラヴロック『地球生命圏――ガイアの科学』、『ガイアの時代』参照）。シュワイカートは、ガイア理論との出会いによって、自身の宇宙体験を意味づける決定的ヒントを得た。立花によれば彼は、人類の宇宙への進出の意味は、「母なるガイアの胎内にいた人間が、はじめて母の胎内から外に出ようしている」ということで、「人類が大いなる宇宙進化の第一歩を踏み出そうとしている」証とみなしたのである（『知の旅は終わらない』）。

八〇年代に影響力をもったラヴロックの環境思想のアキレス腱は、「原子力だけが地球温暖化を停止させる」という科学的オプティミズムにあった。これに関連して筆者の立花への疑問を一つ提示しておく。まず立花は、二〇一一年の福島第一原子力発電所事故に関して、全く発言しておらず、編集者・阿佐川嗣人によると、取材を断ってさえいる。しかもその死後に刊行された『立花隆　長崎を語る――長崎が生んだ「知の巨人」追悼と鎮魂、そして人類』で彼は、聞き捨てならない次のような発言をしているのだ。


福島の原発事故以後、原爆と原発を同一視して邪悪なものとする人が増えています。しかしいうまでもなく、原爆と原発はまったく別物です。長崎では被曝した永井隆医師が『長崎の鐘』で書いているように、核エネルギーは「善用すれば人類文明の飛躍的進歩となり、悪用すれば地球を破壊せしめる」のです。核の平和利用は、被曝体験とは峻別して考えるべきです。

これは吉本隆明にも通じる科学的オプティミズムと言うべきで、吉本はその死後に刊行された『「反原発」異論』に明らかなように、ポスト・フクシマの反原発運動にしきりにブレーキをかけた原発支持者だった。その根は予想以上に深い。吉本は出世作『高村光太郎』の第Ⅰ部の終わりで、光太郎の最後の詩作品「生命の大河」の次の一節を引いている（『吉本隆明全著作集8』より引用）。

科学は後退をゆるさない。
科学は危険に突入する。
科学は危険をのりこえる。
放射能の故にうしろを向かない。
放射能の克服と
放射能の善用とに
科学は万全をかける。
原子力の解放は
やがて人類の一切を変え

想像しがたい生活図の世紀が来る。

これに対し吉本は、次のコメントを付す。「わたしはこの自然のメカニズムを非情な己の『眼』とした詩人の、最後のモデルニスムに敬意を表することにしよう」と。吉本晩年の原発擁護の思想は、いかなる屈折もなく、真っ直ぐにこの延長上にあった。

吉本の前世代で、『弁証法の諸問題』などにより戦後日本のマルクス主義思想に多大な影響を与えた武谷三男（物理学者）が、戦時期理化学研究所で原子爆弾の開発に関わっていたことはつとに知られる。

戦後間もない頃、武谷は原爆もまた軍国日本を吹き飛ばした科学の成果であると発言して物議を醸した。吉本隆明も元々、東京工業大学卒の科学者であったが、どうやら彼らの思想の根底には、科学の進歩を人類進化の肯定的側面として疑わない根深い「信仰」があったのではないかと疑われる。

先の『精神の生態学』でG・ベイトソンは、「現在われわれの文明に支配的な観念が、有害な形をとって現れたのが産業革命期」であるとし、その具体的な例として、「環境を一方的unilateralに制御することが可能であり、またそれを目指すべきだとする思い」（傍点原文）、「われわれが限りなき〝フロンティア〟を進んでいるという楽天主義」、「テクノロジーが解決してくれるという無責任」などをあげている。これが真の「エコロジー的発想」というものである。

そして今や（チェルノブイリ以降、そしてフクシマ以降）私たちは、立花のように「原爆と原発を同一視」することに異議を唱えている場合ではない。島田雅彦の小説の言葉を借りるなら、「核の平和利用というのは、『発電もする原爆』を自国に仕掛けるということだったのだ」（『パンとサーカス』）。

「いま現に生きている生命体」としての「ガイア」、「地球それ自体を一つのいま現に生きている生命体として見」、その「重層的なフィードバック機構」（『知の旅は終わらない』）に想い及ぶなら、善用も悪用もなく原爆と原発の差異など無化されてしまうだろう。そして原発による核のゴミを半永久的に、地球規模では処理し得ない（償却コストが資本の論理をはるかに超えるほど高い）現状が明らかになった以上、原発擁護は可能性としてのガイア理論に抵触することは自明なのである。「原子力だけが地球温暖化を停止させる」という、ラヴロックの環境思想のアポリアを、立花隆は突破できなかった。それだけに、立花にとって最初のベストセラーであり、オメガ社から（オメガの時計が宇宙に行った関係で）表彰もされた『宇宙からの帰還』が、日本人宇宙飛行士にも少なからぬ影響を与えたことに複雑な思いを禁じ得ない。

立花の思考は、常に地上的なものと脱－地上的（コスミック）なものとの間で引き裂かれているようにも思われる。またそこにこそ、立花隆の魅力も「可能性の中心」も存在し得たのであるが。これについては、「臨死」、「脳死」問題を論ずる際に改めて述べる。

日本人初の科学者宇宙飛行士に選抜された毛利衛（理学博士）は、中公文庫版の同書の巻末エッセイとして「選抜試験で上京する際は必ず旅行鞄に忍ばせていた」を寄稿、「地球人が宇宙に命をかける意味」を問い、宇宙空間への人類の挑戦が、「地球人として将来持続的に生存するための鍵」になることを示した「この本は二十一世紀に生きる私たちへのメッセージ」だったと書き留めている。

また、二〇〇五年に最初の宇宙飛行から帰って立花と対談した野口聡一は、高校生だった一九八三年に『宇宙からの帰還』を読んだのが「職業として宇宙飛行士を意識した」きっかけだったと語っている（「立花隆さんを悼む」、『朝日新聞』二〇二一年六月二十九日付）。そして、立花が繰り返し述べていた宇宙での「意識の変容体験」が、「図らずも私の宇宙飛行後の大きな研究テーマになりました」（「立花隆「知の巨人」の素顔」、『文藝春秋』二〇〇二一年八月号）と、その影響力の大きさを語っているのである。

第九章　分子生物学へのアプローチ

日本人であろうと、外国人であろうと、立花隆のインタビューは膨大な専門知をカヴァーしつつ、真っ直ぐに対象に切り込んでいく。京都大学iPS細胞研究所長の山中伸弥教授へのインタビュー「iPS細胞の未来を語る」（『文藝春秋』二〇一〇年九月号）は、ノーベル賞受賞の二年前という先見性に富んだものだった。

立花はのっけからストレートに、「iPS細胞とは何なんですか？」と切り込む。対する山中は、直ちに立花に直球を投げ返す。

iPS細胞は、一般的に万能細胞と言われています。なぜ万能細胞かというと、ほぼ無限に増やすことができるので、神経、筋肉など、私たちの体を構成する二百種類以上の器官を作るためのあらゆる細胞を作り出すことができるからです。

これを受けて立花は、「体のどんな細胞にもなる細胞としては、ＥＳ細胞（胚性幹細胞）も有名ですよね」と踏み込み、山中から「受精卵を壊さないと作れないところがＥＳ細胞の泣きどころで」、能力的にはほぼ同じｉＰＳ細胞は、由来が受精卵ではなく、皮膚の細胞などの体細胞にあるところが大きな違いであるという答えを引き出す。そして今や皮膚ではなく、血液から作れるほど研究が進んだと山中は続ける。

これにより、がんやＡＬＳ（筋萎縮性側索硬化症）などの難病や不妊治療に画期的な進歩をもたらすことが期待されている。すでに受精卵の着床も試験管内で再生可能になったが、こうした生命の誕生を人工的に作り出す技術については、倫理面での未決の課題も残されている。

立花は万能細胞と再生医療のイノヴェーションの内実に迫りつつ、「古代から若返りの薬を手に入れることは人類の夢でしたが、細胞のレベルでそれが実現したことになる」と平易な言葉で、科学の最先端でのパラダイム・チェンジの歴史的な意味合いを語り直す。皮膚の細胞からｉＰＳ細胞を作り、その細胞を分化させて運動神経を作れば、ゼロ歳の状態に運動神経がリセットされるという仕組みだ。専門知を平易に語り直す立花のリテラシーは、次の要約に見事に集約されている。

一つの細胞が脳とか心臓、肝臓、筋肉など、ある役割を持った細胞に変化していく過程を分化と言いますが、皮膚も血液も完全に分化してしまった細胞ですね。それが、ｉＰＳ細胞になると未分化な状態に戻るわけですから、いわば細胞レベルのタイムマシーンを発明したと言っていい。

医療面での具体的な進展として、二〇二三年二月、大阪大学などの研究グループは、iPS細胞から心臓の筋肉の細胞を作ってシート状にした「心筋細胞シート」を心臓病の患者に移植する手術を行ったと発表した。患者は、心臓機能が低下する心筋症が進み心不全に陥った五十代の男性。使われたシート（直径四センチ、厚さ一ミリ）は、心臓と同じように拍動し、血液を送り出す機能を助け、さらに再生を促す物質を放出するため、組織の修復、血流促進も期待されるという。これにより将来的には、心臓移植をせず治療する道が開けることも予測されるようになった。移植手術の是非が問題となり、立花隆も大いなる疑義を呈した、一九六八年の札幌医大・和田寿郎教授の一件から半世紀を経て、パラダイム・チェンジはそのようなミクロの細胞レベルで進展している。

立花隆のゼネリックな知性の躍動は、ここで二十一世紀の「知の最先端」が、もはや科学の専門知への深い理解なくしては成り立たないことを告知していた。そしていま改めて呼び起こされるのは、立花の死後に彼のような「万能知識人《ゼネラリスト》」が再び現れることはあり得ないのではないかという、この不世出の巨人への畏怖の感情である。立花隆の知性が真に求められるのは、パンデミックを経験した、二十一世紀の「いま、ここ」であったかも知れないのに。

ところで、先の「科学の専門知」という「知の最先端」への必須条件を、私たちは手放しで無批判に受け入れればよいというものではない。確かにそれは、現代における「万能知識人《ゼネラリスト》」の困難という難題と決して無縁ではないが、そこには近代科学がもたらした現代世界の、あるいは世界観の分裂という、より厄介な難題が背後に控えていることを忘れてはならない。そこに、立花的な知性の隘路《あいろ》もあった。

具体的に言うと、近代科学の扉を開いたガリレイ、デカルトいらいの「自然」(「身体」)と「心」の分裂という問題である。デカルトの名とともに普及した、心身(物心)二元論(精神と身体、物と心をそれぞれに独立した実在として実体化した)の延長にある哲学的難題である。立花隆のいささか度の過ぎる進歩史観、科学的オプティミズムの検証も、それと並行して行われるべきだろう。

こうした心身二元論のアポリアを、果敢に突破しようと試みた一元論者がいる。一九八〇年代の半ばに哲学者の大森荘蔵は、この近代科学がもたらした弊害を、「死物的自然観」の支配として取り上げている。「死物」とは何か。

「われわれが現今、物質または『物』と呼ぶものの死物性は、それが数量的または数学的に把握表現されていることからくるのではない。それが幾何学的・運動学的な描写で尽くされると考えられていることからくるのである(それに電磁的描写、その他の物理学的描写があるが、その根幹は幾何学・運動学、つまり、部分組成を含めての形状とその変化、移動である)。色も匂いも手触りも云々《うんぬん》することが無意味な何ものか、それが現代科学の『物』(素粒子や電磁波)なのである。だから、まさに『死物』なのである」(大森荘蔵『知の構築とその呪縛』、傍点原文)

これは一見、立花隆的な科学信仰と正反対の発想に見えるが、人間と自然との一体性という、彼の「エコロジー的発想」と矛盾するものでもない。そこに問題の難しさがある。大森によると近代科学の発展に沿って徹底された自然の死物観は、ついに人間の肉体をも「死物化」（＝デカルト的「人間機械論」）するに至った。動物の肉体を特別扱いする「生気論」に対し、これを動物機械と見る「機械論」は、「分子生物学」の出現によって最終的に勝利を手にし、人間の肉体も死物化されたと大森は語る。分子生物学は、一九五三年のジェームズ・ワトソン、フランシス・クリックによるＤＮＡ分子の二重らせん構造の発見で本格化、七〇年代から八〇年代にかけてのがん遺伝子の発見で、最も進んだ学問と言われるようになった。

勝利に至る人間機械論の歴史は長い。大森は触れていないが、十七世紀のデカルトに続き、十八世紀の唯物論哲学者ド・ラ・メトリは、「人体は自らゼンマイを巻く機械であり、永久運動の生きた見本である」（『人間機械論』）と述べている。

そして二十世紀後半の科学の最先端を走った分子生物学は、今や生命現象を無生物的物理化学過程として理解している。ここに至り、「死物自然」と「内なる心」は分離隔離状態に引き裂かれる。大森によると、「それが近代科学がもたらした現代世界観の基本的な枠組なのである」（『知の構築とその呪縛』）。

立花隆は、「人間というものを、その物質の相において根源的なレベルでとらえようと思えば、分子生物学までいかざるをえない」（『立花隆・対話篇――生、死、神秘体験』）と語り、それが『精神と物質――分子生物学はどこまで生命の謎を解けるか』などの仕事に結実したと自ら語っている。すでに立花は、一九七一年の『思考の技術――エコロジー的発想のすすめ』で、「いまや生物学の主流は分子生物学にあるかのごとくみられている」と語り、「これを一方の極とするなら、もう一方の極が生態学になる」という見通しを示している。前者が分子レベルにまで遡行した生物学の先端とするなら、生態学は生物をめぐる「関係の学問」であり「正しい関係づけ」の思考と立花はその特徴を述べる。

ここから知的因子が多重に拡大、分裂し、「人間を物質の相においてではなく、精神の相においてとらえようと思えば、意識の世界の探求に入っていかざるをえない」とし、「広大無辺な意識世界を探ろうと」して、「異常な意識体験」としての「臨死体験」、あるいは「神秘体験」など、様々な意識体験の世界に踏み込んでゆくのだ（『立花隆・対話篇』）。

マサチューセッツ工科大学教授で、一九八七年にノーベル生理学・医学賞を受賞した利根川進との共著である右の『精神と物質』で、立花が差し向けた最後のそして究極の問いは、「精神現象」もいずれ「物質レベル」に還元した説明が可能になるか否かであった。

この問いかけは、やがて『臨死体験　下』でのシアトルの小児科医メルヴィン・モースによる「心や意識はすべて脳に還元できるか」、「心や意識は物質現象に還元できるか」という発言を引き出す重大な契機になっている。心身一元論か二元論かという究極の問題提起である。

ここに、先の大森荘蔵の哲学的問いかけが再帰してくる。大森前掲書の次の一節への共鳴を隠さないのは、分子生物学の泰斗・渡部格（『精神と物質』に「序にかえて」を寄稿）の弟子筋に当たりながら、大森的懐疑との危うい均衡の上に立って「生命誌」という学問を立ち上げた中村桂子である（JT生命誌研究館名誉館長）。中村は、二〇二一年六月七日、日本記者クラブでの講演「コロナ後の社会」で、『知の構築とその呪縛』を引きながら自然・生命・人間をゼネリックに考察する「生命誌」について説き起こす。

立花隆より四歳年上の中村は、科学畑から出た「万能知識人《ゼネラリスト》」と言ってよいだろう。一元論か二元論かの二者択一を超克するのは、例えば中村が注目した大森の次のような精神の構えである。因みに大森荘蔵の後継者として、東大の哲学科教授に招聘されたのが、マルクス主義哲学者にして『科学の危機と認識論』（一九七三年）の著者・廣松渉であった。

彼はここで、カントの時間・空間論とニュートン物理学のそれとの関係を問い直している。現代科学の危機にかかわる「認識論」（自然を直接的な研究対象とする科学的認識体系を研究対象とするメタ・レベルの学問）の前提として。ただ廣松には、大森が示した、次のような啓蒙的かつ本質的な認識の基礎論（哲学的な専門用語ではなく日常的生活言語に即した）が欠けていた。

「元来世界観というものは単なる学問的認識ではない。学問的認識を含んでの全生活的なものである。自然をどう見るかにとどまらず、人間生活をどう見るか、そしてどう生活し行動するかを含んでワンセットになっているものである。そこには宗教、道徳、政治、商売、性、教育、司法、儀式、習俗、スポーツ、と人間生活のあらゆる面が含まれている。この全生活的世界観に根本的な変革をもたらしたものが近代科学であったと思われるのである。近代科学によって、特に人間観と自然観がガラリと変わり、それが人間生活のすべてに及んだのである」（『知の構築とその呪縛』）

これは不可逆の変化であって、選択的に後戻りはできない。では、どうすればよいのか。私見によれば「万能知識人《ゼネラリスト》」とは、たとい近代以前の世界観を覆した十七世紀の「科学革命」（第十五章で述べるように、山本義隆は「十七世紀科学革命」を準備した時期に起こった知の地殻変動としての「十六世紀文化革命」を重視する）が「誤謬の革命」（同）だったとしても、近代科学の成果を排除することなく、「人間生活のあらゆる面」を総合的に再−構築するヒントを与えられる異能者のことだ。

そのことによって、科学が閉め出した「心」に帰属する一切を再起動させること、科学革命の延長にある現代文明が、すでに二十世紀末には「転回期《ユーターン》」（同）に来ていたのではないかと遡行的に粘り強く思考を裁ち直すことだ。大森荘蔵が一九八〇年代半ばに発した問い、「西洋の十六・七世紀頃に起こった科学革命が推し進めてきた現代文明が二十世紀の今日一つの転回期にきたのではないか」（同）は、二十一世紀にも必ずや歴史的に回帰してくるだろう。

その意味で東大教養学部での講義録をもとに、「人類史・自然史の壮大な流れの中における現在」（『21世紀　知の挑戦』）を位置づけた（『脳を鍛える』）立花隆こそは、消えゆく時代の最後の典型だったのかも知れない。その可能性と限界を、同時に惜しげもなく披瀝《ひれき》したという意味において。

科学技術社会論の内田麻里香は、立花隆の科学主義を、「科学の専門家によって厳格に設定された『命題的な諸問題』だけが、公的な領域における科学技術に関わる論争への唯一正統なアプローチ」だとする見解として、「命題的な諸問題が政治に埋め込まれていることに目を向けないままでいることが多い」（「科学ジャーナリストではなく、科学応援者」、『ユリイカ』二〇二一年九月号）と警告している。

翻って立花の死と相前後して起こった「第三次ＡＩブーム」なるものの本質は、いわば人間機械論を反転させた機械の人間化（＝「機械人間論」）であろう。だが、ＡＩ（人工知能）という虚体（あらゆる歴史・物語から解放された）の万能性には、ゼネラルな生命的エネルギーとその躍動が致命的に欠けている。

身近な例を挙げよう。二〇二一年度、プロ棋士になって初めて負け越し（十四勝二十四敗）、無冠のままＡ級順位戦からも陥落した「平成の覇者」羽生善治九段が復活、ＡＩの申し子と言われる藤井聡太王将と約二年ぶりのタイトル戦で戦うことになり話題を集めた。これまで公式戦での二人の勝敗は、羽生の一勝七敗である。焦点は、五十代に入った相対的にＡＩ依存度の低い羽生復活の決め手は何だったのかというところに絞られていた。

長年、羽生と研究会を続けている木村一基九段は、「羽生九段は、ＡＩがダメと判断して他人の研究が行き届いていない手順に着目して深める。そこがすごい」とコメントしている（「平成の覇者　令和の挑戦」、『朝日新聞』二〇二二年十二月二十三日付、以下同）。ただし、羽生も十代の頃には初めて棋譜をパソコンに打ち込み、局面の研究に画期的な進化をもたらしたイノベーターだった。九〇年代に著された『羽生の頭脳』全十巻が、プロ棋士たちに与えた影響も絶大であった。取材に答えて羽生自身はこう語っている。

ＡＩ研究では、いきなりヘリコプターで高所に連れて行かれ、山登りしなさいと言われて途方に暮れるようなことがある。比重をどうするか、信用するかどうか、何を取捨選択するか、自分で考えることで何を生むか。模索には複合的な要素があります。

問題はどうやら、人間によるアナログ的な思考回路と、そうした長考を省略するＡＩのデジタル的な思考回路の差異に行き着くようだ。羽生はここから、では将棋とは棋士とは一体何なのかという究極の問いを発している。

オリジナリティーを出すのが難しい今、棋士の存在価値と存在意義は問われています。ＡＩは人間が一生かけても作れない膨大なものを一瞬で作るわけですから、何のために将棋を指しているか分からないことがあります。

恐らくこれは、二十歳の藤井王将が逢着していない優れて人間的な「迷い」ではないか。ＡＩの進化による世代間ギャップで、ひとたび一敗地に塗《まみ》れた人間の迷いである。羽生はさらにその先で、プロ棋士としての「意義」や「価値」について思考するようになったと語る。

将棋の持つ膨大な可能性の中、人が見ているのは一欠片《ひとかけら》ですが、ＡＩが見ているのも一欠片でしかない。ＡＩも探索しない空白の場所は必ず存在します。空白に鉱脈を探す作業は、可能性がとてつもなく低い意味でギャンブルですが、必ず空白の場所はあります。

従来長考の末に編み出した最善手に対し、ＡＩは瞬時にして異次元の妙手にたどり着くことができる。ならば人間は、真剣勝負のためにＡＩを利用しているのか、あるいは利用されているのか。王将戦は四勝二敗で藤井の勝利に終わったが、対局前の羽生善治の発言はこれ以上ないほど真摯であり、モータルな、いずれ死すべき人間の限界と可能性に裏打ちされている。だが問題は、ＡＩが人間を置き去りにして未来を指向している現状にある。

不老不死の人工知能（＝「機械人間」）への死すべき人間の屈服、「シンギュラリティ」の超越性に未来を託すことの問題を前に、人間的な、あまりに人間的な「万能知識人《ゼネラリスト》」立花隆の姿が立ち現れてくる。生前最後の著作、『サピエンスの未来――伝説の東大講義』を著した立花は、ユヴァル・ノア・ハラリの話題の書、『ホモ・デウス――テクノロジーとサピエンスの未来』をどう読んだだろうか。例えばそこでの次のような問いを。

ほとんど何でも人間よりも上手にこなす、知能が高くて意識を持たないアルゴリズムが登場したら、意識ある人間たちはどうすればいいのか。

あるいは、同じくハラリの『サピエンス全史――文明の構造と人類の幸福』における次のような挑発的な問いに対して。

私たちは二十一世紀にはこれまでのどんな時代にも見られなかったほど強力な虚構と全体主

義的な宗教を生み出すだろう。そうした宗教はバイオテクノロジーとコンピュータアルゴリズムの助けを借り、私たちの生活を絶え間なく支配するだけでなく、私たちの体や脳や心を形作ったり天国も地獄も備わったバーチャルな世界をそっくり創造したりすることもできるようになるだろう。

ハラリの近未来予測によれば、私たちが直面しようとしているのは、人類史がたどった「宗教から科学」への進歩に逆行する「科学の果ての宗教」(内村剛介)なのか。立花隆が遺作『サピエンスの未来』で行った最後の問題提起は、フランスのカトリック司祭テイヤール・ド・シャルダン(古生物学者にして地質学者)の「精神圏《ヌースフィア》の進化」の概念を用いての「人類(精神圏)の分裂」と、その根底にある「人類進化」の関係についてだった。立花はシャルダンがこの概念を発想するまでに、ロシア・コスミズムとの精神史的な「交通」があったことを見逃さなかった。

第十章　ロシア・コスミズムとコミュニズム

ロシアに、ロシア・コスミズムとよばれる思想の流れがあります。宇宙スケールで存在論、自然論、人間論を考えようとする立場で、生命圏《バイオスフィア》、精神圏《ヌースフィア》という発想も、彼らの中で生まれてくるのです。正確にいえば、精神圏《ヌースフィア》という概念は、彼らとテイヤール・ド・シャルダンたちとの交流を通じて生まれたといったほうがいいかもしれません。

（『サピエンスの未来』）

ならばロシア・コスミズム（ロシア宇宙主義）の射程と、ソヴィエトを誕生させたロシア・コミュニズムのそれをすり合わせ、比較検討することは二十一世紀の重要な思想課題になるはずだ。科学と宗教とイデオロギーの三者の関係を歴史的、総合的に検討するために。だが時代は、そうした知の異種交配、総合化に逆行するかのように、科学技術（AI）と「人間の未来」を繋ぐ立花が最後に投げかけた初源の問い――「人間中心主義」の奇形的な変異であるAI至上主義へのおそらく最後の問い――を跨《また》ぎ越すように「精神圏」の彼方に飛翔しつつあるかに見える。

だからこそ私たちは、一足飛びにコスミズムの方に赴《おもむ》くのではなく、ロシアのウクライナ侵攻という「世界史の現在」に立ち返って、立花が『日本共産党の研究』で突き詰めることのなかったロシア・コミュニズムへの遡行的な一瞥を与えておく必要があるのではなかろうか。ポスト立花の二十一世紀における、科学と宗教とイデオロギーの関係を考察するために。

その源泉に遡ると、例えばフランス文学など他のヨーロッパ文学にはない、ロシア文学のラディカリズムにも通底する歴史的宿痾とも言える「根」にまず行き当たることになる。しかもその実相は、近代以前に遡って、史的に根こぎにされた民族のラディカリズムだったのである。例えば立花が自ら、「神秘思想」と中近東にのめりこんでいくきっかけを作った人物（その著書『神秘哲学――ギリシアの部』によって）と語る、言語哲学者にして世界的なイスラム学者の井筒俊彦（一九一四～九三年）は、『ロシア的人間』（中公文庫版）でこう述べている。

ロシア人の魂は、ロシアの自然そのもののように限界を知らず、たとえ知っても、あえてそれを拒否しないではいられない。「一切か、しからずんば無！」というロシア独特の、あの過激主義《ラディカリズム》はこういう魂の産物である。

この言説に呼応するかのように、シベリア抑留生活十一年の内村剛介（ハルピン学院卒）は、『科学の果ての宗教』でこう語る。

ロシヤの革命家たちは、無力を威力に転ずるにはどうすればよいかを代々考えてきた。ロシヤ革命家の無力は、彼らがその奴隷制社会に根を張りえないことに由来している。社会に根を張らぬからには、法に則して順当に権力へ接近することはできない。それゆえ、その根無しぶりをもっともラジカルな（ラジカルとは「根」に即して「根元的」ということだ）観念で肯定し、別の次元で根づかせようとするのがロシア・ラジカリズムである。

貴族の血を引くレーニン、ユダヤ系のトロツキー、周縁地グルジア（ウクライナ、バルト諸国とともにグルジアは内戦当時からボルシェヴィキに敵対的だった）出身のスターリンと、「ロシアの革命家たち」は、三者三様に土着的「ラジカリズム」を体現したわけである。ロシア・コミュニズムは、その三様の合体として、一党独裁のボルシェヴィズムに結晶化した。ロシア革命（クーデター型の政治革命の典型）は、農奴解放令から約半世紀を隔てて一九一七年に惹起、七四年後の一九九一年にソヴィエトの解体に至った。立花隆が香月泰男の跡を追ってシベリアを訪れるのは、その四年後のことである。

ところで、先に内村が語る「奴隷制社会」とは、「タタールの軛《くびき》」と言われる十三世紀前半のモンゴルの侵入による三百年にわたる隷従の結果である。今日的な問題との繋がりでは、この一二四〇年のモンゴルの侵攻、キプチャク汗国の建国によって灰燼《かいじん》に帰したのが、「華の都」と歌われたキエフ（キーウ）だったのである。十世紀にビザンツ帝国の東方正教会を受け入れたキエフ公国（非ロシア系）から、タタールの軛（「奴隷の三百年」）を経て、モスクワ大公国が自立（一四八〇年）、そしてロシア帝国（一五四七年）の時代になり、改めて二百年に及ぶ新たな奴隷（農奴）制社会が非連続の連続を歴史に刻み込むのである。

ウクライナもクリミアもこの根こぎにされた民族の危機と深く切り結んでいた。後者に関しては、キプチャク汗国にとどめを刺した分家筋の遊牧国家クリミア汗国（タタール系でオスマン帝国の属国）は、エカテリーナ二世の十八世紀後半にロシアに併合され、十九世紀半ばにはロシア、トルコ両国間の火種となり、クリミア戦争（一八五三〜五六年）を惹起、今日ではその帰属をめぐってロシア・ウクライナ戦争の引き金となった（ウクライナは二〇二三年八月、ロシア支配下のクリミア半島に上陸、「特別作戦」を行ったと伝えられる）。スターリン体制下の第二次世界大戦中には、クリミア・タタール人はユダヤ人とともに、極東への集団移住を強制された。「階級」理念の優先による「民族」の抑圧である。

チャーチル、ルーズベルト、スターリンが一堂に会した、クリミア半島の南岸ヤルタの保養地での会談が、ソ連の対日参戦を促し、世界大戦後の国際秩序を規定、東西冷戦の起点となったことは周知の歴史だ。

ところで、ロシア・スラブの民族自決に遥かに先行する「聖なるルーシ」（キエフ・ルーシ）伝説は、最終的に十八世紀に登場した青銅の騎士ピョートル大帝の帝都ペテルブルク建設（一七〇三年）によって息の根を止められることになる。アジア的段階から一挙に、ヨーロッパ・ロシアを志向したピョートル（エカテリーナ女帝は多分にその後継を自認していた）は、井筒俊彦によれば

「暴力的な国政改革」の系譜に属する「レーニンの先駆者」（同じ意味でピョートルの先駆者は、十六世紀前半にロシア国家の基礎を築いた雷帝イワン四世だろう）と見なされるのである。守旧派は当然にもこの大改革に抵抗し、反ピョートルのスラブ＝モスクワ派を形成した。「母なるロシア《マートウシカ・ルーシ》」への郷愁からである。

だがそれにもかかわらず、近代ロシア文学は、「ヨーロッパよりもヨーロッパ的」と言われたこのペテルブルクを舞台に、一七一二年の遷都以降およそ百二十年の時を隔てて、プーシキン、ゴーゴリ、ドストエフスキーらの主要作品を生み出すのである（後藤明生『小説は何処から来たか――二〇世紀小説の方法』参照）。ピョートルに関して、井筒俊彦はさらにこう語っている。

> ピョートル大帝の創った「奇蹟」、それこそかの近代国家、世界国家としての新しいロシアでなくて何であろう。何ものも顧慮せず、何ものも仮借せず、強引に彼は近代ロシアの運命を決定した。彼は旧きロシア、懐しの母なるルーシ（Rus'）を惜しみなく葬って、祖国に近代文化の洗礼を無理やりに与えた。彼の猛烈な一撃をくらって、さしも堅牢無比と思われたモスコウ・ロシアは微塵《みじん》に飛び散ったのであった。

『ロシア的人間』の文庫版解説で佐藤優が、「ウクライナの非ナチス化」（註：第二次世界大戦でウクライナは独ソ戦の主戦場となり、一時的にナチス・ドイツの支配下にあった）を目論む現ロシアのプーチン大統領を、この系譜に連なる「改革者型の指導者」と断ずるのも故なしとしない。立花隆は二〇一四年の『四次元時計は狂わない――21世紀文明の逆説』で、アメリカから「ウクライナの土地ドロボー呼ばわり」された「クリミアの編入問題」に関し、プーチン寄りに「クリミア問題は、ウクライナ問題の一部ではない」として、クリミア戦争の歴史を遡っている。

いずれにせよロシアの歴史的なラディカリズムには、進歩も啓蒙も民主主義も入り込む余地はなく、ただ急激な「改革」＝「革命」的変化が間歇的に反復されるのである。

こうした歴史的考察は、ロシア・コスミズムに靡《なび》く立花隆の死角（「歴史離れ」に繋がる宇宙志向）であると言ってもよかった。さらに問題なのは、ソヴィエト・ロシア以後も以前も、ロシアの過激主義と領土的な拡張主義が不可分に結びついていたという歴史的事実である。立花隆が『日本共産党の研究』で究明した、コミンテルン（共産主義インターナショナル）による国際共産主義運動が、こうしたロシアの領土的野望と無縁であったとは思われない。

これは右翼的な新旧の反ソ、反ロシアのキャンペーンとは何の関係もない。例えば北方領土の返還に悲観的な観測を表明していた生前の司馬遼太郎には、その歴史認識の根底に、旧ソ連が「帝政以来、膨張によってできあがった国」という確信があった。

司馬は人類の文明史からみて、「ロシア人によるロシア国」が、「きわめて若い歴史をもっていることを重視せねばならない」、「ロシア人によるロシア国家の決定的な成立は、わずか十五、六世紀にすぎない」と語っている。それにより司馬は、ソビエト・ロシアの本質をも貫く、「無制限の独裁政治」という「原形」について注意を喚起するのである（以上、『ロシアについて――北方の原形』）。ロシア・コミュニズムを根底で支える、「ラジカリズム」の実態がそれだ。

因みに、司馬、井筒、内村の前掲書は、いずれもソ連崩壊以前のものである。だからこそ、こうした歴史的パースペクティヴに照らして、ロシア・コミュニズムと、たかだか十九世紀のものでしかないロシア・コスミズムは、射程の違いを云々する以前に、ロシア的なラディカリズムによって増幅された、「近代の超克」プログラム（西欧的「近代」への遅れを一挙に取り戻し、関係の逆転を狙う）という共通項で括り出すことが可能なのだ。

忘れてならないのは、米ソ冷戦の最中ガガーリン少佐の、「地球は青かった」でその名を刻まれているソ連宇宙船ヴォストーク1号による地球一周有人飛行が、アメリカに一歩先んじていたことの歴史的背景にも、ロシア・コスミズムという名のラディカリズムが何らかの形で作用していたことである。アメリカにはそのような歴史的バックボーンは認め難く、宇宙開発は軍需と直結した科学技術振興の賜物だった。

ロシア・コミュニズムとコスミズム――一方は地上的でどこまでも血腥《ちなまぐさ》く、他方は文字通り宇宙的なパースペクティヴに昇華され、脱イデオロギー的、脱歴史主義的に透明化しているとはいえ、その根には共通するものがある。

そして改めて言えば、「ロシアの自然そのもののように限界を知らず」（井筒）、無限に「膨張」を志向する「過激主義《ラディカリズム》」の本質が、いま非ロシア的風土・ウクライナの地でその凶暴な本質を露わにしているのである。

第十一章　「臨死」問題への遡行

改めてシャルダンを援用して「万能知識人《ゼネラリスト》」立花隆が訴えたのは、十八世紀末いらいの進歩と啓蒙への〈信〉を、歴史的に漂白する「人類（精神圏）の分裂」という事態だった。「ホモ・プログレッシヴス」（テイヤール・ド・シャルダン）が未来を拓くのか、はたまた進化への幻想を断ち切り、「いま・ここ」に留まるべきなのか。立花隆がシャルダンの問題提起に関心を強めたのは、おそらく一九九〇年代前半の著作『臨死体験』を通じてだった。

卑俗の最たるもの、地上的なるものと、希有壮大で崇高なるもの、宇宙的なるものとに跨がる、あるいはその二極に引き裂かれているようにも見える「万能知識人《ゼネラリスト》」立花隆のフィールド・ワークは、この問題に深入りするに及んでようやく、両者の総合化への回路を見出《みいだ》したかにも見える。臨死体験者に起こる生理的変化について研究したケネス・リングにインタビューした立花は、ここで「人類が新しい進化の途上にあり、臨死体験者はその先駆けであり、かつ進化をおしすすめる触媒として機能する」（『臨死体験　上』）というリングの考えに接する。

臨死体験をめぐっては、二つの解釈がせめぎ合っていた。「死後の世界をかいま見た体験」とする解釈と、「死を目前にした人の脳の中で起こる一種の幻覚にすぎない」とする解釈である。これに対してリングの「仮説」は、臨死体験者の世界的な増加の果てに、「ある日、人類という種全体が進化論的に新しい次のステージに押し上げられる」という大胆なもの。

彼はそこで、先のテイヤール・ド・シャルダンが唱えた人類進化の究極の目標点「オメガ・ポイント」の概念を借りて、オメガに向かってという方向性を示したのだ。もっともシャルダンが、進化には究極のゴールがあると考えたのに対して、リングは人類の進化は果てしなくどこまでも続くという、よりオプティミスティックな見通しを示している。

立花隆の『死はこわくない』という晩年の著作については先に触れたが、死をめぐる立花のこの「最後の思想」は、多分に「臨死体験」についての長大なレポートを生んだ取材体験によるところが大きかった。

この取材に取りかかった当初、立花は臨死体験について、現実体験説より脳内現象説が正しいだろうと考えていた。しかし体験者や研究者への取材を積み重ねるうちに、その真偽は大した問題ではないと感じるようになっていった。立花自身が抱いていた死への「大きな恐怖心」が、臨死体験者の言説によって大きく緩和された結果である。

しかし、体験者の取材をどんどんつづけ、体験者がほとんど異口同音に、死ぬのが恐くなくなったというのを聞くうちに、いつの間にか私も死ぬのが恐くなくなってしまったのである。

これだけ多くの体験者の証言が一致しているのだから、多分、私が死ぬときも、それとよく似たプロセスをたどるのだろう。だとすると、死にゆくプロセスというのは、これまで考えたより、はるかに楽な気持ちで通過できるプロセスらしいということがわかってきたからである。

（『臨死体験　下』）

満身創痍の多重疾患者でありながら、晩年まで一向に仕事のペースを落とさなかった立花隆はここで、死をめぐる哲学的、形而上学的な問いから一挙に（神懸かり的な飛躍のように）解放されているかに見える。

別の言い方をすれば、立花はここまで来て、シャルダンを経由しての人類の「進化」という高遠にして、彼を呪縛した反復脅迫的な問いから、「臨死体験」へのコミットによって解放されつつあったのだ。「臨死」をめぐる立花の「体験」への確信は、次の件《くだ》りに結晶していた。

臨死状態というのは、一種の感覚遮断状況であり、また意識的には変性意識状態である。そういう状況下では、想像だけで、家で死の床に横たわる自分を家族が取りまいて悲嘆にくれているところを体外離脱して上から見おろしているという典型的臨死体験の場面を頭の中で作り出し、それを現実を見るかのように見るということが起こり得るのである。（中略）そして、意識レベルとともに、何が現実で何が非現実かを見わける冷静な判断力も低下しているから、そうやって自分の脳が造出したイメージを見て、これは現実だと思いこんでしまったとしても不思議はないのである。

（「視覚のメカニズム」、『臨死体験　下』）

この部分を引きながら、吉本隆明は書評で、それでは臨死体験のときに眼の意識が演ずる「自己客体視（体外離脱）」を脳内に造られた幻覚とみなしてしまい、脳が機能低下の状態で造り出した幻覚と決めつけてしまうことになると不満を述べている。

吉本は臨死のとき薄れた意識の状態で眼の意識が離脱し、空中から自己とそれを取り巻く下の光景が視《み》えるということは、ただひとつの条件のもとで「幻覚」ではなく、実際にありうると言うのである。その条件について、吉本は端的にこう語っている。

人類の感覚が分化したばかりで、聴覚も視覚も嗅覚も触覚もまだ未分化で連結している状態を残しているとみなすことだ。すると人間の聴覚は死に瀕して意識が薄れているときでも、比較的最後まで聞こえているとかんがえられるから、聴覚に入ってくる声や音は、視覚的な働きと連結していて、対応する光景が自己像を含めて蘇えるのだという解釈になる。

（「立花隆『臨死体験』」、『吉本隆明全集28』）

そして吉本に言わせるなら、同様のことが人類の未開の時期に、実際あり得たとみなしてよいことになる。この「未開の連結未分化感覚」は、「胎児や乳幼児の体験世界」にも似ていて、「臨死体験というのは、逆向きのままの胎内帰りのイメージともいえなくもない」のだと。

別の場所で彼は、三島由紀夫が『仮面の告白』の冒頭で語った、自身の出生時の記憶（産湯《うぶゆ》を使わされたタライのふちに光がさし、その下の水に光の波がよせあっていた光景）の再現を、「産道をとおって胎内からでていくときに胎児が内感覚でみたほんとうの光景」か、「胎外にでたばかりで産湯を使わされているときに」、「新生児の外感覚に映った光景」のいずれかだと肯定的に解釈している（「胎児という時期」、『吉本隆明全集27』）。

これらの論考は一九九六年八月、吉本が西伊豆土肥海水浴場で溺死しかかった水難事故以前に書かれたものであることを断っておかねばならない。事故後に執筆された「溺体始末記」では、特別に物語的な臨死体験はなかった模様で、辺見庸との対談集『夜と女と毛沢東』でも、事故前、事故後に取り立てて死生観に変容はなかったことを彼は強調している。

その後、『遺書』（一九九八年）では、臨死体験は人間が胎内に戻った時のイメージであり、胎児が母親のお腹の中にいた時の記憶が、「前世」と「後世」のイメージのもとになっているという考えを反復している。こうした吉本の思考の原型は、水難事故以前の『母型論』（一九九五年）にあると思われる。ここでは、「内感覚」、「外感覚」という言葉は使われず、胎内での母子の「内コミュニケーション」と、出産後の「外コミュニケーション」という概念が用いられている。

立花隆の立ち位置は、吉本のように人類の起源への遡行を母胎回帰的なイメージに回収するのではなく、むしろ「臨死体験」を死の苦痛からの解放の相で捉え返していた。立花にとってその極点は、十五世紀末にイエズス会を創設したイグナチオ・ロヨラがその『自叙伝』に記している神秘的な霊視体験にあった。キリスト者の両親を持ちながら、無宗教に徹した立花は、一九八六年から八七年にかけて、イエズス会が十七世紀に南米のジャングルに建設した「神の王国」と呼ぶべき伝導村を訪ね（『インディオの聖像』参照）、この取材体験から彼なりのキリスト教観を披瀝している。

トマス・モアの『ユートピア』を忠実に再現したこの奇蹟の伝導村は、経済的にも成功をおさめながら、イエズス会が遅れて創立された修道会だったために、周囲の嫉妬からその成功が誹謗中傷の対象となり、さらにはイエズス会そのものが教皇庁に忠実過ぎたために王権の反発をかい、迫害の対象とさえなるのだ。

立花が注目したのは、資本主義的な収奪につながる利権構造と無縁な、インディオによる自給的な伝導村の自律性とユートピア的小さな「神の国」の確かな痕跡だった。その奇蹟（主イエスの来臨）を凝縮するかのような、ロヨラの『自叙伝』での「内的目で見た」神秘体験を、立花は「臨死体験」に隣接する超現実として引用している。

修道院の階段のところで聖母の聖務日課を唱えていると、霊がだんだん上げられ、楽器の三つの鍵盤の形で至聖三位一体を見るような気がした。それを見ている間、押さえがたいほど沢山の涙があふれ、すすり泣いた。この朝修道院から出発した行列に加わって行ったが、食事のときまで涙を止めることができず、食事のあとも三位一体のことしか語れなかった。

（『自叙伝』、『インディオの聖像』より）

また、ある日、この町の例の修道院の聖堂でミサを拝聴していたときのことだが、ご聖体が奉挙された瞬間に、上から降りそそいで来る白い光のようなものを内的目で見た。そのとき、はっきりとわかったことは、聖体の中にわれらの主イエズス・キリストがましますということであった。

（同）

無宗教者・立花隆は、このような奇蹟を歓喜の超現実、すなわち後にアプローチする「臨死体験」に酷似するものとして信じ得る人間だった。数多くの臨死体験者への取材は、死の恐怖に直面していた晩年の立花に、死を恐れる必要はないという回心を促しさえしたのである。『臨死体験　下』第十七章「パウロの回心」では、はじめは熱心なユダヤ教徒で、キリスト教の迫害者だったパウロの「回心」には、「光の体験」が決定的に関与していたことが語られる。つまり、「神は光なり」という西欧的認識と臨死体験を含む宗教的神秘体験は、切り離すことができないというのである。

それと並行して、急速に迫る自身の死の予感とともに、立花の人類の「進化」への無防備とも言える〈信〉は、それまで以上に立花の生を駆り立て、人類史総体へのネガティヴな予感との二極に必然的に引き裂かれることになるのだ。冷戦終結後の二十一世紀における「歴史の終焉」

（フランシス・フクヤマ）ならぬ転位がそこに重なる。二極化は、経済的格差社会の背景に多面的な位相で立ち現れつつあった。

　文化人類学者デヴィッド・グレーバーは先頃、科学技術の進歩が必然的に生み出す「ブルシット・ジョブ（どうでもいい仕事）」について問題提起した。その対極にはコンピュータアルゴリズムに同調した勝ち組エリートがいる。そして、八〇年代バブル期に八割を超えたこの国の中流幻想の保持者およびその後継たちは現在、失われた三十年の悪夢の中に正体もなく漂っているかのように見える。

　予告されながら未刊に終わった立花の著書に、『進化のコスモロジー――東大講義②』がある。立花隆はこの大いなる問いを、人新世の若き「未来の他者」に託して逝ったと言ってもよかった。

第十二章　「脳死」をどう捉えるか

だが立花にはそれ以前、「臨死」をめぐる考察とほぼ同時期に取り組んだ究極の知の課題があった。より具体的なテーマである、「脳死」をめぐるそれである。一九八〇年代の後半から九〇年代にかけて、立花隆は『脳死』（一九八六年）、『脳死再論』（一九八八年）、『脳死臨調批判』（一九九二年）を立て続けに世に問うている。まさに彼は、臓器移植への法的、医学的ゴーサインを急ぐ余り、「脳死」判定のハードルを厳密な定義も規準も曖昧にしたまま突破しようとする行政方針に待ったをかけたのである。さらにまた、医療現場での「なしくずしの脳死の死への編入」（『脳死』）の進行に対して。

臓器移植問題の最難関は、言うまでもなく心臓移植である。日本では一九六八年、和田寿郎札幌医科大学教授（当時）による初の心臓移植手術が行われ、ドナー（提供者）、レシピエント（受容者）双方の死をめぐる刑事告訴があり、和田教授は不起訴になったものの致命的な社会不信を招き、これを機に心臓移植は国内ではタブーとなった歴史的背景がある。

立花隆は行政側が、そのタブーが「臓器移植」全般の不可能を招来することを懸念して、先手を打つように「脳死」問題の決着を急ぎつつあることを直感していた。六八年の和田移植問題への立花の疑義が、この問題へのアプローチの原点にあったのだ。

私は臓器移植に対して、「和田移植が二度と起こらない状況づくりを行えば、それは納得できる」といつも言っています。そのときにいつも挙げる条件の一つはドナーは本当に死んでいたのかどうかです。和田移植の場合には、まともな脳死判定がなされておらず、死んでいなかった可能性のほうがはるかに高かったわけです。

（『脳死臨調批判』）

もう一つ、立花があげる絶対必要条件は、レシピエントが本当に移植でしか助からない患者で、かつ患者にとってそれが最良の医療手段であったのかどうかという適応性の問題だった。これも和田移植では満たされていなかったと立花は語る。

レシピエントは本来必要なかった心臓移植手術を受けさせられ、死にいたらしめられた可能性が高い。さらに手術後にこういった問題点が指摘され、司直の調べがはじまったときに、医療チームが組織的に主要な証拠を隠滅するということが行われてしまった。

（同）

この手術に疑問を呈したのが、当時、札幌医大整形外科講師だった渡辺淳一の『小説心臓移植』（のち『白い宴』と改題）である。渡辺はこの作品を発表した後、孤立無援の状態で大学を去り、職業作家への転身を図るのだ。また精神科医でもあった加賀乙彦には、心臓の臓器移植問題を主題とした小説『生きている心臓』がある。

立花隆がコミットした八〇年代以降の「脳死」問題は、明らかに和田移植問題（というより「事件」）を実質的に不問に付して世界の趨勢に遅れまいとする行政、医療現場からの要請により社会的に喚起された。そこには当然、「生命倫理」の問題が絡んでくる。一九八三年に厚生省の肝いりで発足した、「生命と倫理に関する懇談会」が報告書をまとめたのが八五年の九月。

一方で同年、同省の「脳波に関する研究班」は新たに、脳波学会基準を発展させた脳波判定基準を公表、これが研究班の班長・竹内一夫（杏林大学教授、当時）の名前を取った「竹内規準」（本来は「厚生省基準」）と呼ばれるもので、いずれも立花の批判の対象となっている。

立花が一貫して主張するのは、死というものがあらゆる意味でプロセス（過程）であって、脳死も一定の時間をもって至るプロセスであることに変わりなく、それだけに脳死の判定には、医療現場での臨床的な決定以前に規準となる原理原則を提示することが不可欠であるというもの。だが結論から言うと、前三著を通じての数々の問題提起にもかかわらず、立花を満足させる回答は行政サイドからも医療現場の側からも皆無に近く、彼を失望させる結果になった。

脳死をめぐる論点として、再三問題にされたのが、脳幹死をもって脳死とするか、全脳死（大脳・小脳・脳幹がすべて機能停止）をもって脳死とするか。その判断を分けるのが、大脳が機能していないことを示す「平坦脳波」（脳死判定の検査方法は、「深い昏睡にあること」、「瞳孔が固定し一定以上開いていること」、「刺激に対する脳幹の反射がないこと」、「脳波が平坦であること」、「自分の力で呼吸できないこと」の五項目を行い、六時間以上を経過後に再度検査を行う）を判定基準に入れるかどうかだった。立花の行政への不信感を煽《あお》ったのは、厚生省が従来から全脳死という保守的規準を取りつつ、実際には脳幹死説をプロモートするという矛盾した姿勢を示したことであった。

立花の主張によれば、脳幹レベルでの意識は、覚醒状態を通して外部に発現されるが、夢を含む「内的意識」は、脳幹網様体が活動を停止している間も継続している例が数多くあり、脳幹死をもって「死体」から臓器を移植するなどあってはならないことになる。臨死体験者の存在が、それを裏付けていたことは言うまでもない。

行政も医療現場も立花の問題提起に正面から答えられなかったのは、この判定基準のハードルが、臓器移植にとって高すぎたためであった。一九九〇年十一月の脳死臨調第七回調査会議に、意見陳述人として招かれた立花は、それと相前後して竹内一夫から、先の「生命倫理懇談会」メンバーの加藤一郎（法学者、元東大総長）、同じく中村雄二郎[1]（哲学者）まで、あらゆるジャンルの専門家、関係者と意見交換を重ねていた。加えて、内外の臨死体験者への取材も、立花には欠かせない現場であった。脳死問題に関し、立花はジャンル横断的に、実に多くの人々に取材し専門知に分け入ってマニフェストを提出していたのだ。「万能知識人《ゼネラリスト》」の真骨頂である。

臨死体験者の存在によって、彼は内的意識が持続している限り、その人間は死者にカウントすべきではないと確信する。人間の尊厳（dignity）をこの次元で担保する彼は、脳を究極の「アイデンティティの座」（『脳死臨調批判』）とすることに固執、脳の機能停止ではなく、あくまで器質的な死をもって死の判定基準とすべきことを反復的に唱えるのだ。

具体的に彼は、脳に器質的な障害を持つ大江健三郎の長男（大江光）が、医者の宣告を裏切るようなかたちで光を獲得し、やがて五歳を過ぎて音に反応、言葉を獲得するに至った例を挙げて、「機能発現なしの状態がどんなに長期にわたっても、細胞は生きている限り、いつその機能を回復しはじめるかわからない」（『脳死再論』）と語る。

大江光の場合は、脳分離症によって、出生時に脳の一部が外部にはみ出している状態だった。この器質障害、具体的には左脳と右脳をつなぐ脳漿《のうしょう》の欠損によって、彼は言語機能不全、運動性の障害、視覚障害、てんかんなどの障害を合わせ持ちながら、六歳の年にいきなり言葉を発し、十八歳の年には作曲家として表現行為を行うまでに成長した。大江健三郎の作品世界は、『個人的な体験』、「空の怪物アグイー」以来『晩年様式集（イン・レイト・スタイル）』（この大江最後の小説で語り手は、知的障害を持つ息子への失言がきっかけとなり、東京と故郷・四国の谷間の村を結ぶ「女同士の絆」の強化を促すのだが）に至るまで、大江光の出生と成長とともにあり続けた。

だが当初作家は、この長男を生かすべきか死なすべきかで大いに悩んだのである。もとより、重度の障害を持ちながら作曲だけでなく特異な計算能力、記憶能力を備えた大江光はサヴァン症候群と呼ばれる特異な異能者である（立花隆「イーヨーと大江光の間」、『文學界』一九九四年十二月号から九五年二月号）。だが、立花はそうした異能の有無にかかわらず、脳の機能回復の可能性を断ち切る権利は、人間にはないと考えるのだ。だから「器質死に裏打ちされていない機能死」をもって「脳死」と断定するのは危険だと繰り返し述べるのである。

ただ一方で彼は、死後の遺体に関しては、いたってドライな考えを持っていた。そこで一九九九年に立花隆が、臓器提供の「意思表示（ドナー）カード」に署名したという新聞記事は、立花の年来の主張と著しく相矛盾するのではないかと話題になった。

『朝日新聞』同年四月二十八日付夕刊は、『脳死』や『脳死臨調批判』などの著書のある立花が、自ら脳死と判定された場合でも心停止の場合でも、「すべて臓器を提供する意志を明らかにした」と伝えた。記事では立花が、脳死判定基準についての批判的立場は変わっていないが、「自らが脳死した場合については現基準で脳死判定されても不服はない」として、ドナー署名は脳死判定の方法についての見解の変化ではなく、「死に方の選択の問題」であると説明している。

これに対して筑紫哲也をはじめ、従来の立花の立場を知る人のなかに、「びっくりした」という反応を示す人が何人もいたという。立花は自ら著書『人体再生』（二〇〇〇年）で、この間の経緯を詳細に語っている。当時彼はアメリカで、生体組織医学を意味する再生医学（ティッシュー・エンジニアリング）について、テレビ番組のための取材を続けていた。それによって、死体の利用可能性の飛躍的進歩について知ることになったのだ。この時点での移植医療の技術段階は、人工皮膚や軟骨にとどまっていたが、立花はその先を見極めて移植ではなく細胞からの「再生」を見据え、従来の立場を保持しつつも、「生命操作の時代」への予感を強めたのである。

彼はそれを、「人間のパラダイムが根本的に変わりつつある時代」、「生命のスペクトルが生死の古典的定義域をこえて広がる時代」（「再生医学について」、『人体再生』所収）になったと語っている。立花の主張によれば、生命存在はすでに「神聖不可侵のアンタッチャブルな領域ではない」ということになる。先端医学の飛躍的進展が、「生」の向こう側の地平にある「死体利用」であると。

立花のドナー署名は、先端医学が開いた、「個人の生の最終的可処分領域」、「生の維持に役立たなくなった肉体を、他人の生に役立て得る」（同）領域の拡大と言えよう。これに続く、「ぼくはなぜドナーカードに署名したか」では、より具体的に脳死判定をめぐる従来の立場と右の決断との整合性について言葉を費やしている。立花にとって、「人の死を脳死以外で定義することは基本的に誤り」であり、問題はただその判定基準にある。そこで改めて、ドナーになる立場から考えると、自分に適用されるルールについては、「とことんシビアさを求めなくてもかまわない」。ポイントはその基準を、そのままユニバーサル・ルールにしてよいということにはならないという点にあった。

しかし、私のように、つねづね現行ルール以上にシビアなものをユニバーサル・ルールにしろと求めていたものが、自分がドナーになる場合は現行ルールで脳死を判定してもらって結構であるということには何の問題もないだろうというのが、ここでいわんとしていることである。そういったからといって、ユニバーサル・ルールはもっとシビアにという主張を取り下げるということではない。

（『人体再生』）

ここから立花は、文芸家協会から送られてきたドナーカードにサインした背景に、もともと自分の死んだあとの遺体に執着がなく、墓や葬式にも関心がないという年来の立場に加え、『アウトサイダー』や『オカルト』の著者コリン・ウィルソン（一九三一〜二〇一三年）との対談がきっかけで、「コンポスト（堆肥）葬」という究極の自然回帰を理想とするようになった経緯を語る。移植医療から再生医学への進化を見届けた立花隆は、アメリカ赤十字社のティッシュー・バンクを見学取材した経験を踏まえて、最後にこう語っている。

人間の肉体が徹底的にバラされて再利用されていくさまは、決して現実のイメージとして美しいものではない。どうしても、ある種のおぞましさがともなう。生ある人間にとって、死はどうしてもそのようなイメージをともなわざるをえないのだろう。しかし、そのような死が、大きく見ると、人間社会においても、全体としての生を支えている。野生動物の世界における生命連鎖の構造と同じものを、人間はテクノロジーによって人工的に作りあげたのである。

（同）

立花隆はこのように、非左翼的な唯物論者であり徹底したエコロジストだった。ただ立花の

「唯物論」は、次の段階にほとんど通俗的な「タダモノ論」に近づく。例えば火葬場での遺骨拾いを忌避する彼は、「私はだいたい骨壺に遺骨を詰めて保存するという習慣すらいいものだと思ってない」と言う。それは、それでいい。だが続けて彼は、遺体を置きっ放しにして帰ってしまったとしても、東京都清掃局の清掃車がきて引き取ってくれるのだと得々として語るのだ。拾われなかった遺骨をゴミとして処分してくれることを知り、これだと思ったと。

私が死んだら、葬式はなし。遺体は火葬場に運んで、「あとはよろしくお願いします」といって、そのまま帰ってしまう。そう遺言しておこうと、しばらく前までは思っていた。（同）

これがドナー署名以前の立花の基本的な構えであった。私に言わせるなら、これはいささか常軌を逸している。身元不明の行旅死亡人ではあるまいし、遺族がありながら、火葬場や清掃局に遺骨を丸投げでいいというのは、公共性を欠いたエゴイスティックなタダモノ論者の我儘《わがまま》でしかない。彼の死後、ドナー署名の件がどう処理されたかは、今のところ遺族により明かされてはいない。

ただ立花隆の遺体処理をめぐるこの淡泊さは、彼が二〇〇六年以降プログラムコーディネーターとして取り組んできた「宇宙の謎」という巨大な問いに比して、人間の生と死の謎が、相対的に小さなものであることを知悉《ちしつ》していたからでもあっただろう。東大立花ゼミの学生の協力の下、自然科学研究機構（大学共同利用機関法人）とのタイアップで十二回続けられてきたシンポジウムで立花は、「宇宙はたった四％しか見えない」という劇的な発見（WMAP＝ダブリューマップ）を踏まえ、残りの九十六％を占める、「宇宙はいかに生まれ、いかにしてここまできたのか。そして、いかに死ぬのか」という、大いなる謎に逢着する。

この宇宙の「生と死」にまつわる巨大な謎、「宇宙の進化の問題」に立花はほとんど取り憑かれたのだ。「われわれが見ている宇宙がたった四％だけ」という「無知の知」から立花の科学者たちとの協働が始まる（『宇宙究極の謎――暗黒物質、暗黒エネルギー、暗黒時代』、「趣旨説明」参照）。ただこの巨大な謎への接近は、人間を蔑《ないがし》ろにすることを意味しなかった。「人間はいかにして生まれ、いかにしてここまできたのか。そして、いかに死ぬのか」の問いは、依然として立花の内にあった。当然そこにもまた、「進化の問題」が絡んでくる。「宇宙究極の謎」へのコミットと同時期の二〇〇五年、東京大学特任教授に就任した彼は、脳という人間的「アイデンティティの座」をめぐるパラダイムチェンジが起こり、時代が一変したことを痛感する。

講義に臨みながら、脳に関する技術的イノヴェーションがもたらされたことをまざまざと見せつけられるのだ。学生とともにサイボーグ技術に関するウェブサイトを立ち上げた立花は、世界から四百八十万件を超えるアクセスがあり、脳死問題とは全く別局面での「倫理」問題に直面することになったのである。

翌二〇〇六年、ＮＨＫ『プレミアム10　立花隆が探るサイボーグの衝撃』に出演、日米の専門家から押井守（映画監督）まで対話を重ねた彼は、ここで脳を徹底的に利用する技術が、従来の科学を一変させるという確信について語る。人間の脳と直結し一体化した機械が、人類に革命をもたらそうとしているのだ。大江健三郎の長男の言葉の獲得、人間としての復活が牧歌的な前時代の出来事であるかのような、サイボーグ技術による失った身体機能の回復の実例を、立花はアメリカで目の当たりにしたのである。

人間の外部にあった機械文明が、個体のなかに直《じか》に入り込んできたわけである。果たしてそれは脳科学の飛躍的進歩、技術の進化をもたらす究極の科学として首肯されるべきものなのか、あるいは倫理的に許されざる人体改造なのか。

純粋な人間でもなく、機械そのものでもないサイボーグ人間は、間違いなく遠くない将来、精巧なヒューマン・ロボットとして私たちの前に出現するだろう。美空ひばりの歌を歌うアンドロイドや、某大学が開発した喋る夏目漱石のアンドロイド、果てはアンドロイド観音などまだ序の口にすぎない。

事態はさらに進んで、言葉を介在させぬコミュニケーションが、いとも簡単に実現するのである。脳へ直に、言葉に変わる情報源を送り込むことが可能になるからだ。一九九六年、脳死問題へのアプローチの副産物として、『脳を究める——脳研究最前線』を書き上げた立花隆はここで、人間機械論が反転する実にクリティカルな時代局面に立ち会っていた。そこでは何と、人間の擬似機械化と機械の擬似人間化が、無明の闇の中で同時に進行していたのであった。

▼1　立花隆と中村雄二郎は、かつて医事評論家・中川米造を交えて、「死の輪郭線――脳死と臨床医学の知」（『立花隆・対話篇』所収）と題した鼎談を行っている。そこで言及はなかったものの、次のような中村の見解はおよそ立花の所論の対極にあるものと言えよう。「脳死の判定はあくまで医療行為の一環であって、厳密科学（精密科学）の対象ではなく、したがって、脳死の判定に百パーセントの正しさを求めるのは、むしろ一つの逸脱である」（『臨床の知とは何か』）。だからこそ中村は、右鼎談で次のように婉曲に立花を牽制していたのだ。「私は立花さんの『脳死』からたくさんのことを学びましたが、立花さんが竹内基準に対してあれだけ立ち入った批判をされたのに、誰もまともにそれに答えないのはなぜなのか。あれだけの批判に対して全面的に答えること自体たいへんだということもあるかもしれませんが、やはりああいう批判の仕方だと、批判された相手は出てこないんじゃなかろうか。そういうことを強く感じてきたんです」。立花はこの問題に限らず、徹底したデータ収集に基づく、忖度を挟まぬ原理原則主義者だった。問題は立花が、「ユニバーサル・ルール」について語りながら、そこに国際的なコンセンサスをめぐる西洋とアジア東洋世界との、死生観についての地域的、文明史的な差異を考慮していないことである。

第十三章　教育制度改革からの脱出、立花隆と東大

前章までで近代科学の起源に遡って、「万能知識人《ゼネラリスト》」誕生の今日的な不可能性と、その最後を飾る立花隆が晩年に直面した難題のいくつかを洗い出してみた。

ここでは、危機的な状況にある知の基盤そのものを別角度から考察してみよう。「万能知識人《ゼネラリスト》」の誕生には、必須の条件がある。知の世界の基底部分から階層構造を上昇してゆくだけでは、よりゼネラルな知性は身につかないということだ。厳密にはそれでは、フィードバック可能な双方向的な知性とは言えないからだ。

立花は試行錯誤の末に、知の最先端で壁にぶつかったときにどうすればよいかを具体的に語っている。

その場合には、階層構造を一旦下に降りて、より基盤的な、より全体像が見渡せる地点に戻り、これまでたどった道全体をより広い視野から見直してみるということが必要になるわけ

です。

（『脳を鍛える』）

この上昇、下降の双方向的な知性の運動が不可欠なのだ。ところで、人類が共有する知の全体が、膨大なスケールに膨らんだ現在、私たちの知性はそれにどう対処すべきなのか。専門化、細分化の進行はテクノロジーの部門だけでなく、その進化と不可分の関係にあるサブカルチャーの分野にまで及んでいる。立花隆が無関心だった領域に、あるいは彼が杞憂した根深い知の病巣があったのかも知れなかった。

例えば、二〇二一年に『シン・エヴァンゲリオン』（庵野秀明監督）で完結した「エヴァンゲリオン」シリーズは、単純な物語構造（親に疎《うと》まれた子・碇シンジが物語的な孤児となり、庇護者となる女性・葛城ミサトのもとで数々の試練を克服しつつ成長していくという定型）と、超複雑なテクノロジーの合体の精華であったと言えよう。

ただし、エヴァンゲリオンの原意は「福音」であり、シンジは「逃げちゃだめだ！」の呪縛（＝「福音」）とともに、この「人造人間」に乗り込む。最早これは、オタク文化の頂点だろう。こうした趨勢は、ゼネリックな知性、「万能知識人《ゼネラリスト》」の生成に逆行する時代状況の反映のようにも思われる。現代における「万能知識人《ゼネラリスト》」の不可能性、私たちが直面しているのは、知性の綜合化をどこかで忌避する特殊化、不均衡に突出した専門化という危機的な徴候かも知れないのだ。明らかにそれは、病の徴候に他なるまい。

テクノロジーの進化に逆行するような文学の世界では、故西村賢太の描く無力な小ファシスト、つまり「私小説家」という名の「芸術家」（＝「文学亡者」）が、主宰神として独裁権を振るうという古色蒼然たる世界が、二十一世紀の今日において反復された。その近代日本文学史上の起源は、彼が影響を受けた藤澤清造でも田中英光でも川崎長太郎でもなく、岩野泡鳴（もちろん彼は西村程度の作家ではない）の五部作の主人公・田村義雄にあるのだが、その極私的に歪《ゆが》んだ私小説空間への惑溺が、一部の読者の注目を引いた。

社会的な不調者である西村作品の主人公・北町貫多（この名付けそのものが作者の衰弱した虚構意識の表れなのだが）は、偽装された純文学（悪しきサブカルチャー）の典型だったのだ。そもそも「私小説」とは、作家のパーソナリティを競い合うジャンルでは全くなく、正宗白鳥や瀧井孝作、今日では佐伯一麦や町田康のようなコモンセンスを備えた作家の資質を、インパーソナルな「私」の普遍性として際立たせるジャンルのはずであった。

そのために作家は近代文学の衣鉢を継ぎ、個に執しつつ、自我が解体する場に自らを追い詰める試練を課される。つまり、作家にとって強烈な「個人的刻印」を剝奪される「体験」を通して、インパーソナルな類型性を獲得し、作家の個性は、普遍性にまで昇華されなければならないのだ。そこではじめて、読者を饗応し慰謝するという、エンターテインメント本来の要件が満たされる。「下位文化」、「従属階級の文化」としてのサブカルチャーは、その意味で安易な「癒やし」ではなく、作者と読者が一体となった時代に対する「治療文化」（中井久夫）としての機能を備えていなければならない。かつて『鞍馬天狗』の作家・大佛次郎が、『天皇の世紀』や『パリ燃ゆ』

で見事に実践して見せたように。あるいは、聞き書きでも、ルポルタージュでもない『苦海浄土』が、「石牟礼道子の私小説」（渡辺京二「石牟礼道子の世界」、同書文庫版の解説）であったようにだ。

悪しき私小説は、その知性とタフネスに欠けた作者と、読者の癒着から生ずるルサンチマンを超えることはない。かくして、作者と主人公と二者を同一視する読者との三位一体によって形成される特殊日本的な「文化依存症候群」（中井久夫）は、依然として根深く「文学」を蝕《むしば》んでいる。その典型である「私小説」（という「下位文化」）の伝統に依存しつつ、病的に極私化した現代小説は、凝縮へ向かうのではなく、確実に表象的な拡散へ、不毛な細分化（「小さな物語」への逃走）へと読者を誘う悪循環（作家・主人公・読者の癒着と連帯）を断ち切れない。だがそれにしても、オレオレ詐欺の時代に相応しい、オレオレ私小説が罷《まか》り通るとは、何という「文学」への復讐であろう。いずれにせよ、「私」に憑かれている作家は、岩野泡鳴だろうと西村賢太だろうと、本質的に「滑稽」でしかないということだ。

筆者がこんなことを述べるのは、立花隆もまた「私」に憑かれた人間だったと確信するからだ。それは彼が世にでる前、貪欲な文学青年だった頃のことだ。しかし彼はおそらく、「私」に憑かれているだけでは世に出られないことを悟ったのだ。そのとき、フィクションからノンフィクションへの回路が開けた。己を空しくすることなしに、ノンフィクションは書けない。小説だって同じことなのだが、幸か不幸か日本には「私小説」という特異なジャンルが、「文化依存症候群」として、「私」に憑かれた人々のアジールとなってきた。そこで筆者は真っ当な「小説《フィクション》」が、ノンフィクション作家・立花隆に小馬鹿にされるようになった経緯を、歴史文化史的に確認しておきたかったのだ。

小説に限らず批評的言語を含め、枝葉末節、細部への偏執的こだわりは、明らかに八〇年代ポスト・モダンの悪しき後遺症であった。それが政治的には、冷戦構造崩壊後の全体性を見通せない時代の居直りとして、本来は可能性としての「民衆文化」であるはずのサブカルチャーを、ハイカルチャーないしはトータル・カルチャー崩壊後の、文化のオタク化に傾かせる結果となったのである。

一九八四年の映画『風の谷のナウシカ』の原作（マンガ版、全七巻）のエンターテインメントとしての貴重さは、同時代の「文学」が構築できなかった複雑な物語構造と、その歴史的パースペクティヴを例外的に備えていたことにあった。これは世界商品となった、日本のアニメーションの体現して見せた、「下位文化」による逆襲の最たるものだろう。

では、こうした知の全体が、細分化しつつ拡大される文化状況のなかで、知の最前線を担う者たちはどう対処すればよいのか。立花は「現代における危機」とは、専門家が断片化した知識に偏し「総合的にものを知らない」、「知ろうとしない」ことだと述べている（二〇二一年十二月三十一日NHK放映『立花隆　最後の旅　完全版』参照）。

同じく晩年に近い時期の「松江文学学校」での講演で、竹は地下茎で繋がっていて、竹山全体で一つの植物であるように、人間の知的営みも地下で繫がっていることを強調している（同）。『脳を鍛える』では、その危機感が立花によって改めてこう表明される。

知の世界がとめどなく細分化していこうとするとき、そのカウンターバランスをとるものとして、絶えず、知の総合化をはかっていこうとする動きがなければ、知の世界は、細分化のあげくに、解体され、知の全体像が見失われてしまう。

これは東大生を前にした、細分化された領域に閉じこもることの弊害を説く立花のレクチャーの一部である。彼は一九九五年、五十五歳の年に東京大学先端科学技術研究センター客員教授に就任、翌年には同教養学部非常勤講師、さらに二〇〇五年には同大学院文化研究科特任教授、二〇〇七年には同大学院情報学環特任教授を歴任、講義を通じて十年以上にわたり東大生と直に接している。

その課程で、二〇〇一年には『東大生はバカになったか――知的亡国論＋現代教養論』を刊行、また二〇〇五年の大著『天皇と東大――大日本帝国の生と死　上・下』（二〇〇五年）は、六十代半ばに入った立花が、はじめて日本近代史の暗部に分け入った代表作と言ってよいだろう。タイトルは「私の東大論」から、右のように変更された。その理由を彼はこう語っている。

日本の近現代史における最大の役者は、なんといっても天皇でした。その時代時代の生身の天皇がそれだけ大きな役割を果たしてきたということではありません。天皇という観念、あるいは制度としての天皇が中心的な役割を果たしてきたということなのです。

（『知の旅は終わらない』）

昭和戦前期には左側からの天皇制国家批判が一世を風靡し、その反動で戦時期、天皇は右翼ナショナリストたちの国粋主義のシンボルに祭り上げられてゆく。立花はそうした「大転換」の主たる舞台が、東大だったと断言する。

したがって、この時代の動きをおさえるのにいちばんいい場所は東大だったのです。

（同）

地下茎で天皇と東大は、一つにつながっていたというわけだ。

戦後アカデミズムを象徴する、東大法学部教授・丸山眞男もそう考えたに違いないと立花は言う。天皇―東大中心史観とでも言おうか、典型的な王道を歩むエリートの歴史認識である。そこからこぼれ落ちるもの、例えば柳田國男の『明治大正史　世相篇』のようなミクロ的なパースペクティヴは、立花には求めようもない（司馬遼太郎の歴史小説またしかりである）。これもまた、「知の巨人」の大いなる死角であった。

もっとも彼は、戦後啓蒙の後塵を拝して天皇と東大の関係を洗い直したわけではない。丸山の「超国家主義の論理と心理」（『現代政治の思想と行動』）に見られるように、「もっともらしい抽象的な言説をならべたてただけ」では、「あの時代の日本を乗っ取った」超国家主義が、「リアリティのあるものとしては、なにひとつ見えてこない」と「著しく不満を持っていた」（『天皇と東大上』）と述べてもいるのだ。丸山批判としてはいささか雑駁《ざつぱく》過ぎる嫌いがあるが、彼が描こうとしたのは「政治学の、あるいは歴史学の論文のようにではなく、ノンフィクション・レポートとして、あの歴史的大転換のドラマ」（同）だったのだ。

因みに日本を「乗っ取った」主体が、超国家主義というイデオロギーか、軍国主義あるいはその本体である陸軍のいずれかの別はあれ、こうした歴史観は司馬遼太郎にも山本七平にも共通するものであり、歴史認識としては凡庸な「陰謀史観」（『日本の黒い霧』、「昭和史発掘」シリーズの松本清張は、一九四八年の帝銀事件、翌四九年に立て続いて起こった下山事件、三鷹事件、松川事件などを全てGHQの陰謀と推理する同史観の代表格）であった。

ではその内実に分け入り、「ほんとうのところそれがどういうことだったのか」、立花は丸山的に抽象的な思考（アカデミックな政治思想史）を捨て、「頭のヒダ、心のヒダに分け入って」書こうとしたのが本書だと自らの意図を説明する。『天皇と東大』上巻第一章「東大は勝海舟が作った」に始まり、第四章では「天皇機関説」に触れ、第十章では「天皇『神格化』への道」をたどる立花は、「東大」を神格化するどころか、「慶応は東大より偉かった」（第五章タイトル）ことを認め、さらに「東大経済は一橋にかなわない」（第十七章タイトル）ことさえ暴露している。

第十八章で日本近代史上最大の思想事件、「大逆事件」（一九一〇（明治四三）年）を取り上げた著者は、大正デモクラシーの「最後の一幕」（第十九章）に触れた後、昭和期に入っての「共産党」弾圧（第二十五章）から、「国家改造運動」の台頭、そして五・一五事件に象徴される右翼テロリズムの時代へと舵を切る。

下巻に入ると、戦前右翼の狂信的イデオローグ・蓑田胸喜▼1が焦点化され（第三十八章以降）、そのカウンターパートとして「天皇機関説」で時代のスケープ・ゴートとなった東大法学部教授・美濃部達吉がクローズ・アップされる（第四十章、第四十一章）。それは歴史学者・津田左右吉の日本古代史をめぐる「受難」（第五十七章）へと接続されるのだが、この戦時期軍国主義ファシズムの時代に、東大教授陣の果たした時代的役割の功罪を検証する立花のノンフィクション・レポートは秀逸である。

なかでも下巻終盤の白眉は、法学部長・南原繁の動向に即して語られた「昭和天皇退位論」（第六十五章）であり、終章の「天皇に達した東大七教授の終戦工作」（第六十六章）だろう。前者に関しては、「天皇の戦争責任」にかかわる東大総長（終戦の年の冬に就任）・南原の「道義の根源」を問う問題提起でもあった（終戦に当たり退位論を唱えたのは南原だけではないが）。

結局この工作は流産に終わる（終戦後、貴族院議員に選ばれた南原は、新しい皇室典範の審議で退位規定を盛り込むべきだと提案するも不調に終わる）。そのことにより立花は、「日本民族としての戦争責任問題は、いまだかたづいていない」（第六十五章）とし、引いてはそれが「首相の靖国参拝問題」にまで波及していると指摘することを忘れない。

後者の「終戦工作」に関しては、問題はさらに微妙だ。「行動の人ではなかった」南原繁、「ひたすら象牙の塔にこもって勉強をつづけ」、「学徒出陣兵たちをなすところもなく見送ってしまった」彼が、「終戦工作」という「思いもかけぬ大胆な行動に打って出た」（同）からだ。この「工作」のポイントとなるのは、陸軍の徹底抗戦論（本土決戦論）を抑えるために、南原らが宮中―重臣の線に働きかけたことだ。言い換えるなら、海軍の力に頼っての、あるいは実質的に陸軍を排除しての「終戦工作」であった。

立花の分析では、終戦時の天皇の「聖断」は二度あったことになる。最初の聖断は八月九日、「ポツダム宣言を、天皇制（国体）が護持されるとの理解のもとに受諾する」（以上、第六十六章）という決定に際して下されたもの。第二の聖断は、その三日後に示された連合国側の回答の内容にかかわるものだった。この「バーンズ回答」では、天皇制護持への具体的な言及はなく、「降伏の時から、天皇及び日本国政府の統治権限は、連合国最高司令官の制限の下に置かれる（subject to）」ことに加え、「最終的な日本国の政府の形態は、国民の自由に表明する意志によって決定される」（同）という内容だった。

昭和天皇の第二の聖断は、それでは国体の護持が保証されないから、本土決戦に持ち込むしかないという陸軍の強硬論を抑え、この回答で十分とする外務省、海軍の意見に与《くみ》しての「無条件降伏」を受諾する御前会議での最終決断を意味する。

立花によれば、この二度目の聖断の根拠になったのが、東大教授グループの終戦工作の「説明の論理」だった。その中心にいたのは、南原繁ではなくアメリカ研究の専門家・高木八尺《やさか》教授だった。彼は米当局者の発言を精査した上で、「いまアメリカ側に身を寄せれば、まちがいなく天皇制は守られる」（逆にソ連を引きこんだら天皇制は危なくなる）との意見を、内大臣・木戸幸一に開陳、木戸を通じてその確信が天皇の耳にも入っていたことを立花は論証する。

この論点に従えば、戦後思潮の中心を占めてきたいわゆる「八月革命説」（宮沢俊義―丸山眞男が主導した、ポツダム宣言の受諾による天皇から国民への主権の移行）は、事後的に捏造されたフィクションにすぎないことになる。立花がここで示しているのは、高木八尺の「憲法改正草案に対する修正私案」（『高木八尺著作集　第四巻』）である。この修正私案の肝は、「主権在民」条項を新憲法から除くというもので、先のバーンズ回答によって国体は、実質的に護持されたことを既定事実とするものであった。

立花は高木の分析通り、「アメリカの対日政策当局は、はじめから天皇制護持を基本方針としていた」（同）と明言する。問題はsubject toを「国体の変更」の根拠とする（天皇の主権喪失）、「八月十五日国体変革説」（＝「八月革命説▼2」）だが、立花はその論拠を「とんでもない」と否定する高木をフォローするように、「天皇は連合国最高司令官に従属する（subject to）」のくだりについて、次のスティムソン陸軍長官談話を提示している。

> 連合国の回答は、ポツダム宣言ですでに与えた条件以外に何等の約束も与えなかったが、同時に、天皇の主権は連合国最高司令官の命令下に従属せしめるべしと規定して、言外に天皇の地位を承認したのである。
>
> （外務省編『終戦史録』、『天皇と東大　下』より引用、傍点立花）

立花はさらに、英語力が抜群で、占領軍中枢に知己の多い高木の果たした役割を重視、「特に象徴天皇制が作られてゆく過程では、高木の力量が大きく発揮された」（同）ことを強調する。

私見を加えるなら、「八月革命説」が戦後的な、余りに戦後的なフィクションに過ぎなかったのは、そこに主権者としての「国民」が、あらゆる意味で不在だったからだ。その責は南原繁ではなく、一九三八（昭和十三）年に南原研究室の助手となり、政治学者としてのキャリアをスタートさせた丸山眞男が負うべきだろう。敗戦の翌年の「超国家主義の論理と心理」（『世界』一九四六年五月号）を、丸山は次の一文で締め括っている。

日本帝国主義に終止符が打たれた八・一五の日はまた同時に、超国家主義の全体系の基盤たる国体がその絶対性を喪失し今や初めて自由なる主体となった日本国民にその運命を委ねた日でもあったのである。

かくして、敗戦により打ちひしがれた日本人は、「国体」に関してもまた占領軍に対しても何の抗《あらが》いもないまま、戦時期の超国家主義との関係を清算され、政治的に無垢なる「主体」として救済されたのである。これが戦後啓蒙の選良が果たした致命的な役割であった。徳川幕藩体制を解体した明治維新後も、近代国家を支える主体的「国民」以前の、天皇という唯一の主権者の「臣民」でしかなかった日本人は、敗戦を機に首尾よくここで「自由なる主体」に昇格したことになるのだ。それを勝ち取るための真の主体性を全く不問に付されたままに。

▼1　雑誌『原理日本』を主催し、「昭和前期の日本において、一時期異常なほどのパワーをもって、日本の言論・思想界をウラから支配」（『天皇と東大　下』）した箕田を、民間の国粋主義者（慶応大学予科教員、後に国士舘専門学校教授も務めた）とすると、東大で国史学を講じた平泉澄は、皇国史観の官許イデオローグ（戦後公職追放となる）だった。その影響力は甚大で、「軍部はもちろん、宮中、近衛文麿首相、東条英機首相などの政治中枢」（『知の旅は終わらない』）に及んだ。『天皇と東大　下』第四十六章「神官・平泉澄と人間魚雷『回天』」、第四十七章「二・二六事件——秩父宮と平泉澄の密談」で論じられる彼は、福井県の平泉寺白山神社の宮司でもあったが、ただのファナティックなナショナリストではない。長崎県対馬のフィールドワークから生まれた、『中世に於ける社寺と社会との関係』（一九二六年）は、比較アジール研究の先駆的業績として知られ、『無縁・公界・楽——日本中世の自由と平和』の網野善彦にも影響を与えた（拙著『辺界の異俗《フォークロア》——対馬近代史詩』参照）。現在まで版を切らさず残っている著書に、『物語日本史　上・中・下』（講談社学術文庫）がある。

▼2　一九四五年十月の時点で、東大法学部教授・宮沢俊義は明治憲法が本来、「民主主義」、「自由主義」の立憲主義に立脚している以上、改憲なしにポツダム宣言の要求（「民主主義的傾向ノ復活ト強化」と「言論、宗教及思想ノ自由並ニ基本的人権ノ尊重」）に応えることができるという立場を表明していた（『毎日新聞』同年十月十九日付の改憲不要論）。その後、占領軍の新憲法案に接した宮沢は、決定的な態度変更を行う。ポツダム宣言受諾の二日前、一九四五年八月十二日着の連合国回答＝バーンズ米国務長官回答が、日本の最終的政治形態を、「日本国国民ノ自由ニ表明スル意志ニ依リ決定セラレルヘキモノトス」としたのが「国民主権」を定めたものであり、これを受諾した一九四五年八月にはじめて日本は「国民主権国家」となったと主張するに至ったのだ（「八月革命と国民主権主義」、原題「八月革命

の憲法史的意味」、『世界文化』一九四六年五月号）。これが「八月革命説」成立の経緯である。なお、江藤淳はかつてその編著『占領史録』第三部「憲法制定過程」の解説（『占領史録　下』講談社学術文庫）で、この宮沢の「〝コペルニクス的〟転向」を激しく批判した。だが先に見たように、「八月革命説」をジャーナリスティックに粉飾したのは丸山眞男であって、彼は宮沢を委員長とする東大の「憲法研究委員会」のメンバーの一人だった。

第十四章　科学する頭脳とメディア問題

戦後啓蒙を担った丸山的な知性が退場（丸山は一九七一年に東大を早期退職）したはるか後年、進歩的知識人の逆をいく「万能知識人《ゼネラリスト》」として立花隆は東大に迎えられた。一見、大学教授のイメージからかけ離れた立花隆の後半生は、東大と深く切り結んでいた。再び「東大講義　人間の現在①」の副題をもつ、『脳を鍛える』に戻ろう。

彼がここでさかんに強調する危機的状況とは、「万能知識人《ゼネラリスト》」の時代的な不可能性のことでもあった。そこには、大学改革により細分化の波にのみ込まれようとしている高等教育における「一般教養」部門が被《こうむ》ったダメージが作用していた。専門課程に進む前の、準備段階にあって「知の全体像のパースペクティブを与える」べく設置された、この部門の「改革」による実質的な切り捨ての結果である。

だが、ヤング・ジェネレーションに顕著な、知の基盤となるリテラシー（読み書き能力）の著しい低下を、上から目線で今さら嘆いてみても始まらない。問題は大学改革の犠牲者とも言うべき彼ら自身による、知性の再建にあるのだから。立花隆の熱いメーセージは、有為の受講生を捉えて放さなかった。

まず彼が注目したのは、制度改革の結果としての文系・理系の乖離《かいり》であった。現代の学生は本来、教養学科という高等教育における基礎的訓練を経て専門課程に進むべきところを、ショートカットでいきなり専門課程に振り分けられる。昨今のカリキュラムからの人文科学系科目の大幅削減など、その最たるものだろう。

これは大いなる過去、戦前の旧制高校時代の話だが、「デカンショ、デカンショで半年暮らす／あとの半年ゃ寝て暮らす」と歌われたのは、デカルト、カント、ショーペンハウエルをネタに熱い議論を絶やさなかった文学部哲学科の学生の日常のことではない。文系・理系の仕切りを超えて哲学談義に花を咲かせた、将来のエリートたちの牧歌的な学生生活を歌ったものだ。

それが今や再現不可能な過去になったのは、時代の進歩に即応した専門知の細分化の弊害でもあるのだ。既述のように、理科系の学生は文学や哲学に見向きもせず、逆に文化系の学生は致命的なまでに科学的知識に乏しい。その断層を埋めているのが、ＳＮＳという名の閉ざされた疑似「公共空間」なのであろう。そこで立花は語る。

学問の世界であれ、一般社会であれ、これほど深くテクノロジーが日常の中に入りこんでいるという状況の中で、テクノロジーとその基礎をなすサイエンスについて知ることは、現代社会において最も重要なリテラシー（読み書き能力）といってもよい。

これは、現代におけるメディア・リテラシーの重要性にもかかわる問題である。そうした中で、例えば文系の人間に高校で与える理科教育の水準をこれほど切り下げるのは、「国家的愚行」であると彼は警告する。

（『脳を鍛える』）

『21世紀　知の挑戦』では、「科学技術に対して関心をもっている一般市民の割合」（ＯＥＣＤの調査による）が、欧米諸国との比較で日本が最低であることを指摘、今から三十年前の一九九〇年代初頭、日・米・欧における科学技術に対する社会意識調査でも、歴然たる結果が現れたことに注意を喚起している。

例えばＤＮＡの認知度では、知らないと答えた人の割合はこの時点でアメリカが五十一％であったのに対し、日本は驚くなかれ八十二％だったのだ。日暮れて道遠し、科学技術立国などとんでもないというわけである。政界、官界のトップのほとんどが、「科学技術に無知な文系エリート」であったことで失われる「国益」は深刻で、アメリカと対等に交渉できるはずがないのだと立花は訴える。こうした過去の調査結果は、三十年後の現在どのように変化したか。ゆとり教育の弊害に言及するまでもなく、欧米との格差は開く一方で、韓国との格差さえ顕在化しているのが実状ではあるまいか。

大学の「研究力」の世界的な指標、引用回数が上位十％に入る「トップ10論文数」で日本は主要七カ国（Ｇ７）の最下位で、ことに二〇〇〇年代半ば以降の低下は著しい。最新の大学ランキングでも、二百位以内に入るのは東大と京大のみで、中国の十一校、韓国の六校にも及ばないのが現状である。

二〇〇八年十月、小林誠・益川敏英の両名がノーベル物理学賞を受賞した折、立花隆はいかに理系的な頭脳を備えた「万能知識人《ゼネラリスト》」であるかを自己証明して見せた。翌年『小林・益川理論の証明――陰の主役Bファクトリーの腕力』を刊行する彼は、すでに周到な準備のもとに二人の受賞を今や遅しと待ち受けていたのである。

まず彼はこの本の冒頭で、「マスコミ報道のレベルの低さ」を厳しく告発する。二人の受賞がどのような意味を持つかについて、立花はTBSの『ニュース23』に出演しコメントした。その打ち合わせで、科学技術通ぶった担当ディレクターが物理学の基礎的なタームも概念もまるで頭に入っておらず、話が全く伝わらないことに立花は愕然とする。

しかし立花に言わせるなら、「彼の頭はごく標準的」なのだ。問題は「もう何年も前からはじまっている日本の義務教育、高校一般教育の水準低下によって、日本人の一般的理系知識の水準が危機的レベルにまで落ちていること」（『小林・益川理論の証明』）なのだと。

「小林・益川理論」への立花のアプローチは、雑誌『サイアス』二〇〇〇年四月号から始まっていた。しかも、「ノーベル賞にいちばん近い」理論の検証として、この連載はスタートしていた。ところが版元の朝日新聞社は、不採算を理由にこの雑誌を廃刊にし、連載は中断されたままになっていたのである。

立花は連載の最後に、「日本の科学ジャーナリズムはどうなるのか――『サイアス』誌休刊」

としてこの問題を取り上げている。彼は廃刊阻止のために、「サイアス存続のための署名のお願い」を二百人に送り、さらにインターネット上に「日本の理科教育を守れ・サイアスをつぶすな」のページまで立ち上げていた。結果的に廃刊阻止には至らなかったものの、益川敏英、戸塚洋二、中村桂子ほか多くの識者からも共感の声が届いた。立花はその結果を踏まえてこう語る。

青少年の理科ばなれ、一般大衆の科学知識水準の低下を嘆く声は強く、この科学誌を失うことによって、その傾向にますます拍車がかかることを恐れる声が強かった。日本人の科学知識は一層低水準に落ち、日本は「総愚民化」してしまうのではないかと嘆き、このレベルの科学ジャーナルを持ちきれないような国には「未来がない」とする意見が圧倒的に多かった。この廃刊は「瀕死状態の日本の知性に最後のとどめをさす行為」とまでいう人もいた。

（同）

戦う立花隆の面目躍如である。ところで、立花の「小林・益川理論」へのただならぬ関心の根底には、「20世紀はものの見方の革命が連続して起きた時代」（同、傍点立花）だったという独自の視角があった。しかし、分子生物学や遺伝子学の急速な発展がもたらした生命観、生物観、人間観の革命に比して、物理学的世界観革命は、一般社会のものの見方にさっぱり浸透していないという不満が立花のうちに燻《くすぶ》っていたのである。

立花によれば、すべてのサイエンスの根底に物理学があり、物理学の根底に素粒子論がある。

そこで問われているのは、「存在とは何か」、「空間とは何か」、「無（真空）とは何か」、「存在する物の根源的存在様式は何か」、「我々あるいはこの世界はいかにしてここにこのように存在するにいたったのか」、「我々は何をどの程度まで認識することが可能なのか」（同）という一繋がりの問題群だった。「小林・益川理論」は、この問いと深く切り結んでいたのである。

我々にとって幸せなことに、宇宙は対称的にはできていない。少なくとも原子より小さいレベルにおいては、対称的にできていない。もし宇宙が対称的にできていたら、宇宙の創成とともに生まれた物質は、物質と同時にそれと等量だけ生まれた反物質と作用しあって、すべてが消失し、何も残らなかったにちがいない。しかし現実に起きたことはそうではなかった。ほんのちょっとした対称性の破れがあったために、生成された物質と反物質の間にほんのちょっとした量のちがいがあった。そのため物質がほんのわずかだけ消滅しないで生き残ることができた。いまこの世にある存在のすべては、その宇宙創成時の対称性の破れから生まれた「生き残り物質」の子孫なのである。その意味において『対称性の破れ』は、我々という存在のキーであるということができる。

「小林・益川理論」は、この「対称性の破れ」から「クォークが自然界に少なくとも3世代（6種類）以上あることを予言した」もので、ノーベル賞はこの一九七二年にもたらされた「予言」が、実験によって実証された結果であった。実証実験は一九九九年以来、アメリカの同種の施設を圧倒するつくばの高エネルギー加速器研究機構で行われてきた。立花の取材は年期が入っており、早くも一九九〇年には、「物質が全て消滅する相対論的世界――高エネルギー研究所」(『科学朝日』六月号、『サイエンス・ナウ』所収)を発表している。

同誌で立花は、科学・技術の最先端の研究現場で実際にどのような研究が行われているかをルポ、『サイエンス・ナウ』(一九九一年)、『電脳進化論――ギガ・テラ・ペタ』(一九九三年)、『脳を究める』(一九九六年)にまとめている。その後『サイアス』誌に場所を移して連載されたのが、「100億年の旅」シリーズだ。その成果は『立花隆・100億年の旅』(一九九八年)、『宇宙・地球・生命・脳――その原理を求めて　100億年の旅2』(一九九九年)、『脳とビッグバン――生命の謎・宇宙の謎　100億年の旅3』(二〇〇〇年)に結実している。『小林・益川理論の証明』第Ⅱ部に収録された「消えた反素粒子の謎に迫る」は、「100億年の旅」の「特別版」として企画されたものだった。

立花自らが語るところでは、それまで「ジャンルを固定せず蝶が花から花へ飛び移るように、サイエンスのあらゆる領域の面白いところをいいとこ採りで飛び歩いてきたのに対し」、「じっくり腰をすえて、1つの実験を見すえてやろうと思ったのである」(『小林・益川理論の証明』)。それだけの価値が、物質の究極の内部構造であるクォークの世界で何が起きているのかを、超弩級のマシーン(加速器Bファクトリーという、超巨大な究極の顕微鏡)によって明らかにしようとするつくばの高エネ研の実験にはあると見定めてのことだった。

宇宙創成問題とのかかわりでは、「対称性の破れ」は、約百四十億年前のビッグバンで起こったとされており、宇宙の起源の背後には物質を構成する粒子よりも百億個について一個多い程度の微少なズレがあったために、現在の我々の宇宙が存在してきたと考えられている。

立花隆の解釈では、それによって世界存在の根本原則であるはずの自同律、すなわち「万物はそれ自身でありつづける」＝「ＡはＡであって非Ａではない・ましてＢではない」という万物の自己同一性（アイデンティティ）の保持原則さえ揺さぶられることになる。否、事実問題として素粒子レベル、「クォークの世界では自同律は破れているということになる」（同）のだ。

これは立花隆の発見ではない。実体主義に基づく「原子論」的存在観は、「量子力学」の確立によって否定されていた。日本で最初にそれを分かりやすい言葉で解説したのは、湯川秀樹に次いでノーベル物理学賞を受賞した朝永振一郎である。一九六五年の『量子力学的世界像』で、彼はこう語っている。

> 素粒子は一つ二つと数えることが出来るという点では通常の粒子と似た性質をもっている。〔しかしながら〕素粒子はその一つ一つが自己同一性をもっていないという点で通常の粒子とは異なったものである。

それでは、伝統的なアトムのような、「実体」としての存在資格を欠いている素粒子が、どのような状態にあるかと言えば、独立自存体ではない非実体的「場の状態」にあると廣松渉は述べる（『哲学入門一歩前――モノからコトへ』）。およそ「実体」、すなわち「固体的自己同一体」なるものは、廣松哲学においては、「物象化」された錯認の結果なのであり「仮象」でしかない。そしてクォークもまた、アトムではなく「場の量子化」に相即した、「場の状態」であることに変わりはない。先の立花の「自同律の破れ」は、この量子力学的な基本認識を前提としているのだ。

九〇年代後半、立花隆は先の「東大講義」第十一回で、自ら本格的にこの問題を取り上げている。この世界が「対称性に満ちている」ことを前提に、彼は続けてこう語る。

そして同時に、世界が完全に対象にできていないで、そこにいろんな対称性の破れが見つかるということは、そこにこそ世界が創られるもとがあったのだということだと思います。世界が、ニュートンの永遠なる絶対静止空間のようなところにある完全球体であったとしたら、すべてはその中で完結してしまって、このような世界には発展しなかったわけで、生命の誕生もなかったろうし、人間社会の誕生もなかったでしょう。かといって、世界がいつもエネルギー的にガタガタにゆすぶられているような状態であったら、これまたこのような安定した世界に進化できなかったわけで、ほとんど対称だけど、微妙にそれが破れていたというところに、こういう世界が生まれるカギがあったと思うんですね。

（「対称性の破れが世界を創った」、『脳を鍛える』）

先の立花隆のレポートの正確さは、ノーベル賞を小林・益川の二人の受賞者の手柄に限定しなかったことだ。彼は、受賞に最も力があったのは、つくばの高エネ研による実証実験の成功であるとし、何百人という多数の研究者たちの貢献を特筆している。巻末の座談会でスタッフの一人である同研物理第一研究系・山内正則教授が、受賞の発表に接し、頭が真っ白になり、手が震えてネクタイが結べなかったと我が事のようにその喜びを語っている。

『小林・益川理論の証明』は、湯川秀樹のノーベル賞受賞（一九四九年）に励まされ、物理学者を志した「万能知識人」立花隆による記念碑的作品であると同時に、専門家と「日本人の一般的理系知識の水準」とのギャップを照らし出した告発の書でもあった。

立花の理科系的資質は、こうした先端科学についての専門知を必要とする分野でだけ発揮されたわけではない。一九七〇年代半ばの出世作、「田中角栄研究」について航空宇宙工学の糸川英夫は、早くも「方法論はサイエンスの方法論と同じだ」と喝破していた（『ぼくはこんな本を読んできた』）。

特定のファクトから合理的推論によって、過たずに議論を組み立てる立花の方法がである。ただ立花に特徴的なのは、たとい「理科系に進んでいたとしても純粋にサイエンスの世界には安住できなかった」（同）だろうという、ゼネリックな総合知への飽くなき欲求にあった。時代はただが必ずしも立花の志向に与せず、タコ壺型の専門知への細分化と文系・理系の知性の分断が無秩序に横行しつつあった。伝統ある『科学朝日』の後継誌『サイアス』の廃刊は、そうした時代の趨勢を象徴する「事件」だったと言えよう。

第十五章　リベラル・アーツの起源と歴史展開

遡って、こうしたなし崩し的な知の解体現象を認識し、真っ先に警告を発したのは、『二つの文化と科学革命』（一九五九年）のC・P・スノーだった。もともと彼は、ケンブリッジ大学で物理学を専攻し、後に小説家となった変わり種だ。立花は同書から、次の一節を引いている。

二つの文化に属する人たちは、同じ程度の知識をもち、同じ人種の出であり、育ちも大して変りなく、同じくらいの収入を持つというのに、お互いのつきあいは全くない。教養、道徳、心理的傾向に共通なものがほとんどない。

（『脳を鍛える』）

こうして一方の極に「文学的知識人」がおり、他方の極に「科学者」の代表としての「物理学者」がいる。両者はしかし、お互いに理解しようとせず、敵意と嫌悪の情に隔てられ、相手に対して「ゆがんだイメージ」をもっているのだと。

スノーは第二次大戦中、科学者の動員計画のために、数万人の科学者の知的バックグラウンドに関する調査を行っている。すでにこの時点で、全西欧人の知的生活は「二つの極端なグループ」に分かれつつあった。

例えば文学的知識人が、知識人という言葉を使うとき、自分たちのことだけを意味するようにしか使わず、「他に知識人というものがないかのようにふるまっている（科学的知識人の存在は無視する）」

日本に引き寄せて言うと、戦後教育の歪みがこうした世界的な傾向に拍車をかけることになる。すると、立花隆こその両者の乖離状況に橋を架けた「万能知識人《ゼネラリスト》」ということになりはしないか。立花はこうした深刻な事態をもたらした根本原因を、「学問を担うべき個々人の知性がインテグレーションを失って解体状態になっている」（同）ことに求める。しかもそれは各専門領域、とりわけ科学分野の先端の細分化という新しい事態を受けて、ますます増幅される運命にあった。

それは、知の世界全体が、近時急激なインフレーションを起したために、ついに個々人の知性の中におさまりきれなくなったということを意味するのかもしれません。（同）

では、どうすればよいのか。特効薬的な処方箋があるわけではない。ただ、基本的なリテラシーの再起動のための実践的な方法のヒントは、立花隆の著作のいたるところにちりばめられている。それを知ると知らないとでは大違い。利用するとしないとでは、知的進化の道を歩むか、退化に身を任すかの違いにつながる。

立花によれば、文理両カルチャーの違いの最も大きな特徴は、「情報伝達の様式」にあり、それによる効率の違いということになる（『ぼくが読んだ面白い本・ダメな本そしてぼくの大量読書術・驚異の速読術』、「序　宇宙・人類・書物」）。一連の大学改革による人文科学系科目の大幅削減は、さしずめ効率偏重のためのスケープゴートということになるだろう。

立花隆自身は、一九九五年、教員も学生もサイエンス系と文化系が渾然一体となった東大先端科学技術センターのメンバーとなり、はじめてサイエンス系の「基本情報伝達様式」を、受け手としても送り手としても学ぶ絶好の機会を得ている。

しかし、基本的に文化系のカルチャーで育った彼が、キャリアを買われてジャーナリズムの世界から一躍アカデミズムの世界に飛び込んだからとて、直ちに適応できるものではない。あらかじめ知の基盤に、最低限活用可能な理系的カルチャーの基盤がなければ、エリート学者たちの中でただ浮き上がるだけだろう。

そこで不可欠なのが、「万能知識人《ゼネラリスト》」に必須の文理両領域を横断する柔軟な知性と基礎「教養」ということになる。戦前生まれの立花は、その分断の弊害を免れたおそらく最後の世代だった。これは、立花の個人的な異能には還元できない世代的なメリットと言うべきだろう。

詰め込み教育の反動で、ゆとり教育に舵を切った文部行政の失策を問いただす以前に、現在、戦前型の和漢洋の教養に通じた総合的な知識人がどれほどいるかを問うてみるといい。戦後の教育とは、徒《いたずら》に知性の偏りだけを助長し、不健全な専門家を養成するための反「知性」、反「教養」の〝偏り教育〟ではなかったか。

ではこうした現状を踏まえ、いま改めて「万能知識人《ゼネラリスト》」に不可欠の教養とは何かと問い直してみよう。立花はそれは「リベラル・アーツ」であると断言する。東大生を前に、切り崩されつつあった教養学部のカリキュラム問題に関連して彼は、歴史を遡り中世ヨーロッパで誕生した大学で教えていたものこそ、リベラル・アーツだったと述べる。

「自由学芸」などと訳されもするその内容とは、古代ギリシア・ローマの「自由人」（「奴隷」に対する選良としての）たる者の基礎教養であった。具体的には三学（文法、修辞学、論理学）、四科（算術、幾何、音楽、天文学）がその内容である。

現在の文系・理系を総合するこれらのリベラル・アーツを身につけた者が、その後に法学、神学、医学などの専門学部に進学したのである。ただし、大学出の医者は王侯貴族や都市の富豪、有力者しか診ないので、民間の医療は理髪師のような職人によって担われた。手術をし、包帯を巻くなど手を汚す仕事は今日のブルシット・ジョブに近く、それに携わる理髪師ギルドあがりの外科職人は、社会的に蔑視されていたのである。

鉱山労働者に特有の鉱夫病の発見者として歴史に名を残したドイツのパラケルススも、ヨーロッパ中を転戦した社会的身分の低い従軍外科医であり錬金術師だった。彼の医学思想の根底にあったのは、「医師は錬金術について最高度の熟練と経験を積んでいなければ、（医療における）他の技術は無効になる」（パラケルスス『奇蹟の医の糧』）という確信だった。人体の物質代謝を、錬金術そのものと把《とら》えていたのである（「われわれは自分たちの中に錬金術師をもっており、それは創造主がわれわれの中に入れて下さったもの」〔大森荘蔵『知の構築とその呪縛』〕）。

つまり、「パラケルススにとって人体も錬金術の仕事場」（中村禎里『魔女と科学者その他』）だったのである。さらに、中世ヨーロッパにおける魔女と錬金術は、神秘的な魔術と自然科学（実験と科学技術）が切り離せないものだったことを証している。近代科学以前の「科学者」は、しばしば魔女として弾劾されてもいたのだ（森島恒雄『魔女狩り』参照）。ジャンヌ・ダルクも聖書のチェコ語訳者ヤン・フスも、魔女裁判の延長にあるキリスト教の異端狩りで火刑に処せられたのである。

因みにアジア、日本には歴史的に「魔女」は存在しない。中井久夫によると、西欧では悪魔つきはあっても、「キツネ憑き」のような「動物憑依」は、一神教的な伝統のなかであり得なかったという。ただ「トランス」という症状は、「……を越えてむこうがわへ（その彼方にあるものへ）」の志向であって、洋の東西にかかわらず「上（または下＝根源）に向かっての超越」（中井久生『治療文化論』）を意味する。両世界の歴史的断絶は、だが歴然としている。魔女狩りの時代（十五世紀初頭から四百年間に約五万人が処刑された）、日本は戦国時代のまっただ中で、世界最大の火薬消費国として鉄砲をぶっ放していたのだ。その時代の知識人、知識階級は肩身を狭くした僧侶であった。江戸期に入ると、町医者から本居宣長のような国学者（漢学という基礎教養からの離脱者）が現れるが、それはようやく十八世紀に入ってのことである。

さて、魔術から遠い西欧の医術に関してだが、十六世紀ヨーロッパにおける治療法は、瀉血すなわち体内に溜まった悪い血が病気の原因でそれを抜き取るという方法が一般的であり、専門知を必要としない職人が、この非科学的で単純な仕事を黙々とこなしていたのである。こうした中世ヨーロッパの鬱屈した歴史に、ある決定的な転回がもたらされる。「自然は完成されたものを天然の状態で生じせしめることはなく、人がそれを完全にしなければならない」（『治療文化論』）という、錬金術をめぐるパラケルススの十六世紀医学思想は、それだけに画期的なものだった。

コペルニクス、ケプラー、ガリレイ、ニュートンらによる「十七世紀科学革命」（バターフィールド）の前段階として、山本義隆のいわゆる「十六世紀文化革命」が、全ヨーロッパ的な規模で「知の地殻変動」（教会権力による知的差別構造の打破）を同時多発的に引き起こした。それは、少数の天才たちの出現によるパラダイム・チェンジではなく、パラケルススのような奇矯な職人ら民衆のエネルギーの噴出による、優れて世俗的な「文化革命」だった。「暗黒の中世」というイージーな標語は、こうしたフェイズで無効化される。

まず宗教改革と連動した「俗語革命」（聖書の各国俗語訳）により、それまで知の世界を支配していた古代信仰（イスラム世界との接触を媒介にした古代ギリシア哲学の発見と、古代を源とする異教的な文学・芸術への志向）から解放された実践的職人たちが、西欧ルネッサンスの裏側で着々とラテン語の壁を打破し、露骨に蔑《さげす》まれ、弾圧されていた俗語で本を書き始める。

「魔女」と「ペスト」と「飢餓」に象徴される、「おそるべくも根ぶかい失意と厭世の時代」（ホイジンガ『中世の秋』）だった十五世紀、古代ギリシアへの回帰（＝古代信仰）は、具体的に同時期のイタリアを中心として、アリストテレス主義と結びついたキリスト教神学、スコラ哲学に結晶していた。これを「正統文化」とすると、それに対する「対抗文化《カウンター・カルチャー》」が、同じく古代ギリシアを源とするプラトン主義（ネオプラトニズム）[1]である（村上陽一郎『科学史の逆遠近法』参照）。

それらがルネサンスの中心思想（古代信仰を媒介とした文芸復興と、魔術・占星術、錬金術と結合した秘教的ネオプラトニズム）として融合し、「古代と信仰の権威に手をつけだした」（ホイジンガ『ホモ・ルーデンス』）十七世紀の「科学革命」に受け継がれるというのが一般的な見方だ（ただし村上の「逆遠近法」は、「現在」の過去に向かっての投影、「中世科学が近代科学のためにあった」といった遠近法的倒錯への頂門の一針だった）。重要なのは、デカルトを含む十七世紀の天才たちの出現以前に、聖書だけでなく学問自体が、初めて世俗的に公衆に開かれたものになっていったことである（山本義隆『一六世紀文化革命 1・2』参照）。

俗語の標準語化（＝「国語」）によるネーション（ポスト王権の「想像の共同体」）の形成はその副産物であり、十八世紀の「聖俗革命」（村上陽一郎）の段階では、知の世界は神聖な領域から、最終的に世俗的な領域に引きずり下ろされていたのだった。

中世ヨーロッパの終末（＝「中世の秋」ホイジンガ）は、権威的カトリック精神の失墜と相まって進行し、この間に貨幣経済の浸透は、十六世紀から十七世紀にかけて全ヨーロッパの王権を著しく衰退させた（ハプスブルグ家カルロス五世のスペインがその典型）。だが皮肉にも、封建制の危機はブルジョアジーの台頭によって反転し、世俗的「絶対主義国家」の強化をもたらす。その結果、十六世紀西欧における可能性としての「農民革命」を流産させたのである。

それでもなお、あらゆる局面で世俗化は不可逆の歴史的変化であった。その意味で魔女（呪術）と錬金術こそは、封建的共同体の崩壊と、世俗的な個人を主体とした市民社会の成立の過渡期を埋める「対抗文化《カウンター・カルチャー》」の象徴であり、錬金術を科学にするために、魔女狩り（法皇、国王、貴族、エリートが加担した集団ヒステリー）という歴史的な犠牲が必要だったと言えよう。

知の世界に目を向けると、それまで「自由人」に独占されていた学問は、徐々に「卑しい職人」たちに開かれ、やがて啓蒙思想の洗礼を受けた民衆（貴族でも農民でもない貨幣経済の利得に浴した有産市民階級＝ブルジョアジー）によって担われるようになる。これら市民階級の経済的主導権の獲得と並行して、中世を跨いで優に三世紀にわたる長い魔女狩りの歴史は、ようやく収束に向かうのである（中井久夫『分裂病と人類』参照）。

フランス革命（一七八九年）の下地は、こうして十六世紀の「文化革命」、十七世紀の「科学革命」、そして十八世紀の「聖俗革命」までの全ヨーロッパ的な歴史の蓄積によって出揃うのである。

こうして見ると、十六世紀ヨーロッパで惹起した「知の地殻変動」は、中世以来の「自由学芸《リベラル・アーツ》」と「機械的学科」の分離・切断を克服し、純粋な理論的研究と職人的な手工的技術に帰せられる実験的研究（ニュートンが没頭していた錬金術もその一つで、そこでは鉱物類と動植物は連続的に変態する類同概念で把えられていた）の結合を促す、決定的な第一歩だったことが改めて分かる。

このような歴史段階を踏んだ、近代に繋がるアカデミズムの伝統の自己否定の上に立つ今日の大学では、人間の知性を健全に発達させることが極めて困難になっているのだ。立花隆が問題にする文系・理系の乖離は、この「十六世紀文化革命」の自己否定（としての悪しき官僚主導文化）の象徴なのであり、そこからくる知性の偏りは、間違いなく人間にとっての総合的で「健全な判断」を疎外するものになっている。

実際、現行の教育制度改革は、リベラル・アーツ教育をできるだけ早く終わらせ、学生を細分化された専門領域の中に押し込もうという方向づけなのだ。立花は、それでは「狭い狭い領域に特化した視野狭窄《きょうさく》症人間が大量生産されてしまう」（『脳を鍛える』）だけだと言うのである。

日本の大学で現在、リベラル・アーツ教育を重視しているのはリベラルアーツ研究教育院を置く東京工業大学と、現代教養学部を設置している東京女子大だ。東女は初代学長・新渡戸稲造いらいのキリスト教精神が、その根柢にある。作家の池澤夏樹は、リベラル・アーツは「知的な基礎体力」を養成するためのもので、すぐに役立つ上辺の知識よりもっと深いものだという。

一方、東京工業大学では二〇一六年からリベラルアーツ研究教育院を新設、学部と大学院を統合し六つの理工系学院で専門性を深めつつ、教養科目で知性や人間性を養うことを目指している（「理工系の教養改革はいま　上」、『朝日新聞』二〇二二年一月十二日付）。注目すべきは、この試みの背景にかつて同大学教授が、水俣病の原因を腐った魚の毒とする「アミン説」を発表、結論を先延ばしして被害を拡大させた過去があったことだ。

同大リベラルアーツ研究教育院では、石牟礼道子の評伝作者の米本浩二（元毎日新聞記者）を、オンライン講義に招くなどして水俣病の被害拡大への加害責任を直視、科学者の倫理を「志の育成」という同院の理念に沿って問い直そうとしている。

リベラルアーツ・カレッジＩＣＵ（国際基督教大学）を特例として、他の総合大学では、開智国際大学、玉川大学、帝塚山学院大学、桜美林大学、山梨学院大学がそれぞれリベラルアーツ学部を設置している。一九九〇年代後半に、早くもリベラルアーツの重要性を問題提起していた立花の先見の明は、もはや疑問の余地がない。

改めて立花にとってのそれは、ただ単に専門課程の準備段階としての「一般教養」のことではなかった。より根源的な視点から、「バランスがとれた知性」、「健全な判断力」を持ち合わせた「本当の教養人」を育て、彼らに次の社会を担ってもらうには、充実したリベラル・アーツ教育をほどこすことが何より重要なのだと立花は繰り返し述べている。

そのための制度改革を早急には期待できない以上、私たちは個人的にそうした知の欠落を補うしかないのである。未来を担う社会人として。「万能知識人《ゼネラリスト》」立花が、一連の「ゆとり教育」の延長で、肝心の基礎教育に穴があいたままでは、日本は滅びるといち早く警告していたことを忘れてはならない。

一九九〇年代から二〇〇〇年代にかけて東京大学、立教大学で教えた学生たちからは、「立花ゼミは、『知りたがる』ことを全肯定してくれる場所だった」といった声が上がっている。サイエンスジャーナリストとなった東大卒の緑慎也は、卒業後も立花事務所に通い、間近で執筆活動の補助を長く続けた。彼は師のことを、「知る喜びの中毒症」（「『立花ゼミ』が残したものとは」、『朝日新聞』二〇二一年七月七日付夕刊）と呼び、今もその跡を追う。立花の死後、『週刊読書人』で行われた武田徹との対談で、緑は九〇年代半ばの東大での授業についてこう語っている。

三〇〇人以上入る大教室で、床に座っている学生もいたし、窓の外から覗いている人もいて、大混雑でした。角栄裁判は時々ニュースになっていましたし、立花さん自身がテレビに出てもいたので、知名度がありましたね。教養の授業だったので、理系と文系、両方の学生がいました。理系の学生は、ノーベル生理・医学賞受賞の利根川進さんへのインタビュー記、『精神と物質』などで興味を持った人も多かった印象です。

（『週刊読書人』二〇二一年八月二十日号）

語学を除き、まず理系・文系の学生が同時に受講でき、しかも両者の知的好奇心を満足させる授業を担当できる教師がどれほどいるかを考えると、東大の立花隆招聘の意図も分かろうというものだ。

立花が察知したゆとり教育の弊害以上に、「リベラル・アーツ教育の壊滅」（「知的亡国論」、『東大生はバカになったか』）を急速に促したのは、世界的趨勢であるグローバル化の波である。歴史学の木村直恵によれば、「大学」という聖域もその例外ではなかった。「規制緩和」の波が大学に及んだ結果、「戦後の新制大学設置以来、高等教育システムの根幹のひとつであった『一般教育』が多くの大学で廃止されることになった」（「現代的教養とプラクティカルな歴史――『天皇と東大』の歴史哲学」、『ユリイカ』二〇二一年九月号）のである。

大学における教養教育の「決定的な解体」が露骨に開始された。立花隆を東大教養学部非常勤講師に招いたのは、大学生の学力低下にかねてから警鐘を鳴らしていた東大・生物系の松田良一助教授（当時）だったと木村は証言する。

重要なのは立花が東大で、あるいは立教大学で実践した「リベラル・アーツ教育」が、「徹底してプラクティカルな方向にアップデートされ続ける教養知」（同）を目指したものであったことだ。

どんな問題に直面しても、その全体象を捉え、いま何が必要で、それを誰がどう役割分担するか。こうしたマネジメントが的確にできる「万能知識人《ゼネラリスト》」（スペシャリストではなく）の必要（「知的亡国論」）、そうした人材を育成するものこそ「リベラル・アーツ教育」だったと木村は改めて述べる。立花がつとに警戒した「知的亡国」とは、日本の大学が「教養のない専門バカの大量生産機構」（同）と化すことへの大いなる戒めとしてあった。

だがしかし、立花は大学教授のポストにしがみつくような俗人に甘んじることはなかった。最終的に彼は、大学を去って在野のジャーナリストとしてその生涯を閉じている。

私は結局やりたいことをやる（やりたくないことはやらない）精神だけで生きてきた人間だと思う。その精神を貫くために、私はせっかく入った会社（文藝春秋）もやめたし、一時つとめた東大特任教授の職も捨てた。本当につらぬいたのは一介のもの書き精神だけだった。

（『知的ヒントの見つけ方』）

これは「Z世代」と呼ばれる、一九九〇年代半ばから二〇一〇年ごろまでに生まれた、高度なネットワーク社会で育ったデジタルネイティブ世代には考えられない、アナログ世代に特有な知的蛮勇と言うべきかも知れない。否ここはやはり、立花隆に固有なと言い直すべきであろう。やりたいことをやりきるために、立花は会社人間でも大学教師でもなく、本質的に在野というスタンスを貫き通した。その意味で不世出の知的野生人だったのである。

▼1　立花隆は『エーゲ――永遠回帰の海』（二〇〇五年）第二章「アポロンとディオニュソス」で、「新プラトン主義」についてこう語っている。「キリスト教は、パレスチナから、小アジア（ギリシア文明と古代東方文明の混交世界）を経て、ヨーロッパへと伝来していく過程で、後期ギリシア文明をたっぷり吸収した。特に東方密儀宗教の影響を受けた新プラトン主義神秘哲学の影響は大きく、それが説教面でキリスト教を成立させたという側面がある」。それは多分に、「ローマ化されたプラトンの言説」（関曠野『プラトンと資本主義』）であり、スコラ哲学的な難解さとは対局的な、キリスト教という名の「大衆向きのプラトニズム」（ニーチェ）だった。立花はさらに続けて、「ヨハネによる福音書」の冒頭、「初めに言《ことば》（ロゴス）があった。言は神と共にあった。言は神であった。この言は初めに神と共にあった。すべてのものは、これによってできた」の件りが、「新プラトン主義哲学のロゴス論を下敷きにして書かれたもの」だという定説を引き合いに、神は不死ではなく、死ぬ可能性がある神もおり、そのような神の復活する能力を最も重要な属性とする考えはユダヤ教の説教にはなかったと述べる。そしてこうした要素は、成立過程でキリスト教に流れこんできた「東方的要素」であり、エジプト神話のイシス

神を源流とするディオニュソス神信仰がもたらしたものであると論じている。立花はその前提として、ディオニュソス神が不死の神でないのは、父デウスと人間の母の間に生まれた、神と人の混血児であり、その信仰が死と復活をめぐるキリスト教神話につながっていったことを指摘する。すなわち、「イエスは神の子であるが故に、神と人の間をつなぐ偉大な仲介者（Mediator）となったというものだ」。キリスト教の復活祭《イースター》は、春のディオニュソス神（植物神でもあった）の復活を祝う儀式の伝統の上にあると立花はここで語っている。なお、ヘレニズムによる東西文化の混淆（シンクレティズム）によって、キリスト教の底流には、グノーシス主義（ギリシア以来の伝統的な精神と実体の二元論）が揺曳している。付言すると、両親の影響で教会通いはしたが、キリスト教に帰依することのなかった立花は、ギリシア正教を含むキリスト教神学に関して持続的に探求（前述した東大の卒論「メーヌ・ド・ビランの『ヨハネ伝注解』に見る神秘思想について」はその端緒）、『エーゲ』や『思索紀行』のようなルポルタージュ作品に結実させている。

第十六章　情報のインプット・アウトプット

立花隆のリテラシーの秘法を模倣したとしても、誰もが彼のような「万能知識人《ゼネラリスト》」になれるわけではない。「知の技法」とは、基礎教養の地盤の上に立つ専門知を、それぞれ独自の方法で自らのものとすることにつきる。「万能知識人《ゼネラリスト》」の生成に、近道はないと知るべきであろう。

ただ立花隆ほど、リテラシーの向上にかかわる「知の技法」のノウハウを語った人はいない。その意味で彼は、大学の講義を通じて接する大学生だけではなく、多くの社会人に向けての実践的かつ啓蒙的な「知の技法」の伝達者であった。

先に紹介した初期の著作『思考の技術』（一九七一年）はその皮切りで、脂《あぶら》がのりきった時期に書かれた『「知」のソフトウェア——情報のインプット&アウトプット』（一九八四年）も同系列の啓蒙書だった。

遡って、この種の「知の技法」本の先駆けは、岩波新書でベストセラーとなった梅棹忠夫の『知的生産の技術』（一九六九年）である。一九七〇年代半ばには、英語学者・渡部昇一の『知的生活の方法』が百万部のベストセラーとなり、一九九〇年代の著作では、野口悠紀雄の『「超」整理法』が、累計百万部超えのロング&ベストセラーになった。

何せその初版は一九九三年の刊行で、ワープロがまだ生産され、ブラインド・タッチが特殊技能で、ファイルをフロッピーに保存していた時代の本である。画期的だったのは、「ハードディスク全文書からの捜索」で、煩瑣《はんさ》な「分類・整理は必要なくなった」ことを、いち早く告知した点だろう。

立花は野口と、「『超』勉強法・『超』整理法」と題して、一度だけ対談（『週刊文春』一九九六年五月二一・九日号）している。二人は一九四〇年生まれの同い年だが、その勉強法は対照的だ。例えば英語に関して丸暗記派の野口に対し、立花は英語の本を千ページ読めば大学には入れるとの確信から、片っ端から興味の湧くものに飛びついていった。速読に関しても立花はひとえに「精神集中」を強調、ただ難解な文章を時間をかけて徹底的に考え抜きながら読む訓練も必要と説く。野口は「調べ読み」と「斜め横断読み」の二つの方法を提唱する。

「整理法」に関しては、今やパソコン、インターネット活用のスキルと切り離しては成り立たない。野口の著書では、「電話の暴力から自衛するための電子ファクス」が推奨されているが、現在のようにインターネットやEメールが普及する以前のパソコンによる情報管理のすすめであり、知的活動の生産性を高めることを提唱した情報検索と発想をめぐる「新システム」論だった。内容的には、『知的生産の技術』から立花の『「知」のソフトウェア』まで、満遍なく先行類似本への目配りが行き届いている。

その第一章は「紙と戦う『超』整理法」で、当然にもアナログ世代の尻尾を引きずっている。因みに野口は、本を整理する基本は「捨てることだ」という断捨離派。アンチ断捨離派の急先鋒・立花隆の「知の技法」の基本は、あくまで「紙資料」への偏執的なこだわりを手放さなかったことだ。野口悠紀雄は、『「超」整理法』でパソコン以前の川喜田二郎にカードによるＫＪ法への立花隆の批判を紹介している。

これが利点となるのは、頭が鈍い人が集団で考えるときだけである。（中略）意識の中で行われる無形の作業を物理的作業に置きかえると、能率がガタ落ちする。

（『「知」のソフトウェア』からの引用）

そこで野口悠紀雄は、立花を「カード派」に対する「無意識派」と規定する。事実、少なくとも八〇年代の半ばまでＫＪ法は、電通（ＰＲセンター）など広告代理店で盛んに用いられていた。立花の方法は、いわばその正反対の個人事業主の「知の技法」の極意を語ったものだろう。二十一世紀の今日でも、立花によらず「紙資料」へのアナログ的感度なくしては、「勉強」も「整理」も効率的には行うことはできない。しかもそれは、人並み以上の知的好奇心があってはじめて、有効性を発揮できる仕掛けなのだ。

加藤秀俊の『整理学』（一九六三年）以来、日本のサラリーマンは本物の知に飢えていたのではなく、知的素材の取捨選択を誤って、激しい競争社会の中で知的な迷い子になることを極度に恐れているのだ。例えば、戦後の高度経済成長期の真っ只中に著された梅棹の著書は、一般のサラリーマンに向けて、メモのとり方からカードの使い方まで、効率的で創造的な「知的生産」のノウハウを説いた。

だがそれは、モンゴルからサバンナまで、民族学のフィールドワークを行った京大教授の「知の技法」であって、梅棹人気で文具店に並んだ「京大式カード」（カード自体は梅棹の専売特許ではなく、小津安二郎も脚本の構成に用いていた）など、一般社会人の情報収集と整理に実際にどれだけ役立ったかは疑問である。『情報の仕事術』の山根一眞が、梅棹にあやかりB6カードを一万枚買い込んだが、結局使えなかったというエピソードを、野口は『「超」整理法』で紹介している。彼自身は、「一万枚は買わなかったので、傷が浅くすんだ」のだそうだ。

カードならまだしも梅棹忠夫に、仕事の内容に応じて機能分離が必要で、仕事場、事務所、資料庫、材料置場などを区別せよなどと言われると、この人一体誰に向かって書いているの？　と突っ込みたくもなる。

立花隆もかつて、梅棹忠夫にインスパイアされてカード作成を試みたが、数日も続かなかったという。立花いわく、時間がかかりすぎるのでバカらしく、「あんなことをつづけていたら、私がこれまでになしたアウトプットの十分の一もできなかったろう」（『「知」のソフトウェア』）とにべもない。

要するに、最初から頭の中が散らかっている人は、カードを用いようが、パソコンを使おうが情報の「整理」など不可能なのであり、たとえそれを可視化できたとしても、活用はおぼつかないに違いない。『知的生産の技術』は、ワープロ、パソコン以前、タイプライターが最新機器という時代の産物だが、版を切らさず今日まで生き延びている理由は、「技術」自体は使い物にならなくなっても、そこに日本人好みの知的「生産」への羨望を煽る数々のアイデアがちりばめられていたからである。

立花隆の『「知」のソフトウェア』は、特殊な知的エリートのアカデミズムの現場から生まれたハイブロウな著書ではなかった。調査報道の金字塔とも言うべき「田中角栄研究」で一世を風靡し、続いて政治の分野では『日本共産党の研究』、『中核VS革マル　上・下』を刊行、インタビュー構成による『宇宙からの帰還』など多ジャンルを横断する、優れて世俗的なジャーナリストによる啓蒙書であり、実践本位の情報整理のノウハウを説いた格好の入門書だった。いわば普段着を着た「知の巨人」の「方法叙説」である。

ここで彼は、真っ先にインプットの二つのタイプを例示している。〈知的生産型〉と〈知的生活型〉の二種類である。立花によると前者にとってインプットはあくまで手段であって、あらかじめアウトプットという目的が先行しているのが特徴。

一方、後者にあってはインプットそれ自体が目的化しており、それによって何をどうしようという目的はあらかじめ定められてはおらず、いわば生活的に楽しみながらインプットしているタイプ。立花の言うように、「仕事として情報集めをする」のであれば、当然、前者でなければならない。

そこに働く情報（整理）学の「原理」を、立花は次のように説明する。

人間はその人生の大半を知的情報のやりとりの中ですごしている。人間は物質代謝系、エネルギー代謝系であると同時に、情報代謝系でもあるのだ。物質代謝によって人間の肉体が形成され維持されていくように、情報代謝によって各人は各人の知的世界を形成し、それを維持し発展させていく。

（『「知」のソフトウェア』）

誰に強いられるわけでもなく、人は知的情報のインプットを行う。ところで、知的欲求に基づくインプットは、それが充足されれば「快感」を得ることができよう。しかし、「目的先行」のインプットにおいては、インプット自体はしばしば「苦痛」であり、「快感」はアウトプットの達成後に得られる。

立花的な知のエピキュリアンとは、知的マゾヒズムの「快楽」を知る者のことでもあった。その心は、「快感」は「苦痛」の後に遅れてやってくるということ。そこまで堪え忍ぶことができる人は、立派な知的マゾヒストなのである。

問題はそこに行き着くまでの過程、つまりインプットとアウトプットのバランス、均衡である。立花が言うように目的が先行しすぎると、知的インプットは自ずと貧しくなり、結果的にアウトプットも同様に貧しくならざるを得ない。立花の言う「情報代謝」が、フィードバック・システムを意味することは言うまでもない。

例えば、物質的生産の場合にはインプットとアウトプットの量的比率は、小さければ小さいほど原材料が有効に利用されたことになる。ただし、知的生産においては、その比は大きければ大きいほどよいと立花は語るのだ。別の場所で彼は、さらに具体的に自説をこう展開する。実際の読み書きのための実践的ノウハウである。

ぼくがよくいうことだが、いいものを書くためには、IO比（インプットとアウトプットの比率）を一〇〇対一くらいに保つ必要がある。つまり、一冊本を書くためには、百冊本を読めということだ。ぼくはかれこれおよそ百冊の本（含む共著）を書いてきたが、その百倍の一万冊くらいの本はたしかに読んでいる。

（『ぼくの血となり肉となった五〇〇冊そして血にも肉にもならなかった一〇〇冊』）

一般人には、気の遠くなるような苦行である。かくして一九九二年、彼は自宅にほど近い東京文京区小石川に、壁面に黒猫が描かれた通称「猫ビル」（建築面積約二十七平米、鉄筋地下二階、地上三階建て）を事務所兼書庫として建築、書棚の総延長は約七百メートルで、約五万冊の蔵書を収容した。まさに「知の巨人」に相応しいモニュメント（設計は上野高校時代からの友人の河合尹盛、デザインは瀬尾河童）である（YouTube「立花隆事務所（猫ビル）訪問」参照）。同じ小石川に立花は猫ビルとは別に、三カ所の仕事場を持ちテーマごとに場所を変えて執筆を行っていた。

立花の蔵書は、最後の秘書だった妹の菊入直代によると、本人の遺志により古書店に譲渡（立原道造に関する分は軽井沢高原文庫に寄贈）された（『日本経済新聞』二〇二二年四月十二日付）。文庫や記念館の設立は、絶対にして欲しくないとの強い意向に従ったものだ。また、「田中角栄研究」、「日本共産党の研究」などに使われた膨大な取材ノート（段ボール箱百箱相当）から、生原稿、スクラップ帳、小学校時代からの作文、写真、手紙、書斎に置かれていた机、椅子、簡易ベッドなどの備品は、全て茨城県筑西市のテーマパーク「ザ・ヒロサワシティ」に寄託されることになった。茨城大学附属愛宕小・中学校時代の立花の同級生・板谷俊一（NHK元理事）が、施設運営者・広沢清氏（実業家）を直代に紹介し、関連資料の公開を前提に建物の無償貸与（取材資料の寄託）が決定したのだ。ただその後、立花隆の腹違いの三人の息子たちが一致して全面的廃棄を申し出、ちょっとした騒動になっている。相続代理人弁護士によると、「取材源の秘匿に反する」ことなどを理由にしているようだ。だがこれは保存と公開の区別を知らぬ暴挙で、遺児に怨《うら》みをかった、「知の巨人」の致命的な禍根と言うしかない。

　ところで、立花の本や雑誌、新聞に埋もれるような日常の尋常ではないインプットの要点とは、端的に次のようなものであった。

> 基本的な知的テクニックの第一歩は、その本の構造をつかむことにある。一般に、本はパラグラフ（段落）単位で書かれていて、パラグラフが幾つか集まって節や章になっている。（中略）いわば、本はパラグラフ一つ一つを煉瓦として積み上げられた建造物のような構造をしている。煉瓦がいくつか集まってブロック（節）を作り、ブロックがいくつか集まって局部

構造体（章）を作っているわけだ。その全体構造（←局部構造←ブロック）を見抜けということである。

（『ぼくが読んだ面白い本・ダメな本そしてぼくの大量読書術・驚異の速読術』）

ただ勘違いをしてはならない。立花の語る書物の「構造」は、事前に透視されるわけでは決してない。読書家と言えるほどの読書家なら、その「構造」が一定の時間を経過した読書の過程で、一挙に浮かび上がってくる体験を持っているはずだ。一冊の書物の解読とは、精確にこの「構造」が腑に落ちる（「目次」の項目の並びの意味が理解できる）ように了解することなのだ。

その先の解読の具体相を彼は、書物の内容をキーワードプラス記号でチャート化すること、それによって視角化することだと述べる。つまり全体の構造を、ビジュアル化したチャートとして示すということだ。こうして、「どのような書物も、一枚のチャートにすることができる」（同）という段階に達すると、インプットの作業は首尾よく終了する。

コンパクトに語られた、立花式の「知の旅」への誘《いざな》いである。その旅の目的とは、端的に「人間について考えること」、「人間の知の全体象」（『脳を鍛える』）を把握することにあった。これだけ高いハードルを設定して、彼はインプットのための壮絶な苦行を、エネルギッシュにアウトプットの「快楽」に変換していったのだ。

そこに至る道は、安易に他人様の「知の技法」を取り入れることとはおよそ正反対だ。それにしても、この知的エピキュリアンのエネルギーは凄まじい。その特徴は、一見するとスマートとは対極にある獰猛な雑食性にあった。どういうことか。

　人間の頭は「ずさんな機械」だが、それゆえにまた「きわめて柔軟性に富んでいる」というのが、その前提にある立花の変わらぬ信念だった。あらゆる角度から「人間について考えること」、そのためには「無意識層にブラックボックスとして隠されている」（以上、『「知」のソフトウェア』）潜在的な知的能力を独自に、貪欲に引き出すことである。立花はさらにこう語っている。

> 作業手順などどうとでもなる。無意識層に内蔵されているプログラムが無限にあり、それを利用して、随時、アド・ホックなプログラムを無意識のうちに作り、それを試行錯誤で改善していくことができる。
> （同）

　つまりは、知的ストックを前提とする、最良の出たとこ勝負、無意識層にあるブラックボックスへの働きかけであり、その再－開発である。東京大学、立教大学での一九九〇年代から二〇〇〇年代にかけての立花の実践教育は、そうした開発プロジェクトの大いなる試みだった。その成果は、『脳を鍛える』、『東大生と語り尽くした6時間――立花隆の最終講義』に詳しいが、そこから浮かび上がってくるのは、紛れもない「万能知識人《ゼネラリスト》」の知的タフネス、飽くなき「人間」の追求ということに尽きるのである。

第十七章　アナログからデジタルへ

若き日の立花は、世界文学全集を読破した生粋の文学青年だった。意外に思われる向きもあるだろうが、彼は東大仏文学科の学生時代、「ドストエフスキー研究会」に属する文学青年で、『駒場文学』を拠点に詩や小説の創作にも手を染めていた。

立花隆の全ノンフィクション作品は、フィクション（虚構）の何たるかを知り尽くした、特異なる知性の賜物だったことを忘れるべきではない。先に見た文系・理系の知識の著しい乖離現象への彼の憂いも、両領域への目配りを常に保ち続けた複眼の持ち主ならではのものであった。

一九九六年夏、東京大学教養学部（駒場）での第一回講義で、挑発的に「日本の理科教育の水準は一九世紀以前だ」（『脳を鍛える』）とぶち上げた立花である。実際、彼の講義はこうした知的分断への果敢なチャレンジでもあったのだ。当時の立花隆事務所の秘書・佐々木千賀子は、記録ビデオ収録とＯＨＣ（書画カメラ）担当者として講義を視聴、その模様をこうリポートしている。

既存の哲学を否定したヴィトゲンシュタインのハエトリ壺からジョン・ケージの偶然性の音楽、非ユークリッド幾何学、シュレジンガーの猫、ドレークの方程式、ガイア理論、安楽死問題、人工知能と、立花さんはジャンルやパラダイムをいとも身軽に飛び回ってみせた。また、数学者のゲーデルはプラトン、ライプニッツを、物理学者のアインシュタインはスピノザの哲学を信じていたと、西洋の科学者と哲学・世界観の関係をとりあげるなど、自然科学と人文科学の融合を論じてみせた。

（「忙しいボス・立花隆」、『立花隆のすべて　上』所収）

ただ忘れてならないのは、立花隆がただペダンティックに、理系・文系の垣根を越えて知の世界を極めようとしていたわけではなかったことだ。ノンフィクション作家となってからの立花の指標は、空理空論に惑溺するのではなく、あくまで実践的であることだった。

異能者・立花隆のジャーナリスティックな資質で注目すべきことがある。二十代の文藝春秋社員時代から、彼は上司に鍛えられ、「情報を濃密に圧縮して、ポイントをごく短時間に伝える」訓練を受け、そのノウハウを短期間で習得、洗練させていたのである。

書斎に引き籠もる内向的な知識人の対極にあった彼は、現場で鍛えられ外向的にインプットとアウトプットの均衡を図る、実践的フットワークの持ち主だった。出版業界では、立花隆のプレゼンテーション能力の高さには定評があったが、その秘密は書斎型ではないこの実践性にこそあった。それは彼の読書術にも一脈通じる何かだ。つまり彼は、ベタな教養をただ無闇に蓄積するために読書する「読書人」ではなかったということだ。

具体的に立花は、「本は必ずしも、はじめから終わりまで全部読む必要はない」（『ぼくが読んだ面白い本・ダメな本そしてぼくの大量読書術・驚異の速読術』）と明言している。逐語的、逐文章的読み方を、立花は音楽的読みと言い、これに対して速読術とは、「全体的な読みの構造そのものを絵画的読み」にしてしまい、前者は局部的な読みとしてしか取り入れないと踏み込んで言う（同）。読書は時間芸術的にではなく、空間芸術的になすべきだという提言である。

絵画的読みの本質とは、「全体像を常に見すえながら読みの深さ、読みのテンポを自在に変えていくこと」（同）だ。

言い換えるならそれは、一冊の本にアナログ的に集積された情報のデジタル化ということになる。リテラシー（読み書き能力）の基本とは、このデジタル化、情報の圧縮・抽象能力のことに他ならない。原稿を書くのに最後まで手書きにこだわっていた立花隆は、世代的にもアナログ人間の最後の典型だった。しかし、彼はデータ検索と資料整理に関してはパソコン、インターネットを自在に駆使して世界中から膨大な資料を集め、それを眠らせておくのではなく、いつでも取り出し使える状態に保つためのデジタル処理にたけていた。

これに対して悪しきアナログ情報の海に沈み込み、デジタルの回路に浮上できない事例はいくらでもある。極端な一例を挙げよう。小学生の作文によくあるのは、朝何時に起きて顔を洗い、着替えをして朝食をとり、学校へ行って……と延々と時間経過に沿った報告を行い、遠足なら遠足の目的地になかなか到達できない例。端的にこれは、情報の抽象・圧縮能力に欠けた子供の悪しきアナログセンスゆえなのだ。

参考までに夏目漱石の『吾輩は猫である』の中に、次の一節がある。

二十四時間の出来事を洩れなく書いて、洩れなく読むには少なくも二十四時間かかるだろう、いくら写生文を鼓舞する吾輩でもこれは到底猫の企て及ぶべからざる芸当と自白せざるを得ない。

周知のようにこの作品の語り手（「吾輩」）は、猫である。「写生文」というのは、二十四時間の出来事をベタに引き写すことではない。主人公であるどころか、人間でさえない猫という語り手の設定は、文章で何事かを「写生」するために絶対不可欠な距離感を作り出すための卓抜な装置だった。語り手と登場人物の間に距離が取れないベタな語りでは、往々にして抽象も圧縮もないダラダラ調に陥るのだ。

もう一例を挙げる。二葉亭四迷は彼にとっての最後の小説となった『平凡』で、「有《あり》の儘に、だらだらと、牛の涎《よだれ》のように書く」、田山花袋流の「自然主義」の文体への当てこすりをこう書いている。

が、待てよ。何ぼ自然主義だと云って、斯《こ》う如何《どう》もダラダラと書いていた日には、三十九年の半生を語るに、三十九年掛るかも知れない。もう少し省略《はしよ》ろう。

書き言葉の実践指導とも言うべき、『自分史の書き方』（立教大学で二〇〇八年に開設されたシニア世代向けの講座「現代史の中の自分史」の実践記録）で、立花はこう述べている。

人に読ませる文章をこれまでまったく書いたことがない人がしばしばおちいる誤りは、文章をどこで区切ったらいいのかわからないので、とにかくいつまでもダラダラしまりがない文章を書いてしまうという失敗である。

これに対して立花の提示した解決は、単純明快であった。とにかく「。」を付けて、「強引に文章を終わりにしてしまうこと」。そうして段落をつけて、「新しい文章をはじめること」だと。

文章というのは不思議なもので、段落さえ付いていれば、読む人の頭が自動的に切り替わって突然まったく新しい文章がそこからはじまってもそのことをなんの不思議もなく受け入れてくれる。（同）

つまりは、悪しき連続に対する切断である。これは、立花隆に固有な読書術のポイントでもあった。立花的「大量読書」、「驚異の速読術」の要諦は、やはりこの連続を断ち切る飛躍、すなわち逐語的に字面を追うことの中断にあった。一つの取材にかかると、立花は科学であろうと政治であろうと、そのジャンルの基本文献を一挙に多数購入、広く浅くではなく、広く深くその分野に分け入ってゆくのだ。そのための必要条件は、優れて職業的な飛ばし読みである。

実際に彼は、「全文通読が基本的必要条件となっているたぐいの本を読むことが少い」（『ぼくが読んだ面白い本・ダメな本そしてぼくの大量読書術・驚異の速読術』）と語ってもいる。具体的には長篇小説、ミステリーなどエンターテインメント系の本、ノンフィクションでも、時系列の筋書に沿って書かれているものなどだ。無論かつての文学青年・立花はこれらの書物を、おそらく渉猟しつくしたのである。アナログ的教養の蓄積がないところでの、情報のデジタル化は抽象でも圧縮でもなく、単に情報の貧困化にすぎない。

「有効情報だけを圧縮して、濃密に」（同）――これが「万能知識人《ゼネラリスト》」がいきついた、啓蒙的読書案内の究極のエッセンスであった。猫ビルに収納された何万冊にも及ぶ書籍は、まるで生き物のようにフレッシュに息づき、いつでも取り出し可能な情報源として、立花の手にかかるのを待ち受けていたのだ。

第十八章　評伝4

橘孝三郎との血縁と思想的切断

立花隆の驚異的リテラシーについては、彼のＤＮＡに関する情報を無視するわけにはいかない。『ぼくはこんな本を読んできた』では、彼の両親は、「文学青年、文学少女が出会って結婚した」と語られている。

また、『「戦争」を語る』によって改めて整理すると、父・橘経雄は長崎のメソジスト系のミッションスクール活水学院の教師（作家・中山あい子は教え子）で、戦時中に北京の師範学校に転任、戦後は書評関係の出版社（現在の「読書人」）に勤務（二〇〇五年没）、二歳年上の兄・弘道は朝日新聞の社員（國學院大學卒、社会部長、福島支局長、企画報道室福室長、世論調査室長、総合企画室副室長、出版局長、事業開発本部長を歴任）であった。このジャーナリスト一家の次男が立花隆である。

もう少し詳しくお話しします。

僕の父・立花経雄は、昭和九（一九三四）年に長崎にやってきました。その頃、父は早稲田大学国文科を卒業したばかり。茨城県の水戸の出身で、長崎とは何の縁もありませんでしたが、大学の友人のツテで、長崎の活水学院の教師の職を得ました。

活水学院は当時、長崎随一のお嬢さん学校です。そのため、うっかり若い先生が生徒に手をつけたりしたら大スキャンダルになる。だから採用が決まると、父は学校から「なるべく早く結婚しなさい」と言われて、翌年、母と結婚したわけです（笑）。

母は水戸女学校（現・茨城県立水戸第二高校）の教師をしていた父の姉の教え子で、よく姉のところに出入りするうちに、父と親しくなったようです。


（『「戦争」を語る』）


父親は学生時代に、母親は結婚後に洗礼を受けている。ところで、立花のルーツ水戸には、先にも触れたように父の従兄で五・一五事件（一九三二年）に連座した戦前の農本主義（天皇を中心とし貧富の格差のない農本国家をめざす）のイデオローグ橘孝三郎（一八九三〜一九七四年）がいた。アナーキズムの影響も受けていた彼の名が歴史的に浮上してくるのは、戦前の右翼テロリズムの時代である。

五・一五事件では、皇道派青年将校と連動、自ら主宰する愛郷《あいきょう》塾《じゅく》の塾生七人が、「帝都暗黒化」を目論み東京の変電所を襲撃（舟橋聖一の小説『悉皆屋康吉』に、「民間の行動隊は、東京周辺の変電所を襲撃して、帝都の暗黒化をはかろうとした」とある）、首謀者とみなされた孝三郎は、無期懲役の判決を受け（八年後に恩赦により出獄）、敗戦後も公職追放にあっている。水戸に蟄居する彼の元には戦後、三島由紀夫から保阪正康まで多くの人々が訪ねてきた。
ただし、立花が農本主義の思想的DNAを引き継いだ痕跡は認め難く（後天的な資質では両親のキリスト教に関しても同様）、後年、『天皇と東大』を書くまでは、右翼テロリズムの歴史そのものに無関心を装っていた。だが、橘隆志から立花隆への変成には、その血脈の切断の意志がどこかで働いていたと考えられる。

私事ながら、橘孝三郎は私の父の従兄という親戚筋にあたり、私も子供のときに会ったことがあるが、本に埋もれるようにして生活していた白髪の老人という記憶しかない。

（『天皇と東大　上』）

ただ、その地縁だけは否定できず、一九九五年のスタジオ・ジブリ作品『耳をすませば』（近藤喜文監督）に、ヒロインの父親役で声の出演をした立花隆は、微笑《ほほえ》ましくも茨城弁丸出しだった。
保阪正康の証言（『立花隆　最後に語り伝えたいこと』解説）によれば、旧制一高を卒業一週間前に退学した橘孝三郎は、古今東西の歴史・文化に通じた大インテリで、遺伝子的には立花隆の過激にして野性的な知性が、その血筋をどこかで引いていたとしても不思議ではない。
三十代の初めに毎月二、三度、橘孝三郎宅に通い詰めて一年半にわたり取材し『五・一五事件――橘孝三郎と愛郷塾』を著した保阪は、立花隆に死の七年前、『天皇と東大』のための取材であろう、孝三郎の話が聞きたいと呼び出されて文京区の立花事務所（「猫ビル」）を訪れ、四時間に及ぶ取材を受けたという。

同書中、孝三郎に関する記述はいたって淡泊で、必ずしもその思想、信条に深く立ち入った内容にはなっていない。その後保阪は立花隆から、孝三郎にまつわる歴史資料を何かに役立てて欲しいと託されている。立花の死後、保阪はこう回顧する。

私は一九三九年生まれ、立花さんは一九四〇年生まれとほぼ同世代だが、きちんとお会いして話したことは三、四度しかなかった。しかし、そのいずれのときも、話は四時間以上に及んだ。なかでも思い出されるのは、橘孝三郎の話が聞きたい、と立花さんの仕事場の猫ビルに招かれたときのことだ。私は彼に問われるままに、孝三郎がどんな人物だったかなどを話した。考えればおかしいが、立花さんの親類について、赤の他人の私が根掘り葉掘り聞かれているのである。

（「猫ビルでのがん問答」、『「知の巨人」立花隆のすべて』）

保阪による先の『五・一五事件』は、都合二十時間にわたるインタビューを元にした労作だが、橘個人は五・一五事件に「連座」（五・一五事件の直前に橘は満州に遁走している）したものの、彼自身は塾生を煽りテロリズムに走らせたというより、軍部ファシズムの芽を摘もうと奔走していた。「昭和維新」のもう一人のイデオローグで、橘と同じくアナーキズムから農本主義に転じた権藤成卿もそうだが、彼ら本質的な非暴力の右翼革命家の思想が、テロリズムに回収されたことが、日本的「天皇制ファシズム」（丸山眞男）の難題であったのだ。

愛郷塾は社会運動体としてはコミューンに近く、茨城県農林課は当初、合理的な農業経営のモデル形態として推奨さえしていた。重要なのは、彼らの「農本主義」が、時代的な根拠を失った現在でも、そのテロリズムの根が、最悪の形で気息奄々《きそくえんえん》の日本の右翼のなかで延命していることなのである。しかも、今なお「天皇」を媒介にしてである。

繰り返し述べると、立花隆が「いとこおじ」と呼ぶ橘孝三郎の本をまとめて読むようになるのは、『文藝春秋』に東大論を連載（上・下二巻の『天皇と東大』にまとまる）していた一九九〇年代後半、「日本がどのようにして右傾化し大東亜戦争に突入していったかを調べるために右翼関係の文献を丹念に読み込んでいった」（『知の旅は終わらない』）時期に限られていた。

親族をめぐる積み残しの課題に、外堀から踏み込もうとしたのだろうか。ジャーナリストであった立花の父にも、兄にも面識のあった保阪なればこそ、立花は何かを彼に託したかったのではなかったか。彼の教養形成過程から図らずもこぼれ落ちた、いわば「知の巨人」の死角にあった社会変革の「情念」の痕跡を。

日本現代史研究の第一人者・保阪は、『立花隆　最後に語り伝えたいこと』の解説「時代に生き、万象の深部を見る」で、再びこの話題に触れている。

私が立花と最後に会ったのは（深い会話を交わしたのは、との意味になるのだが）、七年ほど前になるだろうか。立花から、ある資料を入手したのだが、その資料は自分はさほど関心がない、保阪さんの関心のあるテーマだと思うから、読んでみてくれないか、あるいは参考資料として使っていいとの連絡を受けた。橘孝三郎関連の歴史資料である。私には興味のある資料であった。初秋の午後のある時間に彼の仕事部屋を訪ねた。彼の仕事部屋を訪ねるのは、初めてのことであった。雑然とした部屋で、その資料についての私の関心を話し終えると、「ところで橘孝三郎という男はどんな人なの。実は僕はよく知らないんだ。親父の従兄になるんだろうけど、あまり接触したことがなくてね」と水を向けてきた。

実際に橘孝三郎について、ほとんど知らない、というのは会話を交わしてみて、すぐにわかった。内心で私は、立花の心情がよく理解できた。五・一五事件、右翼、テロといった言葉がすぐに重なり合う。自分の立場がそのようなイメージで理解されるのは、不本意であることに変わりはない。彼自身、ある時期までにそういう関係を口にしていなかった。

その理由を保阪は、七〇年代後半に「日本共産党研究」を手がけ、「極めて冷静な通史」を書く際に、「反共分子による反共攻撃」（同）といった揣摩《しま》憶測《おくそく》が飛び交うことを立花が意識しなかったはずはないと推測している。

橘孝三郎との血縁関係は、格好のスキャンダルの種だったのだ。立花隆の本姓が橘であることは知る人ぞ知るで、この変名に孝三郎との縁を絶ち切っておきたかったという意図が隠されていたとしても不思議ではない。保阪によると事実、共産党系のジャーナリストで、立花の親戚に右翼の大物がいるといった噂を振り撒く者がいたらしい。

「田中角栄研究」（『文藝春秋』、一九七四年十一月号）に続いて立花は、「日本共産党の研究」（初出は同誌、一九七六年一月号）に手を染める。保阪の憶測以上に、日共の攻撃は執拗だった。実質的な取材妨害だけではなく、取材班にスパイまで潜入させていたのだ（連続ロングインタビュー「ぼくはこんな風に生きてきた」聞き手・小林俊一、『「知の巨人」立花隆のすべて』参照）。

日共が立花への敵意を剝き出しにしたのは、講談社文庫版全三冊のこの「研究」で、立花隆が戦前の「リンチ共産党事件」の追及に相当なページを割いていたからだった。しかも彼は共産党がスパイと断定したリンチ殺人の犠牲者・小畑達夫への嫌疑を、誤認であったと断定的に語ったのである。

この事件には、戦後長らく共産党のトップ（書記長から議長へ）だった宮本顕治も関わっていた。そのために彼は、単なる思想犯ではなく、刑事被告人として網走監獄に終戦まで収監されていたのだ。立花隆は、宮本がGHQの肝いりで府中刑務所の非転向共産党員とともに、どさくさ紛れに釈放された経緯を暴露した上で、彼が「自分の身分をかくも長きにわたって」曖昧なままにしてきたことを、革命政党のトップとして「再審」に付したのである。▼1
加えて立花は、マルクス・レーニン主義を事実上放棄（宮本の後継者で元党中央委員会議長・不破哲三は今日まで『資本論』研究を続けている）し、非暴力主義の議会政党となった日本共産党の矛盾を鋭く指摘した。だからこそ、こうした問題提起に逆上した日共の「反共分子による反共攻撃」というレッテルは、問題のすり替えというより、戦前の党史のダークサイドを隠蔽するための工作に近かった。

▼1　リンチ共産党事件は、一九三三（昭和八）年に起きた党内部での致死事件。党幹部の宮本顕治、袴田里見らが小畑達夫、大泉兼藏（全農という共産党系農民運動の指導者で、同時期に全農の事務局にいて大泉より先に逮捕されたのが立花とも親交のあった埴谷雄高である）をスパイ容疑で尋問中に小畑が死亡、党を除名された大泉は、翌年特高に捕まり自らスパイであったことを認めた。『リンチ共産党事件」の思い出——資料袴田里見尋問・公判調書』の著者・平野謙（文芸評論家）は戦前、小畑をかくまっていたハウスキーパー（根本松江）の近所に住んでいた時期があり、二人の関係をよく承知しており後々まで彼女に未練を持っていたことが、弟子筋の中山和子の研究で明らかになっている（立花と埴谷雄高の対談集『無限の相のもとに』参照)。「ハウスキーパー」とは、小林多喜二の『党生活者』で描かれているように、非合法時代の男性党員を守るために、党から送り込まれた偽装的夫婦を強いられた女性のことである。立花隆は『日本共産党の研究　三』を、この事件に肉薄し徹底検証することで締めくくっている。第十六章「リンチ共産党事件の発端」、第十七章「査問現場の三日間」、第十八章「党壊滅と運動の終焉」、終章「負の遺産の中で」。なお、巻末の「付録（3）いわゆる宮本委員長の復権問題について」（初出『文藝春秋』一九七六年三月号）で立花は、「共産党の最高幹部が司法当局に弱みを握られたまま、そのことは当事者以外に誰も知らないという驚くべき事態が、ほとんど三十年の長きにわたってつづいたのである」と、最後の問題提起を行っている。

第十九章　評伝5

被爆都市・長崎と幻想都市・長崎

先にも触れたように、立花隆は一九五九年、東京大学文科二類に入学している。世代的には、戦後日本最大の政治決戦となった六〇年安保世代ということになる。前述のように当時、駒場の学生自治会の常任委員をしていたというから、ただのノンポリ学生ではなかった。

だが、日米安保条約改定反対に異を唱える安保反対闘争が高揚する最中の一九六〇年四月、立花はイギリスで開かれた国際学生青年核軍縮会議に日本代表として参加、帰国時には闘争は終結していた。

同年六月十五日、安保反対国会デモで東大生・樺美智子が警官隊との衝突で死亡したとき、立花はフランスからバスで国境を越え、スイスのジュネーヴに入ったところだった。そこで「東京で暴動」との新聞記事を目にしたのである（『思索紀行』）。

なぜ「運動」から離れたのか、立花はその理由に「学生運動の混乱」を挙げている。安保全学連を主導した共産主義者同盟（ブント）は解体、全学連は革マル派主導から六六年には中核派、ブント系社学同、社青同解放派の三派全学連となり、七〇年安保の時点で共産党と袂《たもと》を分かった新左翼は、「五流十三派」と言われるほどに分裂していった。ヨーロッパから帰国した立花は、六〇年安保以後の学生運動の混乱を目の当たりにして、深刻な政治不信に陥る。それが一九七〇代後半の彼の仕事につながっていくのだ。

その後、僕は七〇年代に『中核VS革マル（上・下）』（講談社文庫）や『日本共産党の研究（全三巻）』（講談社文庫）を書きましたが、あのころから日本の左翼運動をいっさい信じなくなっています。現実の政治運動の担い手を信じないし、その背景の政治理論も信じません。みんなどこか根っこのところが狂っていると思う。あの一連の本では、その〝狂い〟を書きたかったということもある。

（『知の旅は終わらない』）

六〇年代に刷り込まれた政治不信が、これらのノンフィクション作品の創造のエネルギーになっていたというのだ。原水禁運動へのコミットについても、立花は「大きな壁」にぶつかり身を引くことになる。半年に及ぶヨーロッパ旅行の経験から、国内でいくら声を上げても、核保有国にその声は届かないことに限界を感じたのだ。立花隆が再び、「原爆体験や戦争体験を引き継ぐ活動に首を突っ込む」（同）ようになるのは、七十歳を過ぎてからのことである。

『立花隆　最後に語り伝えたいこと』の「解説」で保阪正康が証言するように、「戦争体験を次代にどう語り継ぐか」は、立花隆にとって晩年の大きなテーマだった（保阪正康へのインタビュー「哲理なき現状維持」、『朝日新聞』二〇二一年十一月五日付も参照）。

原水禁運動に呼応した反核に関していうと、長崎生まれの彼は父親が北京師範学校教諭（後に北京一中副校長）に赴任したことで被曝を免れたが、終生「原爆」問題に無関心ではいられなかった。晩年の再三にわたる長崎詣《もう》でが、その事実を物語っている（『立花隆　長崎を語る』参照）。

ただそれ以前に、彼が筋金入りの文学青年だったことは見逃せない。茨城大学教育学部付属愛宕中学校三年のときの作文、「僕の読書を顧みる」（茨城大学教育学部附属愛宕小中学校『さくら』・九五六年第三十六号、『ぼくはこんな本を読んできた』所収）によると、すでに彼は夏目漱石からシェイクスピア、森鷗外からスウィフトまで満遍なく読みつくしている。

まず僕が読書好きになったのは、環境の影響が大きいと思う。僕の父も母も文化系の人で文学を好んでいるし、それに加えて父の仕事が出版関係なので、自然に僕も本に多く接するようになった。

（『ぼくはこんな本を読んできた』）

そして彼は、小学校入学前から坪田譲治、小川未明、グリム、アンデルセンなどの童話（絵本ではない）に始まり、マーク・トゥエイン、デフォー、メーテルリンク、バーネット、ストウ夫人、スティーブンスンと正統派文学少年の必読書を渉猟、小学校卒業までに図書館にあった『世界文学全集』（河出書房）を読み尽くす早熟ぶりを示している。

そして水戸一高に進学すると、不意打ちのように教科書で出会った立原道造の詩に魂を揺さぶられる。その影響でこの多感な時期に立花は、詩を書き始めるようになる。立原だけでなく、彼は同郷の茨城出身で明治・大正期に活躍した前衛キリスト詩人・山村暮鳥の『聖三稜玻璃』（「いちめんのなのはな」を二十四行連ねた「風景――純銀もざいく」が有名）まで読破しているのだから、筋金入りの文学青年と言うしかない。

三歳年下の妹・直代と同級生で、水戸での幼なじみの作曲家・池辺晋一郎は、東大時代に「文学研究会」に所属して詩や小説を発表していた立花（愛称・ちっちゃん）が、『駒場文学』に発表した「うたげ」という前衛詩に十二音技法で書いた曲（ピアノ伴奏の歌曲）をつけ、初演までした仲だった（「語る　人生の贈りもの　池辺晋一郎③」、『朝日新聞』二〇二一年十一月四日）。立花の死後、池辺は遺族の了解を得てその詩を公開している（「橘隆志が生きた時間」、『ユリイカ』二〇二一年九月号）。その前半部を引用しよう。

うたげ　Adagio Legato

脳髄
に
張りめぐらされた

ほそい
しろい
糸に
しずかに
しずかに
赤い蜘蛛たちが
反芻
するのは男
の顔が
ひとつ
ふたつ
唾液に
キラキラ
輝いて
ぬれたむきみが
しろいあわ
をふいている

池辺は立花が東大駒場寮時代に書いたこの不気味にエロティックな現代詩を、次のように分析する。

若い橘の青さというか気負いというか、ある種のダンディズムが感じられることは言うを俟《ま》たないが、ひと言で言えばシュルレアリスムふうと言っていいだろうか。たくさんの詩人たちの影が差している――アンドレ・ブルトン、ポール・エリュアール、ルネ・シャール、トリスタン・ツァラ、アントナン・アルトー、西脇順三郎、大手拓次、村山槐多、そして朔太郎も中也も……。

詩作に与えた直接的な影響関係とは別に、立花にとって二十四歳の若さで夭逝した立原道造との出会いは決定的だった。高校一年の時に国語の教科書で『萱草《わすれぐさ》に寄す』を読み「電撃的なショックを受けた」（『知の旅は終わらない』）立花には、未刊に終わった『立原道造《最後の旅　盛岡から長崎へ》』の構想があった。

二〇一五年三月、立原道造を偲《しの》ぶ「風信子忌」で、「没後世代にとっての立原道造」と題して講演（『軽井沢高原文庫通信』第九十六号に収録）した立花隆は、そこで高校一年の国語の教科書で出会った立原の詩に、「それまで全く知らなかった日本語がそこに出てくること」に「最初のショックを受けた」と語っている。

彼はその時、詩人になろうと思ったと言うほど、その詩的言語に決定的な影響を受けたのである。立花に与えたショック、「全く知らなかった日本語」とは、では何だったか。おそらく、果たされなかった彼の立原論が、その「死の影」を孕《はら》んだ詩的言語、および随筆、ノートに残された豊穣な世界に分け入っていっただろうことは確からしく思われる。
高校から大学にかけて、失恋により何度か自殺を考えたという立花（『死はこわくない』）は、カミュの「真に重大な哲学上の問題はひとつしかない。自殺ということだ」（『シーシュポスの神話』）という言葉に震撼させられていた。その彼が若き日に、立原の「はじめてのものに」（『萱草に寄す』）などの詩に電撃的なショックを受けたのである。

ささやかな地異《ちい》は　そのかたみに
灰を降らした　この村に　ひとしきり
灰はかなしい追憶のやうに　音立てて
樹木の梢に　家々の屋根に　降りしきつた

その夜　月は明かつたが　私はひとと
窓に凭《もた》れて語りあつた（その窓からは山の姿が見えた）
部屋の隅々に　峡谷のやうに　光と
よくひびく笑ひ聲が溢れてゐた

——人の心を知ることは……人の心とは……
私は　そのひとが蛾を追ふ手つきを　あれは蛾を
把へようとするのだらうか　何かいぶかしかつた

いかな日にみねに灰の煙の立ち初《そ》めたか
火の山の物語と……また幾夜さかは　果して夢に
その夜習つたエリーザベトの物語を織つた

「地異」は浅間山の爆発を指し、「エリーザベト」はテオドール・シュトルムの小説『みずうみ』のヒロインで、主人公ラインハルトの悲恋の相手。立原はたまたま巡り会った少女（「そのひと」）を、彼女になぞらえたのだ。この詩を引きながら立花は、先の講演で「日本語世界と日本語パワーの世界」を感受したと語っている。立花隆十五歳、茨城県立水戸一高の一年生の記憶である。だが彼は、立原の本領がその詩的言語以上に盛岡や長崎をめぐる紀行文などの「手記」、そこに発揮された「凄まじい世界」の「物語」性にあったと語り、果たされなかった立原論の方向性を絞り込んでいる。一九三八（昭和十三）年の立原の長崎への旅は、まさに死の直接的な引き金になった。

一九三七（昭和十二）年、東京帝国大学工学部建築学科（一年後輩に丹下健三がいた）を卒業した立原道造は、石本建築事務所に就職、そこのタイピストだった水戸部アサイとの恋に陥る。立花隆が「凄まじい世界」という「長崎ノート　昭和十三年十一月　十二月」（『立原道造全集　第四巻』所収）は、その恋人から逃れるように、しかも職場放棄同然に奈良、京都を経て山陰線で下関まで出、博多、佐賀を通過してたどり着く長旅の記録だ。不思議なのは、立原がそこで（小説を書こうとしての）「ひとりぐらし」を夢想していることだ。

結局、この旅は立原を死に誘う無謀な自殺行為に終わる。「長崎ノート」が立花を魅了したのは、おそらく「どこへ行つても僕は旅にゐるやうな気がしない。そしてどこへ行つても自分の家はどこかとほくにしかないやうにおもはれる」と書き記された、立原道造の一所不在の魂の彷徨だったろう。

立原道造が、「長いこと夢想してゐた」長崎での生活は始まることなく、「南方がまだ僕に熟してゐなかつたので、僕は南方に拒絶された」という思いを残し、喀血後の重い病を押しての帰京を余儀なくされる。

一九九八年十月、東京大学工学部建築学科製図室で行われた鈴木博之（東京大学教授）との対談、「立原道造の建築と文学」（『国文学　解釈と鑑賞』別冊『立原道造』、二〇〇一年五月）で立花隆は、二十四歳の若さで逝ったこの夭折詩人の「一番最後の十四行詩」の一部を引いている。

南国の空青けれど
涙あふれて　やまず
道なかばにして　道を失ひしとき

ふるさと　とほく　あらわれぬ　　　　（「南国の空青けれど」）

立原にとっての幻想都市・長崎は、立花隆の幻の生まれ故郷（二歳になる前に北京に移住）でもあったのだ。立原の感化で詩人になろうとした彼は、東京大学文科二類に進学し、周囲の影響もあって立原的抒情世界から徐々に離脱、文学サークルでの活動と並行して陸上競技部の選手としても活躍、さらに原水禁運動にコミット、六〇年安保闘争ではノンセクトで政治的な活動も行っている。軟弱な文学青年では全くなかったわけだ。

ところで池辺晋一郎の立花との因縁は、先の一件だけにとどまらなかった。香月泰男や武満徹に関する仕事が、「『駒場文学』のころの彼を僕に想起させてくれた」と語る池辺は一時期、武満徹のアシスタントを務め、立花が出演した香月泰男をめぐるＮＨＫのドキュメンタリー番組では自ら音楽を担当している。

第二十章　評伝6　フィクションからノンフィクションへ

詩との訣別（歌の別れ）の後にも立花隆は文学から離れることはできなかった。同じ東大仏文科の四年先輩には、学生時代に芥川賞作家となった後のノーベル賞受賞作家・大江健三郎という突出した先行者がいた。立花がこのスター作家を意識しないはずはなかった。文藝春秋に就職するまで、大江にあやかり、在学中にもの書きになって食えるようになることを本気で夢見ていたらしい（「『橘隆志』が『立花隆』になるまで」、『「知の巨人」立花隆のすべて』参照）。

文武両道の水戸っぽの裔《すえ》らしく、立花は中高時代はハイジャンプ（中三で全国二位）と三段跳びの選手として活躍、東大入学後は、東大新聞の懸賞小説で銀杏並木賞の佳作にまでなった。大江が東大銀杏並木賞二席となったのは、二十歳の年の一九五五年（立花は高一）の「火山」という作品によってである。二年後に彼は、「奇妙な仕事」で五月祭賞を受賞（荒正人選）、『東京大学新聞』に掲載されたこの作品が、『毎日新聞』で文芸時評を担当していた平野謙の目にとまり、一躍学生作家として注目され、卒業の前年の一九五八年に「飼育」で芥川賞を獲得する。立花隆は、この年まだ高校三年生だった。ともかく立花には、大江コンプレックスというより、自分は作家になりそこねた人間だという意識が、消えがたくあった。では、立花隆のフィクションからノンフィクションへの転位は、どのようにして訪れたのか。

「小説が面白くないというより、ノンフィクションを読んで、小説よりもっと面白い世界があるということがわかった」（『ぼくはこんな本を読んできた』）、と彼は語る。そのきっかけは、就職後に出会った全五十巻の『世界ノンフィクション全集』（筑摩書房）だった。

それまで文学は高級で、ノンフィクションは低級と頭の中で勝手に区分けしていたんですが、良質のノンフィクションの持つ圧倒的な迫力に、認識を完全にあらためました。（同）

ただし、「文学を経ないで精神形成をした人は、どうしても物の見方が浅い」とも彼は語っている。つまり文学というのは、世界を表面だけではなく多面的に見せるもので、さらに読書を通じての文学体験によって、イマジネーションが培われることを強調している。例えば取材の際に、相手の過去の経験で、「彼が何をまだ喋っていないか」に気がつく能力、それがイマジネーションなのだと（同）。

そのように彼は、尋常ではない読書の積み重ねにより、他の追随を許さぬ「聞く耳」を養ってきたのだ。ノンフィクション作家になる以前の、フィクション（虚構世界）への沈潜とそこからの離脱、橘隆志から立花隆への変成には、「自分史」にかかわるこうした物語があった。

　またそこには、ある「挫折」の経験が絡んでもいた。立花には未刊に終わった小説の草稿が、原稿用紙で千枚以上あるという。そして、草稿段階から完成品にたどり着くには、そのギャップを飛びこえる「猛烈なエネルギー」が不可欠だと立花は、ある感慨を込めて語っている（『ぼくの血となり肉となった五〇〇冊そして血にも肉にもならなかった一〇〇冊』）。このエネルギーこそが、作家の「才能」なのだと。

　ノンフィクション作家になる以前の立花の挫折体験、すなわち小説家失格の見極めは、「自分にはフィクション・ライターとして十分な才能がないことに気づいた」[▼1]という覚醒とともにあった。ただその後も、同じ東大仏文科卒の先輩・大江健三郎へのリスペクトは変わらず（大江以後の現代作家には見向きもしなかった）、二人は一九九一年、「世界はどこへ行くのか」と題して対談、翌年一月一日には、NHKで『21世紀への対話――大江健三郎VS立花隆』を放映、個人的にも親交があり一九九六年の東京大学夏学期の講義では大江を招きインタビューを行った他、数多くの書簡が交わされている（『立花隆　最後に語り伝えたいこと』参照）。

　さらに特筆すべきは、『武満徹・音楽創造への旅』の連載を中断して書き継がれた「イーヨーと大江光の間」（『文學界』一九九四年十二月号から三回連載）だろう。これは立花が東京・成城の大江宅での周到なインタビューに基づき、作家・大江健三郎と大江作品、そして作中人物「イーヨー」こと大江光三者の相互関係を徹底的に洗い出したもの。大江はここで初めて光誕生の翌年、一九六四年の作品「空の怪物アグイー」および『個人的体験』当時の心の揺れ（「脳に障害がある赤ん坊を生かすべきか死なすべきかという問題」）を、作品に即して語っている。

中でも圧巻は、光がイーヨー（家での愛称はプーちゃん）という幼児名を拒否、「光さん」と呼ばれることを求める『新しい人よ眼ざめよ』（一九八三年）の「転換点」の意味を浮き彫りにしたことである。これは立花のこだわる、フィクションとノンフィクションをめぐる微妙な関係に切り込んだもので、立花は光の発語の瞬間（北軽井沢での「クイナです」）から、「光はぼくの一部ではなくなって、ぼくとは別の一人のヒトになったわけです」という大江の言葉を引き出している。

さらに、それまで「表現力を持たない光に変わって表現してやっている」という作家・大江健三郎の代行機能は、光の曲を聞き「光の心の中にあんな深い悲しみが宿っていた」ことを知り、「ぼくがこの人を何かにつけて支配してきたことは間違いだった」と気づくのである。NHKスペシャル『響きあう父と子　大江健三郎と光の30年』（一九九四年九月八日放映）により補っておくと、それは大江光の最初の手術を担当した主治医・日大板橋病院の森安信雄の死を受け止めて作曲された「Mのレクイエム」によって、作家が息子の心の中に「悲しみ」の感情と呼べるものがあることを、初めて受け止めたことによってであった。大江光は森安の死のショックで、大きな発作に見舞われた。「Mのレクイエム」は、そこから回復した光の渾身の表現だったのだ。

いずれにせよ立花隆は、フィクションの世界から決別した後も、ノーベル賞作家・大江健三郎の読者であり続けたわけである。大江光を介してフィクションとノンフィクションの裂け目を凝視するように。

もう一つ過去に遡って大学時代、欧米文学に関して「当時日本で一〇〇人以内の読み手に入る」と自負するほどの立花のフィクション離れを促したのは、「文学者の想像力というのは、生きた現実に比して、いかに貧困か」(「〈人類の知の総体〉への挑戦」、『ぼくはこんな本を読んできた』所収)という根強い不信感によるものだった。『思考の技術』(一九七一年)では、早くも次のような現代小説批判が展開されている。

現代小説における〝意識の流れ〟手法は、文学における位相数学のようなものだが、この手法の追求の果ては、ちょうど純粋数学が、純粋数学者の間にしか理解者を獲得できないところにきてしまったのと同じように、文学マニアの間にしか読者を得られないところまできてしまっているようだ。

結局、小説がフィクションでしかありえないのは、それが現実を読者に理解可能な次元にまで投影しなければならないというところにある。

ここから立花は、自然科学もまた自然のモデル化という「投影操作」を不可欠とする以上、一種のフィクションでしかないことに言い及ぶ。彼が警告するのは、そこでフィクションと現実の価値を転倒させてしまうことであった。

文明の中に生きる人間は、いつのまにかフィクションの中に生きることに慣れきってしまって、現実を畏怖することを忘れてしまっている。

（同）

フィクションからノンフィクション世界への関心の移行、さらに取材活動を行うようになってからの「生きた現実」、「眼の前のリアルなナマの現実のすさまじさ」（『ぼくはこんな本を読んできた』）に直に接するようになるにつれ、立花の立ち位置は大きく変わる。深々と肩入れした過去を振り払うように、彼は「貧困な想像力の産物たるフィクションなぞ、全くものの数ではない」（同）などという極論を口走るまでになる。極端な転換ではあるが、結果的に虚構世界そのものからの離脱、決別が、全包囲的な「万能知識人《ゼネラリスト》」立花隆の誕生を促したのだ。

それによって、彼の読書歴から脱落したものも少なくなかった。おそらく立花は、ソルジェニーツィンにもガルシア＝マルケスにも見向きもせず、『火山島』（全七巻、金石範）も、『神聖喜劇』（全五巻、大西巨人）も未読であるに違いなかった。彼らの〝偉業〟が、「貧困な想像力の産物」などとは言えるはずもないのだが。

ところで彼は具体的な契機によって、フィクション（文学）＝高級、ノンフィクション＝低級という、かつての先入観を根柢から覆させる画期的シーンに遭遇している。一九七〇年代前半、アメリカにおける「ニュージャーナリズム」の台頭がそれである。

その先駆的役割を果たしたのが、一九五九年に米カンザス州の寒村で起きた農場主一家四人が惨殺された事件に衝撃を受け、犯人へのインタビューに始まり処刑にまで立ち会うなど、六年に及ぶ徹底した取材で肉薄したトルーマン・カポーティ（『ティファニーで朝食を』の原作者としても知られる）のノンフィクション小説『冷血』（一九六五年）だった。

その後、この作品にインスパイアされたゲイ・タリーズのマフィアもの『汝の父を敬え』がベストセラーとなり、日本では佐木隆三の直木賞受賞作『復讐するは我にあり』が、ニュージャーナリズムの手法に近く注目された。ただ、方法論的な影響という意味では、安保闘争後の一九六〇年十月、当時の社会党浅沼委員長が党大会で演説中に、十七歳の少年に刺殺された事件をめぐる『テロルの決算』など、沢木耕太郎の諸作品を避けて通ることはできない。

武田徹は『日本ノンフィクション史』で、トム・ウルフの「ニュー・ジャーナリズム論」を引いて、小説家たちがあっさり背を向け、それを書くことを諦めた一九六〇年代の風俗とモラルに先鋭化される「激動の社会状況」を、「近代小説の文体を手に入れたニュー・ジャーナリズム」が、ディテールにいたるまで描き込むことを可能にした経緯を語っている。もっともそれによって失ったものもあったことを、武田はここで指摘しているのだが。

その盲点は、小説のような「三人称の物語」として出来事を書けるようになったことで、「語り手＝私」を経由しない「神の視点」を手にした書き手が、取材源を離れて「物語化への誘惑」という罠にはまり込むことだ。虚構世界を描く小説＝フィクションの衰退を尻目に、ニュージャーナリズムが手にした「武器としての三人称」は、諸刃の剣でもあったのだ。「虚構への誘惑」（沢木耕太郎）を体験したノンフィクションの盲点がそこにあった。

同じく武田徹は、「2022年回顧　ノンフィクション」（『週刊読書人』十二月二十三日号）で、大宅壮一ノンフィクション賞、講談社本田靖春ノンフィクション賞、新潮ドキュメント賞、ミズノスポーツライター賞の四賞を受賞した鈴木忠平の『嫌われた監督——落合博満は中日をどう変えたのか』に、興味深いコメントを寄せている。それによると、かつてルポルタージュと呼ばれた「長文の事実報告」は、立花隆と沢木耕太郎の二人の登場によって、ノンフィクションと呼ばれるようになった。

『嫌われた監督』は、登場人物たちが三人称で登場するニュージャーナリズムの文体と、沢木が「私ノンフィクション」と命名した、著者自身が「私」として登場する二つのスタイルを使い分けたところに特徴がある。武田は本作を、「沢木が切り開いた物語志向ノンフィクションの流れを受け継ぐ傑作」と評価、これに対して「人間とは」、「戦後日本とは」という「大文字のテーマ」を追い続けたノンフィクションの系譜は、立花に続きこの年、佐野眞一が逝ったことで、ひとまずピリオドが打たれたと総括する。

かつて三十八歳の立花隆が、『ジャーナリズムを考える旅』（一九七八年）でインタビューしたのは、アメリカの選良中の選良を集めたJ・F・ケネディ政権と、それを継いだリンドン・ジョンソン政権が、ベトナム戦争を泥沼化させ、敗北に至るまでを執拗に炙り出した『ベスト&ブライテスト』の作者デイビッド・ハルバースタムだ。立花はこの作品を、次のように絶賛する。

「その筆致は、まことに驚嘆に値する。我々の常識では、想像力を用いることによってしか、フィクションという体裁をとることによってしかこれまで描きえないと思われていた権力深奥部での人間ドラマが、レッグ・ワーク（足による取材）の精緻な積み重ねによって、いかなるフィクションも及ばぬほど生き生きと描かれているのである」（同書所収「ニュージャーナリズムについて語ろう」)

これに続けて彼は、フィクションからノンフィクションに転じた自らの履歴の秘密を解き明かすように、次のように語る。

私はこの作品を文学(literature)と呼ぶことに躊躇しない。書きことばによる芸術すなわち文学は、小説というジャンルにおいて十九世紀に偉大な作家たちを輩出せしめて、その頂点を一旦きわめた。十九世紀文学=小説は、時代とその時代の生の総体をとらえることに成功したという点において、時代のマクロ芸術たりえた。しかし二十世紀の文学は、方法論の喪失によって、時代の、あるいは時代の生の断片をとらえることしかできず、あるいはそれをもってよしとすることによって、時代のミクロ芸術の座に安住し、その活力を失い、ついには好事家たちのインナー・サークル芸術にまで堕しつつあったというのが、現代文学の置かれていた状況だろう。

ニュージャーナリズムの勃興は、それ自体が、現代文学(小説)というジャンルの凋落と裏腹な関係にあったのだ。立花の文学批判は、かなり辛辣である。従来、「文学の辺境」の地位に置かれていたノンフィクションの新局面が、文学の復権を促すという逆説。それによって、ニュージャーナリズム(ノンフィクション小説)が、時代の総体をとらえ得る「マクロ芸術」の座を奪還しつつあるというのが、『ベスト&ブライテスト』の衝撃に接しての立花の診断であった。

ジャーナリズムの方法論と、文学の志を合わせ持つこの作品をめぐっては、「ギリシア悲劇」になぞらえる論評（『タイム』）や、『イーリアス』、『オデュッセイア』を例に「アメリカ帝国」の壮大な叙事詩といった賛辞を送る向き（『ボストン・グローブ』）、あるいはローマ皇帝年代記を持ち出すメディア（『ワシントン・ポスト』）まで現れた。

その一々を紹介しつつ、立花はそこに投じられた途方もない「レッグ・ワーク（足による取材）」の意義を特筆する。そして、ギリシア悲劇も叙事詩もローマ皇帝年代記も、それらはみな当時のジャーナリズムだったことを改めて喚起する。十九世紀なら、トルストイの『戦争と平和』も、そうした系譜上にあるのだと（ならばその優れて二十世紀的な特例として、ソルジェニーツィンの『収容所群島』は避けて通るわけにはいくまい）。

現代においてジャーナリズムがカバーしている分野は、近代ジャーナリズムの誕生以前は、広義の文学がカバーしていた。それがジャーナリズムの勃興とともに、徐々に文学とジャーナリズムに分化していった。

（『ジャーナリズムを考える旅』、ハルバースタムとの対談より）

そして結果的に、文学は主要な資産の一つであったジャーナリスティックな部分を失うことになったというのが、立花の見立てである。それによる活力の低下を尻目に、ニュージャーナリズムという形で、広義の文学の世界にジャーナリズムが復権してきた。これが現代における文化、文学情勢をめぐる最大の逆説である。

ハルバースタムが立花のインタビューで同調したように、「現代文学が一つの隘路に入ってしまった」状況の中で、ニュージャーナリズムは必然的に、「新しいフロンティア」として注目されるに至ったのだ。

▼1 『大江健三郎小説』(全十巻、一九九六〜九七年)の宣伝パンフレットに、立花は次の一文を寄せている。「『ぼくはもっと魂のことをしたいと思います』という、大江健三郎の小説の主人公のセリフが、心の中によみがえってくることがときどきある。それは、この世界のありように絶望を感じているときであり、自分の生き方に疑問を感じているときでもある。最近その頻度が以前より多くなっているような気がする。そういうとき、何もかも仕事をおっぽり出して、しばらく大江健三郎を読むことに熱中したいと思う。真剣に大江健三郎を読むということは、確実に『魂のことをする』ことになると知っているからだ」

第二十一章　評伝7　田中角栄との二十年――金脈問題からロッキード裁判まで

一九七四年、「田中角栄研究」（『文藝春秋』十一月号）による立花隆の出現が、一つの「事件」だったのは、圧倒的な「レッグ・ワーク（足による取材）」とCIA並の徹底したオープンソース・インテリジェンス（公開情報）の積み上げにより、彼が日本のノンフィクションというジャンルを、時代の総体を映し出す鏡として、鮮烈に告知したからだ。田中角栄という戦後的な、余りに戦後的な政治的怪物を相手取って。

『文藝春秋』の記事を外国特派員協会が取り上げたことで、田中金脈追及は燎原の火のようにマスコミから国会にまで波及（自民党総務会は発売直後の同年十月、この問題を議題にした）していった。一九七二年七月の田中内閣誕生時に、彼を「今太閤」と持ち上げた報道各社は、こぞって立花隆の後塵を拝したのである。

立花隆の田中角栄との格闘は、公的職権乱用の疑いの濃い信濃川河川敷問題など、一連の金脈追及にとどまらなかった。二年後の一九七六年に発覚したロッキード事件で、田中が逮捕（同年七月、五億円受領の疑いによる受託収賄罪と外為法違反容疑。田中の死後、一九九五年に最高裁で有罪が確定）されたことにより、その後の公判を全て傍聴した立花は、一九九三年に田中が七十五歳で死去するまで、足かけ二十年にわたりこの政界のドンに関わることになるのだ。

立花の「田中角栄研究」は、大きく二つのパートからなっている。前半は田中の金脈追及であり、後半はロッキード事件にかかわるものだ。その主舞台を用意したのは、言うまでもなく文藝春秋である。だが一九七六年、立花隆三十六歳の年に刊行された『田中角栄研究——全記録　上　金脈追及・執念の五〇〇日』、『田中角栄研究——全記録　下　ロッキード事件から田中逮捕まで』の版元は、いずれも講談社だった。どこからか圧力が加わったとしか考えられないが、文春の当時の編集局長の最終判断で、同社からの出版を見送ることになったのである。六十八回にわたる「ロッキード裁判傍聴記」も、『朝日ジャーナル』に連載されている。単行本は一九八一年から八五年まで全四巻、朝日新聞社から刊行された。

ロッキード裁判が決着した後も立花の執念は一向に衰えることがなく、二〇〇二年には副産物のような『「田中真紀子」研究』を上梓している。これがまたすこぶる面白い。ファザコンの一人娘・田中真紀子と、旧田中派を乗っ取った竹下登との権力闘争、田中事務所の金庫番で「越山会の女王」と呼ばれた佐藤昭（のちに昭子）や早坂茂三秘書との死闘が、臨場感溢れる談話と筆致で照らし出されているのだ。立花自身の説明では、この本は田中真紀子という政治家についての「研究」ではなく、「田中真紀子を通して見た現代日本政治における『角栄遺伝子』問題研究」（『知の旅は終わらない』）を主眼としたものだった。

同書には竹下登が一九八五年に「創政会」を立ち上げ、田中角栄が脳梗塞で倒れるまでの二十日間の、田中の「破滅的なアルコールへの傾斜」が克明に描き出されており、竹下に田中派を事実上乗っ取られた（最終的に竹下に付かなかったのは、二階堂進、山下元利、保岡興治ら同派の一割前後にすぎなかった）角栄の極度のストレスと自滅への道が浮き彫りにされる。立花隆の「田中角栄研究」を第一の矢とすると、ロッキード事件の発覚が二の矢、そして竹下登が引き金を引いた田中派の瓦解が三の矢ということになる。

一九九四年の田中角栄逝去直後の総括、「田中角栄と私の二十年」（『立花隆の同時代ノート』所収）では、最終的に権力闘争に敗れた田中を、「アリーナで剣を取って戦う剣闘士」に見立て、文化人類学者フレイザーの『金枝篇』を引いて、佐藤栄作から田中角栄、竹下登、小沢一郎という自民党最高権力者の系譜を「王殺し」の手口になぞらえている。そして田中の失政の原因を、彼が「本質的に治者ではなく戦士だったから」と分析する。立花は田中の死後も執拗に、その権力操作の手法を学んだ愛弟子・小沢一郎を批判し続けた。紛れもなく彼が、「角栄の遺伝子を引き継ぐ最後の生き残り」（『知の旅は終わらない』）と見定めてのことである。

『同時代ノート』第Ⅲ部「小沢一郎批判」は、言わば「田中角栄研究」のもう一つの副産物であった。「最後の田中派」にして、田中が政治的表舞台を去った後、闇将軍としての「政治教育」を受けた小沢の「人間的欠陥」にまで及ぶあたりは、田中角栄が立花に及ぼした呪縛作用を想起させるほど非情そのものだ。親族から弟子筋にまで及ぶ緩まぬ追及、この執念の持続はだが立花を、深く疲弊させずにはおかなかったはずだ。

立花は後に文春の元同僚社員に、「角栄とロッキードにものすごく時間をとられた。あれさえなければ、サイエンスの方にももっとジャンルを広げて取材ができたのに」と後悔の念を述べている（『週刊文春』二〇二一年七月八日号）。「田中角栄と私の二十年」でも、「ある時期まで、私は自分の著作目録をながめるのが悲しかった。その半分を占めるのが、田中・ロッキード関係だった」と書き記している。だがその二十年は、立花個人にとってはもとより、戦後日本のジャーナリズム総体にとって、決して無駄ではなかったはずだ。

田中角栄を震撼させた立花ら取材スタッフの「レッグ・ワーク」（「田中角栄研究」に関しては取材記者を動員したグループ・ワークで、月刊『文藝春秋』はじまって以来という金と人を動員）の精華は、「調査報道の金字塔」であるばかりでなく、ペンは剣（＝権力）よりも強しを、政権崩壊の引き金になることで証明したからである。

動員されたデータマンたちは、記事の全体像が分からないまま足と電話で田中金脈の牙城に迫った。担当編集者だった文藝春秋の斎藤禎《ただし》は、原稿用紙の裏に立花が書き散らしたパズルのような田中金脈の解剖図が、まるでミステリーの謎解きのように活字化される場面に立ち会わされる思いだったと言う。後に弁護士となったデータマン安福謙二も、立花を評して「異次元の人」と語っている（NHK『アナザーストーリーズ　運命の分岐点　立花隆vs.田中角栄』二〇二一年二月八日参照）。

折しも「田中角栄研究」の第一弾が発表された『文藝春秋』一九七四年十一月号には、児玉隆也の「淋しき越山会の女王〈もう一つの田中角栄論〉」が同時掲載され、結果的に反田中キャンペーンの援護射撃になった。というより、当初、田中の周辺は児玉の記事の方に神経を尖らせていた模様だ。当時の首相秘書官・小長啓一の証言によると、立花の「田中角栄研究」に関しては、「目新しい話はない」と高をくくっていた節がある（「田中角栄と私の二十年」）。

周囲のマスコミ各社の反応も、基本的に同様であった。ところが雑誌発売後二週間足らずして行われた、外国特派員協会（場所はマッカーサー時代の宿泊施設）での首相会見で、質問が金脈問題に終始し、会見が途中で打ち切られるという異例の事態を招いた。しかもそれが海外に打電されて、ダメージの大きかったはずの「越山会の女王」問題は、後景に退く結果となったのだ。三十七歳の児玉は翌年がんに斃れ、三十四歳の立花はマスコミの寵児となる。二弾の「文春砲」は、二人のジャーナリストにとっても、運命の分岐点となった出世作だったのだ。

実はこの二人、田中問題にコミットしたのは初めてではなかった。『女性自身』の編集長代理からフリーランスに転じた児玉隆也は、記事にはできなかったものの、すでに同誌で田中角栄との間に二子をもうけた元神楽坂芸者・辻和子を密かに追っていた。また、一九七二年に退社し、越山会の女王・佐藤昭についての右の記事を書く二年前に、月刊『現代』で、「昭和太閤記」の第三回として、「角栄、天下平定後の武将地図」（一九七二年九月号）を発表していた。児玉は田中事務所の金庫番にして愛人（二人の間には娘が一人いる）の佐藤昭の正体に迫った直後の一九七五年、三十八歳の若さで肺がんにより急逝している。

一方、立花隆に「田中角栄と金」というテーマを最初に振ったのも、同じ講談社の『週刊現代』で、それは一九七四年の参議院選直後のことだった。同誌八月二十二日号に寄稿した立花の記事のタイトルは、「意外!!田中首相が三福に完勝した七月政変の内幕」。参院選は七議席差の与野党伯仲を招き、自民党の惨敗に終わった。直後に金権選挙が問題化したため田中の政治姿勢を批判して、三木武夫副総理、福田赳夫蔵相が相次いで辞任する事態を招いた。

立花の記事の書き出しは、「自民党は危うし、されど田中は強し」で、資金力に物を言わせて実弾をばらまいた田中が、とりあえず党内の不協和音を抑えることに成功したという趣旨（塩田潮『田中角栄失脚』参照）。基調としては七月政局に限定されたもので、田中金権政治の全体像を捉えたものではなかった。

アンカーマンの立花隆は、何回か書く予定の記事が単発に終わったことを不本意とし、『文藝春秋』田中健五編集長（当時、後に社長）直々のお声掛かりで、田中金脈の全貌に迫る企画がスタートしたとき、実は角栄をめぐる金の出入りについて、かなりの量に達した『週刊現代』のデータを読み込んでいた。この事前のデータ・ストックが、執筆の後押しをしたのだ。その中には、田中派政治団体へ献金した企業の数年間にわたる一覧表が載った『国政通信』などというミニコミ誌もあった。

立花を支えた取材スタッフ（日当七千円から一万円のデータマン）も、後のノンフィクション作家・小林峻一など錚々《そうそう》たるメンバーを揃えた。七、八人からスタートした取材班は、企画の進行とともに増員され、最終的には二十人というかつてない大チームに膨れあがり、締め切りが近づくと文字通り総勢不眠不休の極限状況でデータを揃え、アンカーマン立花の登場を待った。

いまから考えても、よくみんなあれだけ働けたと思えるほど、超人的に働いた。取材に当る人は、朝から夕方まで取材し、その結果を整理していると、夜の十時、十一時になってしまう。私は毎日昼すぎに起きだし、資料の分析・整理係と仕事をすると共に、取材に出ている人たちから次々に入る電話に応えて、指示を出す。夜は、その日の成果の報告を受けて、それを全体の関連の中で位置づけ、翌日の行動予定をたて、メモに残して寝る。寝る時間はだいたい朝になってからだった。（中略）毎日がこのくり返しであった。そして〆切日近くなると、全員が徹夜態勢に入った。最後の二日ほどは、疲労と睡眠不足で土気色の顔で、目玉ばかりギョロつかせ、お互いに口をきく元気もなく、倒れる寸前だった。

（立花隆「『田中角栄研究』の内幕」、『文藝春秋』一九七五年新年特別号「特集　田中角栄退陣」）

立花本人も最後の二晩は、数分間居眠りしただけで書き続けた。〆切りの迫った朝方には、腕が全く動かず記者の一人に口述筆記をしてもらう状態。最後は三晩目の夜を印刷所で迎えて奇跡的にフィニッシュに持ち込んだ。この結果が、田中退陣を導く未曾有の「文春事件」となるのである。原稿を読んだ田中健五編集長は、「これは連合艦隊出動みたいな感じだね」（同）と息を吞んだという。

一カ月の取材の結果、田中角栄関連の人名録が出来上がり、登記簿のコピー等から、田中ファミリーとユーレイ企業の歴史を組み合わせた畳一畳分にもなる一覧表が自ずと完成した。もっとも立花による一連の田中角栄へのコミットが、「研究」（タイトルは田中健五編集長が付けた）の名に値するかについては議論の余地がないわけではない。そもそも「研究」とは、『古代研究』（折口信夫）や『日本政治思想史研究』（丸山眞男）など、学者の長年の研究活動の集大成の著作に冠せられるタイトルであって、ノンフィクション作品に「研究」の字を当てること自体への疑問があって当然である。

第二十二章　ノンフィクションとしての「研究」

フィクションの世界では、今日出海（初代文化庁長官）の小説「三木清における人間の研究」（『新潮』一九五〇年二月号）がある。これは、『パスカルに於ける人間の研究』の著者・三木清の戦時期マニラでの素行、嫉妬心から尾崎士郎を陥れようとした権謀術数などを、同じ陸軍報道局の一員としてスキャンダラスに暴き立てたもので、作者は後年、大西巨人によってその下心を、「俗情との結託」として批判された。

ノンフィクションというジャンルが、「俗情」と無縁であることはほとんど不可能だが、立花隆の「研究」が果たしてその防波堤（スキャンダル・ジャーナリズムの「俗情」に対しての）の役割を果たしていたかは、微妙な問題である。歴史社会学の鈴木洋仁は、「『田中角栄研究』以前以後――『政治家研究』とはなにか」（『ユリイカ』二〇二一年九月号）で、次のような問題提起を行っている。一連の「研究」の結果、「ジャーナリズムによって権力者をその座から引きずりおろせる、おろすべきだ、おろさなければならない、といった、ゆきすぎた期待」がはびこるようになったと。

鈴木はそれを、「立花隆幻想」と呼ぶのだが、「その幻想は、だれよりも立花隆その人が取り憑かれたものだった」としたら、事態はノンフィクション、とりわけ権力者弾劾の期待の地平という「俗情」との結託にも関わる以上、深刻と言わねばならない。その意味で本論考の最後に鈴木が、立花の元秘書（一九九三〜九八年）・佐々木千賀子の、「立花隆という一人の人間がリアルに感じられるものが読みたい」（『立花隆秘書日記』）というかなえられなかった願いを引いているのは示唆的である。

同書の「さいごに」で、佐々木は立花隆への手紙形式の呼びかけで、献本された『「田中真紀子」研究』を、「読みたいという気が起こらない」と突き放しているのだ。彼女は率直に、「いま、一読者として読みたいものはそういったものではない」と言い放ち、「立花さんがどうしても書きたいものを書きたいように書いたものを読みたい」と切実に訴える。立花隆の田中親子二代にわたる「研究」が、「情を欠く文章」（鈴木洋仁）という意味で非アカデミックな「研究」の名に値するのだとしたら、確かに立花なき今後の「政治家の研究」は、「立花隆幻想」からの脱却を求められることになろう。

その意味で、立花の『巨悪VS言論——田中ロッキードから自民党分裂まで』（一九九三年）は、この問題を再考する試金石にして、ある極限を示した著作と言えよう。とりわけ第七章「『田中角栄独占インタビュー』全批判」は問題含みである。内容は『文藝春秋』一九八一年二月号掲載、田原総一朗による長時間インタビューへの立花の愁霜烈日の批判である。

田中角栄はここで、自身の総理辞職（一九七四年十二月）の原因が立花らによって暴かれた「金脈」追及ではなく、健康を害したからであるという釈明を行った。立花はそのウソを、当時の政局の進行をたどり直し、担当医師の証言まで交えながら、その真相が「金脈」問題以外ではありなかったことを実証したのだ。

たしかに、田中には、バセドウ氏病があった。顔面神経炎も患った。糖尿病の気もある。心臓も弱いらしい。

（『巨悪VS言論』）

だがそれらは、辞職の直接的要因ではなく、強行突破を試みたにもかかわらず、野党からマスコミまで、田中「金脈」批判の包囲網を前に、国民に納得のいく釈明をするか、辞任かという二者択一に追い込まれたのが真相だというのだ。退陣から二年後の夏、ロッキード事件の発覚で、田中は「前首相」の身分で逮捕される。それから四半世紀近い時が流れ、今では多くの国民は、金脈問題（室町産業などユーレイ会社と株転がしによる脱税の連鎖）を忘却し、漠然と田中角栄がロッキード事件で総理辞任に追い込まれたと錯覚しているのではないか。立花隆はここで、バセドウ氏病が田中に及ぼした精神作用、それによる政治家的資質の致命的欠陥にまで言い及んでいる。

コンピュータ付きブルドーザーの異名を持ち、総理就任時に九十％を超える内閣支持率を誇って、今太閤、庶民宰相の名をほしいままにした彼が、財政、財源に強いという伝説も無根拠、法律に強くそれが政治家としての強みというのも当たらないと立花は容赦ない。「結局、田中は、特殊な局部的法律知識（例えば土建業者に必要な法律）は大変あるが、トータルな法体系に対する基礎的知識が欠けている」（同）と言うのだ。それは当然だろう。田中角栄は、弁護士になろうとしたわけではないのだから。田中には生涯、立花的な〝お勉強〟の時間などなかったはずだ。

この「全批判」が問題なのは、立花が田中の「病気の精神症状」について述べ、「彼は不安があるとそれを抑圧するために過剰防衛反応を起こすたちなのである」と、田中角栄をめぐる神話剝がしを、その病歴の「効果」として語ったことにある。そこで大量発汗という生理現象と、感情過多による泣き落とし戦術は同列に、立花の「情を欠く文章」に短絡させられることになった。もう一つ、立花の金脈問題に始まり、ロッキード裁判まで続いた一連の「批判」は、ある思わぬ逆説を生むことになった。

金権政治の延長にある「日本列島改造論」で地価高騰、狂乱物価まで招いて表舞台を去った田中角栄は以後、議員の資格を保ったまま、それまでになく田中派を巨大派閥に膨張させ、「闇将軍」、「キングメーカー」として君臨し、絶大な権力を振るうことになったからだ。立花の追撃は止むところがなく、ロッキード事件以後、陰に隠れた金脈問題を、改めて『田中角栄いまだ釈明せず——田中新金脈追及』（一九八二年）で問い直している。

もっとも立花隆は、ロッキード裁判にまで延長される九年に及ぶ長期の取材期間、田中角栄ひとりにかまけ、「立花隆幻想」にナルシスティックに浸っていたわけでは決してない。同時並行で『中核VS革マル』、『日本共産党の研究』という対極の政治テーマにも取り組んでいたからだ。

日本を揺るがした田中金権批判の第一弾、「田中角栄研究」の発表が『文藝春秋』十一月号、立花は同年同月の『現代』誌上で、「中核・革マルの『仁義なき闘い』」の連載（全四回）を開始するのである。

前出、塩田潮『田中角栄失脚』によると、立花による『文藝春秋』の「田中角栄研究」と『現代』の第一回原稿は、〆切りが重なっていた。文春社内での不眠不休の数日の直前、彼は『現代』向けの二十六ページ、八十二枚の原稿を三日で書き下ろしているのだ。その時点で『文藝春秋』の原稿は、〆切りをぎりぎりまで延長してもらうしかないという状況で、立花は文春本社に立て籠もり、凸版印刷に三日三晩缶詰めになるのである。

「中核・革マルの『仁義なき闘い』」は、両党派の熾烈にして陰惨な内ゲバ（＝「戦争」）の真っ只中で書かれている。次なる「日本共産党の研究」の初出は、『文藝春秋』一九七六年一月号、全十一回の連載となった。

こちらは、「プロレタリア独裁」を放棄した「革命政党」への疑問を、戦前の創立から非合法時代の迷走にまで遡って行った記念碑的な「研究」だった。ここで立花隆は、党派的な思考の一切、一神教的なイデオロギーの呪縛に対して、「エコロジカルな社会観」（『日本共産党の研究』、「序文」）を対置している。初期『思考の技術』で語り起こした、「エコロジー的思考のすすめ」は、こんなところにも生きていた。

「全体主義とジェノサイドの思想に対しては断固として反対する」と宣言する彼は、ロジックス（論理）とセマンティックス（意味論）を武器に、「多様な人間存在、多様な価値観、多様な思考の共生とその多様な交流」（『日本共産党の研究』）にかけたのだ。意味論とともに立花が重視したのは、シンタックス（統辞論）である。単語や文の意味・内容に対して、その組み合わせの規則を定めたもので、最近ではＩＴ分野のプログラミング言語でも用いられている。これもまた、「万能知識人《ゼネラリスト》」の隠れた武器だった。

ただ時代は、これらの立花の一九七〇年代の左翼政治分野での仕事を、完全に過去のものにしている。中核派と革マル派の内ゲバは、八〇年代をもって収束、破防法（破壊活動防止法）の適用を恐れて約半世紀にわたり地下潜行していた中核派の最高指導者・清水丈夫議長は、二〇二〇年九月、同派の集会に公然と姿を見せた。一方、革マル派は一九九六年に黒田寛一議長が退任、新たに植田琢磨議長が就任したが、二〇一七年一月、同氏が住民登録している団地などが、有印私文書偽造並びに同行使容疑で家宅捜査を受けている。

いずれも新左翼セクトの神話性の最終的崩壊を象徴する事件だが、立花が『中核VS革マル』で予告した、「想像を絶するほど激しい内ゲバの帰趨《きすう》は、次なる高揚期の動向を決定づけるもっとも大きなファクターの一つとなるだろう」（「はじめに」）は、今にして非現実的な見通しであったと言うしかない。足かけ二十年以上に及ぶ殺人を伴う党派闘争は、「次なる高揚」をもたらすどころか、結果的に両派（元々は革共同＝革命的共産主義同盟という同一組織が三次にわたり分裂を繰り返した）を、著しく疲弊させただけであった。

日本共産党に関しても、二〇〇七年の宮本顕治の死後は志位・小池体制が定着、革命政党というより長期低迷する左翼議会政党として、すっかりその神話性は失われている。ただ、立花がこれらのテーマに挑んだのは、新旧両左翼をめぐる革命的神話性の神話剝がしというところに主眼があったのだとしたら、その意味では逆説的に目的は達せられたのかも知れない。

同系列の戦後新左翼に関する立花のリポートで、出色のものが三つほどある。一つは「60年安保英雄の栄光と悲惨」（『文藝春秋』一九六九年二月号）。七〇年安保を翌年に控え、全国的に広がる学園紛争のさなかに、かつての「不発に終わった革命」のリーダーたちのその後を追った秀逸なリポートだ。

六〇年安保全学連を主導したブント（共産主義者同盟）書記長の島成郎（精神科医）から、全学連委員長・唐牛《かろうじ》健太郎（当時、居酒屋主人）、同書記長・清水丈夫（中核派最高幹部）らにインタビューを試み、さらにマルクス主義から近代経済学に転じた青木昌彦、西部邁らのその後にまで焦点を当てた画期的なもので、西部自身による『六〇年安保――センチメンタル・ジャーニー』（一九八六年）が出るまで、これに勝る「総括」はなかったと言ってよい（単行本未収録）。立花隆はその結語としてこう記している。

一番の悲劇は、不発の革命において革命家になったロマンチストである。革命が成功するとき、ロマンチストが花をとり、リアリストが実をとる。がしかし、不発の革命では、ロマンチストは自分の政治家不適格を知るだけである。

同じ『文藝春秋』の翌三月号に、立花は既述の「東大ゲバルト壁語録」を寄稿している。副題は、「〝戦場〟に残された落書きに見る夢と苦悩」となっている。一九六九年一月、八千五百人の機動隊を導入し、三百七十四人の逮捕者を出して封鎖解除となった東大安田講堂内の壁に書き散らされた落書きの立花による解読である。紛争当時のアジビラの類いは、東大全共闘議長・山本義隆によって保管され、国会図書館に寄贈されているが、その余白にある魂の叫びとも言うべき舌足らずな言説の断片を、立花は彼らのロゴスではなくパトスの表現として書き留めているのだ。

三つ目のリポートは、同誌十月号の「実像・山本義隆と秋田明大」。秋田は日大全共闘議長で、立花は当時獄中にあった彼らの故郷（山本は大阪住吉区、秋田は広島県倉橋島）にまで出向き、その家族に二人の少年期から「現在」に至る軌跡を照らし出すべく、周到なインタビューを試みているのだ（姉妹編に「この果てしなき断絶――三派全学連・父子の記録」、『諸君！』一九六九年七月号がある）。エリート一族の山本（義隆は末っ子の五男）と、島で細々と鉄工場を営む秋田の実家。その後の二人の対照的な生き方（山本は駿河台予備校の講師をしつつ著述を続け、『磁力と重力の発見』全三巻で毎日出版文化賞、大佛次郎賞を受賞、秋田は闘争終結後に帰郷して自動車修理工に）を十分に予感させるインタビュー記事である。

忘れてならないのは、フィクションからノンフィクションへの立花の方向転換が、こうした地道で貴重なルポルタージュにも支えられ、それが戦後ジャーナリズムの世界における二十一世紀の扉を開ける「大きな物語」に接続していたという事実であろう。

二〇一七年、立花隆は在日外国特派員協会（外国人記者クラブ）から、「生涯功労賞（ライフタイム・アチーブメント・アウォード）」を授与された。一連の「田中角栄研究」が、主な受賞理由であったことは言うまでもない。その頃彼はアメリカの友人に、「こいつは、いま日本で最も有名なマックレイカーなんだ」と紹介されたという。立花自身の説明では、マックレイキング（muckrakig）とは、「堆肥の山をサスマタのような農具で引っかき回すこと」で、米国のジャーナリズムの歴史において、「本道を行くまっとうな方法論」（『知的ヒントの見つけ方』）と見なされているらしい。この「米国ジャーナリズムの世界でいちばん腕利きジャーナリストに与える最大の褒め言葉」を、立花はいたく気に入っていたようだ。

そして田中角栄死後の一九九五年二月、最高裁は檜山廣・元丸紅会長、榎本敏夫・元首相秘書官に上告棄却の判決を下した。阪神・淡路大震災があり、オウム真理教による猛毒サリン事件が起きた年である。田中は一九九三年十二月に亡くなっている。ロッキード裁判の幕引きを見届けた立花は、共同、時事を含めた日刊紙全六紙に寄稿を求められ、それぞれ違う内容を書き分けた。一斉掲載は、同年二月二十三日付朝刊であった。

立花はここで、「戦後五十年を迎えるこの年に、日本の戦後を最もよく体現した男といわれる田中角栄のドラマが終わるのも一つの巡り合わせかもしれない」（『毎日新聞』、のち『同時代ノート』所収）と総括、「田中以後もずっとつづいていた経世会（旧田中派）による政治支配に幕が引かれ、ひいては、自民党長期単独政権に幕が引かれることになった」（『東京新聞』、同前）と歴史の皮肉を指摘している。

旧田中派は竹下登、小渕恵三、橋本龍太郎と三人の首相を輩出した後、額賀派を経て現在は茂木敏充自民党幹事長が、平成研究会領袖として岸田政権を支えている。田中角栄の後援会として全国にその名をとどろかせた「越山会」も一九九〇年代初めには解散、田中真紀子はと言えば、角栄の後継者として現在も越後交通代表取締役相談役の座にあるが、二〇一二年十二月の衆議院総選挙で落選（新潟五区）、これを機に政界を引退している。

立花隆との因縁では、『「田中真紀子」研究』刊行から二年後の二〇〇四年三月、『週刊文春』に「田中真紀子長女わずか一年で離婚」の記事が掲載され、訴えを受けた東京地裁が発売頒布の禁止を決定する判決を下すという騒動が持ち上がった。

立花は早速、『週刊文春』に「これはテロ行為である」（同年四月一日号）、「言論の自由の基本を忘れた裁判所・朝日・読売」（四月八日号）、「差し止め裁判官と『バカの壁』」（四月十五日号）を寄稿する。そして三本の記事を元に、『「言論の自由」vs.「●●●」』を緊急出版するのだ（『知の旅は終わらない』参照）。

「●●●」は、あえて長女の本名、離婚の文字を伏せ字にした露骨な当てこすりだった。立花は同書の終わりで裁判所の決定もさることながら、それ以上にショックだったのは、この事件に対する一般社会の反応の低さ、とりわけ大メディアの反応の低さだったと述べている。

結局この一件は、東京高裁に控訴した文春が出版禁止命令を取り消す決定を勝ち取ったことで決着、真紀子長女側も最高裁に特別抗告することを見送っている。立花は最高裁で争った上で、「出版差し止めの基準を定立」できなかったことに切歯扼腕《せっしやくわん》した。「この程度のプライバシー侵害を理由にして、雑誌の出版を差し止めるなどということはとんでもない」（『知の旅は終わらない』）というわけである。

立花が同書で示した、「日本がもう一度言論の自由が失われた国になる」、という危惧そのものには全く問題はない。問題は、田中真紀子の長女は「公人」ではないという厳然たる事実だろう。「言論にはいい言論と悪い（低劣な）言論があって、悪い言論は叩きつぶしたほうが世のためだという考え」（『知の旅は終わらない』）を立花は真っ向から否定する。それが「危険な考え」だとしても、「公人」のプライバシーへのマスコミの監視の眼差しを、果たして田中真紀子という「公人」の長女にまで当てはめ、「わずか一年で離婚」などと書き立てることの正当性はあるのかという疑問は残るだろう。

この議論を放置して、一挙に出版差し止め問題にエスカレートしていったところで、立花隆の激情に火がついたという展開にこそ、問題があったのではないか。

立花の政治家・田中真紀子に対する評価は、「本質的にポリティシャンといえるレベルの人間ではありません」（同）と言うように極めて低い。本格的な政策論争などできない、小泉純一郎とともに日本の政治のワイドショー化に貢献した、「傑出したTV政治タレント」（同）以上ではないと言うのだ。それは、それでいいだろう。

だがそうだとするなら、田中真紀子は田中角栄の政治的遺伝子を受け継いだ娘ということになりはしないか。何故なら、田中角栄こそは自民党幹事長時代に、野党各党の代表とのテレビ討論で、政策論争をワイドショー化して国民的人気を得た張本人だったからだ。

田中真紀子のキャラクターとそのパフォーマンスは、丸山和也、橋下徹から舛添要一、猪瀬直樹まで、九〇年代以降の政治のワイドショー化が生んだ政治家たちのそれに通ずるものがある。

その意味で田中真紀子は、父・角栄の遺伝子を受け継ぐサラブレッドだったとも言えよう。正攻法と言えばガチガチの正攻法でありながら、坊主憎けりゃ袈裟まで憎い式の立花隆の非科学的「研究」は、どうやらそんな搦め手からのアプローチとは無縁だったようである。

因みに田中真紀子には一男二女があるが、いずれも政治家にはならず、夫の田中直紀も二〇一六年の衆議院選落選を最後に政界復帰を果たしておらず、角栄の政治的遺伝子は、空しく絶えたままである。

ただ、田中真紀子の長女（もし彼女が、「偉大」な祖父の娘の子であるというだけで、一年足らずで離婚したことを暴き立てられるのだとしたら、紛れもなくヴァルネラブルな社会的弱者ではないか！）までも巻き込んだ立花隆の一連の「研究」は、政治的権力に対するノンフィクションの一方的勝利とは必ずしも言えない。

それが生粋のセルフメイド・マンに対する、引き上げを体験した東大卒のジャーナリストによる頂門の一針だったとして、そこに日本の敗戦を挟んだ、「田中角栄とその時代」と「立花隆とその時代」が、それぞれの「昭和」と「戦後」が、勝ち負けを超えて劇的に交差していたからだ。

二人の年齢差は二十二歳。戦前、旧満州国富錦で兵役に就いていた田中角栄は、早稲田大学の「建築に関する専門講義録」を熟読、敗戦の二年前に田中土建工業を設立し、事業拡大を目論んで朝鮮に渡った末に引き上げを体験している。戦前に洗礼を受けたキリスト者の両親を持つ立花隆の北京からの引き上げとは、ありとあらゆる意味で決定的な階級ギャップがある。

かつて文藝春秋上層部の権力闘争と田中側の揺すぶりで、同社からの『田中角栄研究』の刊行が見送られたとき、立花は田中と田中の権力を支えていたすべてに対し、「あんな奴らに負けてたまるか」（『知の旅は終わらない』）と不退転の決意をしたと述べている。ただそれを言うなら、満州事変の三年後、東北地方の大凶作で欠食児童、行き倒れ、身売り娘、自殺者が急増した一九三四（昭和九）年、裸一貫で上京、仮寓先に住み込みで働きながら、中央工学校夜間部土木科に通い、苦学の末に内閣総理大臣に上りつめた田中が、立花に対して、「あんな奴に負けてたまるか」と思わなかったはずはあるまい。田中角栄がどんな不正によって、権力の頂点に上りつめた人間だったとしても、それは絶対に同じことなのだ。

田中は生涯、三人の女性との間に子供をもうけているが、ほとんど同じことを立花はやっている（入籍の有無は別）。このレベルでも、立花隆の生涯は、田中角栄に引けを取らないほどに烈《はげ》しい。しかも三人の腹違いの息子たちは、結託して一切の関係資料を廃棄することを、立花の死後ほどなくして宣言している。これ以上ない亡き父への背信であり、死後に敢行された「父殺し」である。

筆者の知る限り少なくとも田中角栄は、そんなドジは踏んでいない。主《あるじ》を失った東京豊島区の旧田中邸（目白御殿）と、立花の牙城だった文京区小石川の猫ビルは、ともにグロテスクな遺物として、二人の「巨人」のコントラストを際立たせて建っている。

日本の戦後は、二人の「巨人」伝説を残酷に浸触しつつ、なおしばらくは延命するだろう。真っ当な政治的指標を失ったままに。

第二十三章　評伝8　ノマド立花隆のライフスタイル

コロナ禍の状況下で、ノマドワーカーという言葉が改めて注目された。通常のオフィス業務を離れ、ノートパソコンやスマートフォン、タブレット端末を携え好きな時間に好きな場所で働く。定時出勤、オフィス張り付き型からリモートワークへの移行は、サラリーマンのノマド化を押し進める結果となったのだ。

ノマドという概念は、もともとフランスのポスト・モダン思想の概念で、ジル・ドゥルーズ、フェリックス・ガタリによる『千のプラトー』のキーワードとして定着したもの。

閉鎖的でフットワークに欠ける定住（農耕）民のスタイルから、ボーダーレスで多様に移動繁殖する遊牧民的知性への転換の指標となった。それがコロナ禍の影響で、逆説的に働き方改革の新基軸として注目されることになったのだ。

それ以前に、ノマドワーカーという単語は、スターバックスなどWi-Fi環境の整ったオフィス外のワーキング・スペースを利用する、おしゃれで知的な労働者を揶揄する言葉として定着しつつあった。リモートワークの恒常化は、今後おそらくノマド型のビジネススタイル、ライフスタイルをさらに促進することになるだろう。

フランスの経済学者ジャック・アタリは、コロナ禍以前から企業自体のノマド化について言及している。国籍を離れ「超帝国化」した企業が、国境を越えて職を求めざるを得ない低賃金の下層ノマドを食い物にする現代の企業構造を剔抉《てっけつ》したのだ。彼ら下層労働者は、企業の犠牲として逆説的に定住化を強いられる。これに対して成功した勝ち組は、ハイパー・ノマドと呼ばれ、企業に対してフリーハンドを有するエリートたちだ。そしてその中間にあるノマドになれない定住民を、アタリはバーチャル・ノマドと規定している。さしずめ立花隆は、ハイパー・ノマドの先駆者でもあった。

〔文春退社後〕フリーになってからも、仕事の関係先を固定しないで、流動的にしておきました。あるいはまったく違う分野にすすんで身を置くといったこともその延長線上にあるのでしょう。いってみれば、僕はいまでいう現代哲学的な意味での〝ノマド（遊牧民）〟であるし、当時は珍しかった〝フリーター〟の走りなのです。

考えてみれば、書くという仕事も、まさにノマドそのものであるともいえます。山ほどの好奇心を抱えて、その好奇心に導かれるままに仕事をしてきた。それが僕の人生なんですね。

（『知の旅は終わらない』）

しかも彼の場合、そのライフスタイルはすでに学生時代に身についたものだった。貧困家庭だったわけではないが、ともかくこの本の虫がその知的欲求を満たすにはアルバイトで金を稼ぐしかなかった。大学三年時には恋人と同棲（文藝春秋退社の一九六六年まで）、実質的に家計の担い手になって人並み以上の生活をしていたというのだ（『脳を鍛える』）。

卒業時の仕送りは毎月七千円で、これは六〇年代前半としては決して少なくなかった。これにバイト収入を加えると、文藝春秋の社員となった一九六四年の初任給二万円弱を上回っていたという。しかも、二年半のサラリーマン生活にピリオドを打ち、同棲相手とも離別、文京区根津のアパートで一人暮らしを始めたとき、年収一年半分の蓄えがあったというのだから、実に旺盛な生活力である。

ノマドなどという、ハイブロウな概念が定着するはるか以前、『思考の技術』で立花は、早くも「植物型サラリーマン」から「動物型サラリーマン」への自己変革を提唱している。具体的には、「転職によって移動し、住み場所を変えるのが一つの方法。もう一つは、他の人が食べない食物を狙うことによって競争を回避する方法。つまり、スペシャリストが少ない分野でのスペシャリストになる方法である」

フリーになってからも立花の場合、出版社に使われる鉄砲玉的フリーターではなく、出版社を使いながら移動を続ける動物型フリーターに徐々に進化をとげた。その分岐点が、一九七四年の「田中角栄研究」、この仕事で一躍有名になった彼は、「いやおうなしに漂流時代を終わりにせざるを得なくなる」（『知の旅は終わらない』）。

青春漂流にピリオドを打ち、本格的なノマドワーカーへ。無論、それは誰にでも容易にできることではなく、ごく例外に属する強運と立花隆を立花隆ならしめた持続的「勉強」の賜物だった。そこに関与した類い希な知的好奇心、そのらせん状に広がる多様な繁殖ぶりは「知の巨人」などという紋切り型を大きく逸脱した、「立花隆という病」を思わせるほどだ。こうして立花隆の「知の旅」は、途方もない距離に達し、グロテスクなまでに大掛かりなものになっていった。

文藝春秋元社長で、かつて立花の同僚だった平尾隆弘は、追悼テレビ番組（NHK『クローズアップ現代＋　知ることに終わりはない　立花隆さんからのメッセージ』二〇二一年六月三十日放映）で、老いてますますの「勉強」ぶりについて語っている。言い換えるなら、それは〝書生っぽさ〟のことでもある。やはり彼は、「教える人」ではなく、本質的に一生「学ぶ人」であったのだ。

その資質が抜け切らぬ立花には、どこか子供じみたところもあった。平尾の証言によると、ある時いっしょに牛丼屋に入って立花が注文すると、なぜかいつもの定番メニューがない。立花はこの時、店員相手に真顔で怒りを爆発させたという。俗に言う理屈っぽい、怒りっぽい、骨っぽいの水戸の三ぽいは、この「知の巨人」の中にも確実に息づいていたようだ。

あるいは勉強に集中しているときには、たとえ仕事の電話でもガチャンと切ることも希ではなかった（平尾へのインタビュー「『純粋客観』に向かって」、『ユリイカ』二〇二一年九月号）。どうにも厄介な人物である。これで憎めない茶目っ気がなかったら、ただの変人である。立花はこう語る。

私は勉強が好きで、生活時間のほとんどを勉強にさいてきた。一応もの書きを職業にしているが、ものを書いている時間より、勉強している時間のほうがずっと長く、実際には勉強を職業にしているみたいなものだと思っている。
（「好き嫌いこそすべての始まり」、『「知の巨人」立花隆のすべて』所収）

そのためには、一般人の好奇心の働く領域への徹底した無関心というのも大事な要素になる。例えばこの「万能知識人《ゼネラリスト》」は、スポーツと芸能界の話題に全く無関心であった。テレビドラマなども見ないし、ギャンブルにも手を出してはいない。かといって彼は、ただの本の虫では決してなかった。美術館や博物館、音楽会へは、関心の向くまま足繁く通ったし、映画では宮崎駿作品（「前人未踏の巨大世界、ナウシカ」、『ジブリの教科書1　風の谷のナウシカ』所収）からフランシス・コッポラの『地獄の黙示録』（『解読「地獄の黙示録」』）まで、時に玄人《くろうと》はだしの蘊蓄《うんちく》を傾けている（「寅さん」に熱中する立花隆は想像できないが）。

長年の不規則な生活で、数々の生活習慣病に悩まされてはいたが、そのフットワークは実に軽い。一九九六年にはフランスのブルゴーニュ（ディジョン）に友人二人と共同で小さなシャトーを購入、ワインセラー付きのこの別荘（経営に失敗して四年で手放す）で、立花は夏のバカンスを過ごしたのだ（『立花隆のすべて　下』）。

弊衣破帽《へいいはぼう》のイメージが強く、おしゃれでは決してなかったが、ワインについての知識（一九八五年の『青春漂流』では無名時代の田崎真也に取材している）に加え、意外とグルメでもあった。『立花隆のすべて　下』には、「玄人はだしクッキング」の写真も添えられているが、それもそのはず一九七〇年代初頭にバー「ガルガンチュア立花」を開店した彼は、牛タン料理を得意とする有能なシェフでもあったのだ。

一九八〇年代から九〇年代にかけて、実際に立花はワインやチーズについてフランスを中心に欧州各地で取材を試みている（『ガルガンチュア風』暴飲暴食の旅」、『思索紀行　下』参照）。現地での取材に同行し、その後、家族ぐるみの付き合いをした宇田川悟（料理評論家）は、「猫ビル」の地下にカーヴを作ってワインを所蔵していたことを実見、九〇年代初頭には立花が「生涯最大の親孝行」と自負した高齢の両親を引き連れてのフランス旅行の際にもパリで落ち合っている（宇田川悟「立花隆というガルガンチュア」、『ユリイカ』二〇二一年九月号）。

立花によれば、「家族四人（註：再婚した正子夫人と長女・薫、次女・真帆）に両親を加え、一週間から二週間あまり滞在すれば、フランスへの飛行機代をいれても日本で旅行するより安くつく」（『立花隆のすべて　下』）というのだ。

ことほど左様に、場数を踏んだ取材経験のなせる技か、立花隆はただの凡庸な書斎型の勉強家＝「書生っぽ」ではなかったのである。『立花隆のすべて　下』には、「音痴自認のオーディオマニア」の一面も紹介されているが、つまり彼は凡庸な好事家、ディレッタントではなく、病的なほど徹底して広く深くの凝り屋だったのだ。

その守備範囲も驚異的で、例えば彼は先の『風の谷のナウシカ』に関して、原作コミック（全七巻）を読破した上で、「破格のスケールをもつコミック」として、『カラマーゾフの兄弟』や埴谷雄高の『死霊』に匹敵する「ディープきわまりない世界」（『ジブリの教科書1』）と絶賛している。

『地獄の黙示録』については、この作品がT・S・エリオットの詩集『荒地』や、コンラッドの小説『闇の奥』を抜きに語ることはできないとして、その奥深さを精査しつくしている。『解読「地獄の黙示録」』の「はじめに」で、彼はこの作品を、「映画史上最も面白い作品」と語り、続けて「エンタテインメント映画として成功」しているばかりでなく、「文学的な批評の対象になる映画」、「優れた文学作品を研究するのと同じような研究の対象となりうる映画」としている。

立花は自らその「研究」の第一歩として、一九八〇年の同作品日本初公開に先立ち、わざわざロサンゼルスにこの映画を見に行っている。その成果が「『地獄の黙示録』研究」（『諸君！』一九八〇年五月号、『解読「地獄の黙示録」』所収）だった。そして、二〇〇一年の特別完全版（"Apocalypse Now Redux"）公開に際しては、「『地獄の黙示録』22年目の衝撃」を書き下ろす（『文藝春秋』二〇〇二年二月号、『解読「地獄の黙示録」』所収）念の入れようである。

本作品とT・S・エリオット『荒地』との関係を解き明かす立花の筆致は、まさに研究者のそれだが、それには東大の学生時代に、オックスフォード大学卒のミルウォードという英国人教師から受けた薫陶がものをいっていた。『脳を鍛える』で、立花はその蘊蓄の一端を次のように披瀝している。

エリオット自身が「荒地」に詳しい原註をほどこしていますが、この詩はいろいろなものを下敷きにして書かれていますから、その知識なしに読んでも、何が何だかさっぱりわかりません。聖杯伝説、アーサー王伝説、フレーザーの『金枝篇』、旧約聖書、ダンテの『神曲』、ボードレールの『悪の華』、シェークスピアの諸作品、ウェブスター、キッドなどのエリザベス朝演劇、ヴェルギリウス、ミルトンの『失楽園』（中略）そのすべてを知った上で読むと、この一篇の詩が驚くべき巨大な構築物であることがわかります。「荒地」一篇を真に読むためには、ヨーロッパ文化の精髄のすべてを背景知識として必要とするといってもよいほどです。

無論そんな予備知識がなくても、『地獄の黙示録』はエンタテインメント作品として十分堪能することができる。立花の「解読」は、だがペダントリックな知識の披瀝に終わってはいない。コンラッドの小説を踏まえて言えば、立花はこの映画作品の「闇の奥」を探るべく、断片の寄せ集めではない知の総合を通じて、「万能知識人《ゼネラリスト》」ならではの「解読」を試みているのだ。『立花隆の最終講義』では、自ら「僕はあの映画を誰もやったことがないレベルでつぶさに解読解説している」と自負し、その鍵になったのがコッポラが映画制作に際して下敷きにしたT・S・エリオットの『荒地』だと明言している。

こうした蘊蓄の披瀝に対して、「立花氏は、田中某という王様を殺しはした。だが、コッポラという王様には、まったく始めから忠誠を誓っている」と揶揄したのは、蓮實重彦である（大岡昇平との対談「対話『地獄の黙示録』から」、『ユリイカ』一九八〇年八月号）。

二〇〇七年度から立教大学大学院21世紀社会デザイン研究科特任教授を務めた立花は、同大学での映画講座の受講生から、黒沢清、青山真治、周防正行らの映画監督を輩出した蓮實に面会を求めている。立花がそのノウハウを知りたがった、当時の授業の再現はならなかったようだが（吉田伊知郎「フィルムと闇の奥――立花隆映画研究」、『ユリイカ』二〇二一年九月号）。

もっとも蓮實重彥にしたって、黒澤明という王様を殺しはしたが、ゴダールやジョン・フォード、鈴木清順や北野武という王様には、手も足も出ない忠実な「贋侯爵」（かつて淀川長治が彼に与えた卓抜なニックネーム）だった。

第二十四章　評伝9　結婚と破局、初婚の妻を看取るまで

次に、ジャーナリストとしての実戦経験に裏打ちされた勉強方法について見ておこう。『「知の巨人」立花隆のすべて』所収のインタビューで立花は、結局、勉強の効率は、集中力にかかっていると語っている。そして、「いかにすれば集中力があがるかというと、第一にはプレッシャーである」と。彼は自らにプレッシャーをかけるために、〆切りが迫っている中で突然、料理をはじめたりして家人をはらはらさせた。文藝春秋内の一室を占拠し、「日本共産党の研究」の連載を開始（初出は『文藝春秋』一九七六年一月号）した時にも、立花は給湯室を油だらけにして、毎日手料理を編集者やデータマンに振る舞うことから始めたというエピソードが残っている。

では、何故そんなことをするかと言えば、ただひたすら、「状況を悪化させ、心の中であせりまくることで自分にプレッシャーをかけているのである」。稚気《ちき》あふれると言おうか、何やらこれも書生っぽい振る舞いに違いない。だが立花は客観状況から見て、今してはならない料理をしてしまうことで、そこから追い詰められた状況の突破を図るのである。

そしてそこまでいってしまうと、それまで迷いに迷って、どうにも決められなかったことを、「エイ、ヤッ！」と最後のふん切りをつけてしまうことができる。

火事場のバカ力というやつである。だが、そこで何かが降りてきて、肝心な最初の一行（書き出しの一行が決まれば後はペンが動いてくれる）が決まるまでには、極限的な「火事場」を再演できる修練が不可欠であろう。「火事場」の場数を踏んでいない者に、バカ力はどうあがこうと発揮できるものではないのだ。

「取材、あるいは執筆のために、朝から晩まで資料を読み、勉強をしている」という立花の生活。勉強しているときがいちばん楽しく、「遊びたいという欲求より、知りたい、勉強したいという欲求のほうが、はるかに強い」（『ぼくはこんな本を読んできた』）彼にして、最後は「エイ、ヤッ！」に頼るしかないという。ノマド的物書きの宿命か。これはやっつけ仕事の極意ではなく、プロ中のプロの緻密で複雑な製作過程が、実はブラックボックス的な闇に包まれていることの貴重な証言なのだ。

この「エイ、ヤッ！」で決断するしかない事情は、国家権力の最高機関でも同じだと立花は極論する（「好き嫌いこそすべての始まり」、『「知の巨人」立花隆のすべて』所収）。個人の日常生活にも、これが必要な場面はいくらでもある。異性を（同性でもかまわないが）最初のデートに誘うときの決断も、「エイ、ヤッ！」とやるしかない。次のステップに進む場面でも、プロポーズの決断も、やはりそれ以外に手はないのだ。

立花自身、最初の結婚をその気合いで決めている。文春を退職し新宿ゴールデン街にバー「ガルガンチュア立花」を開店した彼は、そこで客に連れられて来た一人の女性に出会う。聞けばその彼女、近々ヨーロッパにいる彼氏を追って渡欧する予定だという。そこで俄然、立花隆の闘志が燃えたぎった。エイ、ヤッ！の気合いで、どうにかかき口説いて交際を開始、気づけば彼女は身重の体になっていた。結婚は出会いからわずか三カ月後の早業《はやわざ》である。人一倍せっかちで、同時に人一倍の持続力、耐久力を備えているのが立花隆というキャラクターの多面性だ。

身重の妹を気遣い、神戸の実家から彼女の兄が上京すると、立花は潔く出産を快諾、早速入籍し長男に恵まれるが、この結婚は結局失敗に終わる。私生活をほとんど語らなかった立花だが、バツイチに悪びれるところは少しもない。

五年の結婚生活で一男（橘飛鳥）をもうけたこの最初の連れ合い、津田塾出の才女・橘雅子（二〇〇〇年没）の最後を、立花隆は病院で看取っている。雅子の著書に『女50歳からのわたし探しのロンドン留学』、『飛鳥への伝言――がん宣告の母から息子への50通の手紙』がある。その後、立花隆は再婚するが、これは雅子との離婚が成立する以前からの不倫関係の延長での職場恋愛（秘書をしていた女性との）の末のものだった。ここからしばらく、雅子の著書に即して立花隆の裏面に焦点を当ててみよう。

離婚で生活の必要に迫られた雅子は、大学の研究室での秘書のアルバイトをきっかけに、英語力を活かし育児と両立できる翻訳の仕事で、何とか経済的に自立を果たす。ジャンルはアメリカの推理小説を中心とする文学作品だった（ヒラリー・ウォー「私立探偵サイモン・ケイ」シリーズ〔四冊〕など多数）。
離婚に際して立花隆は、養育費の他に母子二人が暮らすマンションの資金を出している。五十歳になった雅子のロンドン留学は、息子が大学に入り一人暮らしをするようになってからの一念発起であった。それ以前、雅子がアメリカの大学のサマースクールに参加するため日本を留守にし、短期間子供を立花隆に預けた際に、彼（飛鳥）は「おかあさんが離婚した理由がわかったよ。おかあさんは離婚してよかったと、ぼくは思うよ」と語ったという（以下、引用は『女50歳からのわたし探しのロンドン留学』より）。
立花隆は、「おれは男尊女卑だ、女房はバカがいいっていう人」で、「バカに徹することができる女」を求めていたという。離婚後二十年を経過した時点で、雅子はなお「そのとき受けた心の傷をずっと抱えたまま」の状態だった。

器量の大きい男性だと思っていた彼にには、なんでも正直に思いをぶつけていた。ところが、彼は突然世の中に認められ、マスメディアの寵児になった。苛酷な仕事の連続に疲れ、神経もささくれ立っていった。彼には彼なりの言い分があったのかもしれないが、結果的に彼は若い女性との恋愛に走った。

彼との話し合いで、わたしは自尊心を手ひどく傷つけられることになった。息子のためにという気持ちは空回りし、傷ついた自尊心は繭《まゆ》にくるんで、心の奥にしまい込むしかなかった。
いまとなっては、それも過ぎたことだ。けれども、納得して離婚したわけではなかったから、息子がいるのに〝捨てられた〟という思いが心に残ることになった。それ以来、女性としての自尊心がもてなくなっていた。

五十歳になっての雅子の「わたし探し」は、その心の傷を癒やすための賭けでもあった。だがロンドンでのいくつかの疑似恋愛体験でも、彼女はもう一歩が踏み出せず、根深い心の傷を再確認して引き返すことになるのだ。ロンドンでできた友人に、彼女はこう語りかける。

前夫には自分の考えがあるだけだったの。おたがいの考えを出し合って協調する、そんな結婚生活ではなかったのよ。
結婚三年めで息子が二歳のころ、彼は突然、脚光を浴び、マスメディアの寵児になった。仕事場に泊まり込み、毎日電話をかけてくるけど、家には帰ってこなかった。わたしも取材の手伝いをしたわ、息子をおぶって。

ところが、帰宅しなかったのは、仕事のせいばかりではなかったの。取材スタッフの若い女性のフラットに行ってた。合宿生活みたいな仕事場で、仲間意識が育ってたのか、家庭に帰って疲れを癒さなくても、仕事場の仲間の一人が癒してくれてたってわけ。そんなこと、わたしは何も知らなかった。

仕事の特殊さを除けば、これはもう家庭を顧みず仕事に没頭した挙げ句に愛人を作る身勝手な男の典型である。社会的には立花隆もまた、そのような凡庸な仕事人間の一人にすぎなかった。

いまは離婚してよかったと思ってる。彼は天才的な頭脳、人並みはずれたバイタリティの持ち主で、こうと思ったら何がなんでも突き進む。それは仕事の面ではプラスに作用してた。でも、家庭生活では、彼に振りまわされて、わたしや息子の生活がなくなってた。あのまま結婚生活をつづけていたとしたら、強烈な個性の持ち主のそばで、ただただ精力を吸い取られる一方で、あげくに抜け殻になってしまってたかも。

そのように世の多くの女性たちは、「抜け殻」になって老いてゆくのだ。津田塾卒の才女でなければ、その後の翻訳家としてのセルフメイドもあり得なかっただろう。ただロンドンから帰国、さあこれからそのキャリアを活かしてさらなるステップアップをと考えていた矢先、五十五歳の年に彼女は腺がん（肺がん）を発症する。程なくして脳への転移が認められる末期がんだった。

延命のために彼女はあらゆる手を尽くし、立花隆も協力を惜しまなかった。前夫として、また身近にいる信頼のおける人間として、彼女も立花を頼ったのだ。抗がん剤治療を受けるか否か、彼女は息子に立花隆事務所まで車で送らせ、判断を仰いでいる。彼ばかりではなく、当時秘書の役割を果たしていた四歳年下の立花の妹・菊入直代も献身的に病院に付き添い、一時的に退院してからも毎日のように自宅を訪ねて世話を焼いた。

橘雅子に言わせるなら、立花隆は「知性の人」で妹・直代は、「彼とは正反対の情の人」（『飛鳥への伝言』）ということになる。さて、立花隆は最終的に、「理の人なのか、感情の人なのか」、武田徹の発したこの問いに東大立花ゼミの第一期生で科学ライターの対談相手・緑慎也（彼はお蔵入りになりかけていた『エーゲ――永遠回帰の海』をDTPの技術を駆使して復活させた編集者でもある）は、「全く感情ありきで、その感情をいかに文章で説得的に表現するかに尽くした人」と明快に答えている（「追悼・立花隆――事実の面白さ、人間への興味」、『週刊読書人』二〇二一年八月二十日号）。

筆者はテレビ番組で、感極まって嗚咽する立花を四度（そのうち三度は亡き武満徹、香月泰男、筑紫哲也の思い出を語りつつ）も見ている。『思索紀行』では、マドリードから鉄道で一時間ばかり北西に行ったところにある、エル・エスコリアル修道院（十八世紀半ばスペインが絶頂期にあったときフェリペ二世が作った）の大聖堂で聞いたバッハのフーガに突然、とめどなく滂沱《ぼうだ》の涙を流したことが語られている。立花隆はそのように、「日常性をこえたところで起きた突然の感動、エモーションのほとばしり」（同）を抑制できない感情過多な人間でもあったのだ。

ただ末期がんの前妻に対して、彼は沈着冷静な理の人に徹していたようだ。立花隆の証言では前妻・橘雅子は、がん告知を受けて「ひどいパニック状態」に陥っていたようだ（『知の旅は終わらない』参照）。末期がんの彼女は、ごく事務的に脳を放射線で、肺を化学療法で直ちに治療することを申し渡され、その非情さに衝撃を受けて「医者と激突」してしまったのだ。どうやら彼女は、その反動で近藤誠の『患者よ、がんと闘うな』に影響を受けることになる。結果、「がんと闘うよりも、医者と闘うほうに熱中し」、「それでがんと闘っているつもりになるという錯覚を起こしがち」（同）になるという落とし穴にはまりこんでいたようだ。

彼女がとりわけ影響を受けたのは、この本の抗がん剤をほとんど全否定するような立場〔註：実際には、近藤医師はある種のがんには有効だといっている〕でした。彼女は近藤医師の意見が正しいと思うから、化学療法（抗がん剤治療）だけは絶対に拒否すると頑強に主張したのでした。（同）

無味乾燥なインフォームド・コンセントにパニックを起こした彼女に、「おとうさんに相談してみようか」と伝えたのは息子の飛鳥であった（『飛鳥への伝言』）。MR（医療情報担当者）を職業とする彼は、口癖のように、「おとうさんって本当にすごい人だよね」と言うほど、成人してからの父子関係は良好だった。二〇〇〇年に雅子（享年五十六）を看取った立花隆は、それから二十年間も並外れたバイタリティを維持して、走り続けた。

だが、“Better late than never（遅くてもしないよりはまし）”——をモットーに五十歳にして最後の旅に出た橘雅子も、並外れたバイタリティの持ち主に違いなかった。「自分の死を覚悟し、無理な延命を求めなければ、ほとんど終末期まで意識の清明さを保って、ものを書くなどの精神的労働ができるはずだからそちらを望む」（『知の旅は終わらない』）という境地に達した彼女は、そこから全エネルギーを燃焼させて最後の著書に取りかかる。

そして、「がん宣告の母から息子への50通の手紙」の副題をもつ、『飛鳥への伝言』を残して一年余の闘病生活の後に逝った。立花は、「残り少ない生命エネルギーを一気に燃焼させたような驚くほどの集中力で仕上げた本でした」と賛辞を惜しまなかった。元妻の早すぎた死を看取った立花隆はやはり死を「畏怖する人間」として、まっとうに振る舞ったのだと思いたい。

第二十五章　万能知識人《ゼネラリスト》のロゴスとパトス

本題に戻ると、「知性の人」であった立花隆は、一面でパトスに溢れる「情の人」でもあった。まず「好き嫌い」があり、そして決断がある。ここで見逃せないファクターは、「合い性」だと立花は言っている。だから、本と読者の関係は、「女との関係のようなものだ」（前出『「知の巨人」立花隆のすべて』所収インタビュー）と。どんな美女でも才媛でも、好きになれない女とは付き合えない。同様に好きであることは、全ての始まりであって「勉強で何より大切なものは、集中力」、「集中力に不可欠なのが、その対象を好きになるということである」と断定する。

「好きなものに集中しているときは、人は我を忘れ、最高の集中力が自然に発揮される」（同）「万能知識人《ゼネラリスト》」、ノマド的フリーター立花隆の場合、勉強は密室（仕事場の猫ビル）で完結するわけではなかった。その成果を引っさげて、彼は取材対象に立ち向かわなければならないからだ。「聞き取り（インタビュー）取材」の心得について、立花は改めて「外面的事実関係」だけではなく、「内面的事実」、「心理的事実」にまで踏み込むことが重要だと語る。

こういうことがうまくできるかどうかは、質問者が内面的想像力をどれだけ持っているかにかかってくる。この種の想像力を養うのに有効なのは、良質の文学と心理学をまなぶことである。内面的想像力を持つということは、内面的世界をより深く、より広く知っているということにほかならない。したがって、良質でない文学、心理描写が常套句だけでできているような安っぽい大衆小説などは、読めば読むだけ内面的想像力を養うのに逆効果である。

（『「知」のソフトウェア』）

やはり文学（過去の蓄積としての）であり、そして心理学である。立花の文学的素養についてはすでに触れた。ここでは心理学に関する知識について補足しておこう。『四次元時計は狂わない——21世紀文明の逆説』の一節で、立花は二〇一一年公開の映画『危険なメソッド』（デヴィッド・クローネンバーグ監督）に触れて、フロイトとユングの両者に関わりをもった女性精神分析学者ザビーナ・シュピールラインの存在をまざまざと浮かび上がらせる。

映画では、フロイトとその後継者と目されていたユングの訣別の原因が、シュピールラインその人にあったことを七十年後に発見された三者の書簡から遍く照らし出す。立花が着目したのは、だが単なる三角関係のスキャンダルではなかった。後期フロイトの重要な分析概念である「死の欲動（タナトス）」の発見が、実はシュピールラインの論文「生成の原因としての破壊」の受け売りだったという学問的なスキャンダルが絡んでいたからだ。

「死の欲動」は、外部に向けられると他者への攻撃欲動となり、内面化されたとき欲望をコントロールする超自我に昇華する。第一次世界大戦の帰還兵に生じた、「戦争神経症」（反復脅迫的な悪夢から解放されない）に立ち会ったフロイトは、理性と狂気の二元論（戦争という「狂気」をあくまで例外状況とする）では、「戦争」という異常事態を解釈することができないことを悟った。そこに、生／愛（エロス／リビドー）にも勝る「死の欲動」（タナトス、デストルドー）という無意識が、自己破壊的な本能として人間の内部に埋め込まれていることに思い至ったのである。

この後期フロイトの一大発見を、映画はフロイトとユングの対立の犠牲となったシュピールラインの手柄と見なした。因みに彼女はユングの不倫相手でもあった。立花もそれ以上は、理論的に踏み込んではいない。改めて言うと「死の欲動」は、いわば有機から無機への回帰（本卦還り）、人間に即して言えば、未成以前のもう一つの「死」への回帰衝動（その通俗的な表現が「母体回帰」願望である）のことであった。管見によればフロイトによるこの「発見」は、精確にはザビーナのただの受け売りでは決してない。

「生成の原因としての破壊」（ユング、フロイトとの往復書簡とともにアルド・カロテヌート『秘密のシンメトリー』所収）で彼女は、性欲動のサディズム的な要素を、「破壊的な要素」と名付けたのであるが、フロイトはむしろ「欲動が、自我へと逆転して向かうマゾヒズム」を、「一次的なもの」と見なしたのである（「快感原則の彼岸」、竹田青嗣編・中山元訳『自我論集』参照）。それが「自我の早期の段階に戻ること」、すなわち「退行」現象となって現れる。このようにフロイトは、従来のマゾヒズムの概念を拡張したのである。

シュピールラインの「生成の原因としての破壊」では、幼児の自我の内部で起こる「退行」の本質に、「忍耐願望」と並んで「変容願望」があげられているが、マゾヒズムについての直接的な言及はない。フロイトは、ユングとの関係が解消した後に書かれた彼女の論文を、ただ単に剽窃《ひょうせつ》したわけではなかったのだ。だが、立花はフロイトに対して、かなり冷淡にこう言い放っている。

「一言付言しておくと、フロイトの精神分析理論が信じられたのは、七〇年代までで、八〇年代以後急速に信頼性を失う。いま医療現場でこれを信じる人も実践する人もほとんどいない」（『四次元時計は狂わない』）。

だが臨床レベルとは別に、フロイト理論の（臨床的実績とは無関係な）「可能性の中心」は、ラカンやクリステヴァの出現以降も、実は全く無に帰してなどいない。「聞き取り（インタビュー）取材」の方法に戻ろう。取材対象は、相手（インタビュアー）の勉強ぶりにことのほか敏感である。ノーベル生理医学賞受賞者・利根川進へのインタビューによって生まれた『精神と物質』は、立花隆の勉強に裏付けられた「聴く力」が最大限に発揮された成果だった。マサチューセッツ工科大学に出向いてのインタビューは、三日間述べ二十時間に及んだ。帰国後は文藝春秋九階の大会議室に、一週間缶詰になって、生命の謎をめぐる分子生物学との格闘が始まる。

速記録は原稿用紙数百枚に及んだ。しかし立花は、それをつぎはぎして一冊にまとめたのではなかった。作業を進めるに従い、分子生物学についての勉強不足を痛感し、半年の準備期間をおいて勉強をし直し、それから約一年をかけて『文藝春秋』に連載を開始、利根川との間で何度もゲラのやりとりをしながら、結局、はじめから終わりまで書き下ろしの形で本になったのである（『脳を鍛える』参照）。

先の平尾隆弘への『ユリイカ』誌のインタビューによると、立花は事前に利根川の英文の論文までフォローしてインタビューに臨んでいる。そこで、「先生のこの論文には、こんなことが書いてあったけれども、あの中の実験のことについては触れていないので、そこをうかがっているんです」と立花が突っ込むと、「田中角栄研究」で有名なジャーナリストという程度の認識しかなかった利根川は、「……あんた、あの英語の論文を読んどるんか？」と、驚きを隠さなかったという。

もとより立花といえども、高度に専門的な分野のオリジナル論文を最初から理解できたわけではなかった。利根川進のノーベル賞受賞の直接の対象論文、「抗体の多様性形成の遺伝子的原理の解剖」を読もうとした立花は、「最初から全然わからない。次から次に出てくる言葉が、すべてわからない」という、全くのお手上げの状態だった（「なぜ『宇宙』へ、そして『脳』へ」）。

立花はそこから、分子生物学の細部に分け入るために生化学辞典や遺伝学辞典で単語を一つ一つ調べあげ、準備に一カ月をかけて利根川の前にインタビュアーとして現れるのだ。

利根川に限らず、「誰かに話を聞きにいくときは、その人が書いたものはほぼ全部読んで行きます」（『ぼくはこんな本を読んできた』）と言う立花は、インタビューされる側に立ったとき、一冊も読まずに話を聞きに来る手合いがいることが信じられなかった。

『精神と物質』のほか『サル学の現在』、『電脳進化論』などの著作で鍛えられた彼は、専門家というものは、質問が浅く表層的なものだと、「ものすごくいい加減な答え」しかしてくれないと回想する。ところが、こちらがある程度ちゃんとした予備知識をもってインタビューしていることが分かると、「答えのレベルがさっと変わる」と言うのだ。相手の土俵に乗り込み、しかも真剣勝負を引き出すための準備を万全にすること、それが立花にとっての「勉強」であった。

その根底には常に、医学の世界にある「見当識」が働いていた。病院で患者の意識レベルがどんどん低くなっていったときに、そのレベルを測るのが見当識だ。具体的には「ここは何処」、「あなたは誰」、「いまは何時」の質問によって測定される。

立花は、ヒトの社会を支える基盤である「知的欲求」とはこの三つの質問に対して真に深いレベルで答えようとすることであり、それが「われわれのすべてのサイエンス、文化、文明というものをつくってきた原動力」（『ぼくはこんな本を読んできた』）であるとも述べている。

だがその「見当識」を働かせるためには、あらかじめ「論理的想像力」（『「知」のソフトウェア』）が備わっていなければなるまい。そうして初めて、分からないことを徹底的に聞くという取材者の基本姿勢が生まれる。その習慣が身につけられていないのは、日本の初等・中等教育の弊害でもあると立花は語る（「なぜ『宇宙』へ、そして『脳』へ」）。

講演を行っても、熱心にメモを取る人は多いが、質問をする人はほとんどいない。その理由は、「質問によって無知をさらしたくないという意識」があるからで、「わからない」なら恐れずに「質問」をするというのは、日本人のメンタリティーの盲点なのかもしれない。

先の追悼テレビ番組で平尾隆弘は、「見当識」によって立花隆は人間がどこから来て、どこへいくのかを問い詰め、宇宙の創成、サルから人間への進化、果ては脳の構造まで知的欲求を発展させていったことを振り返った。

その意味でインタビューは、らせん階段を昇るように、知的好奇心を増殖発展させていったこのノマド型「万能知識人《ゼネラリスト》」の実践的「勉強」の成果を試す試金石だったのだ。立花がこう語っていたことを、改めて想起しよう。

インタビューというのは、質問を受ける側の知性が試されると同時に、質問する側の知性が試されることになるという側面があります。

（『知の旅は終わらない』）

その知性が人を動かし、ひいては世界を動かす原動力となる。ノマド＝遊牧民は、絶えず移動する。羊により多くの草を食べさせるために、彼らは「情報」を収集し、それに従って次の場所に移動する。これに対し、定住農耕社会では台風が来れば防ぎようもなく収穫は激減するのだから、自ずから「情報」は軽視されがちになる。膨大な量に達した立花隆のインタビューは、取材対象に媒介されて彼のロゴスとパトスが激しく火花を散らすバトル・フィールドそのものだったのだ。

第二十六章　評伝10　立花隆の大きな旅

　ものごころつかない一歳の年から、立花隆の人生は旅とともにあった。そのため彼の潜在意識には、「旅にあることこそ人の世の常という意識が深く埋め込まれ」（『思索紀行』）ていた。「ここではないどこか」、「昨日ではない明日」を求めて、しかもただの根無し草ではなく、旅する思索者の宿命のように「万能知識人《ゼネラリスト》」の果てしなき旅は続いた。大学入学と同時に家を出て東大駒場寮に入寮してから、結婚して子供ができるまでの二十数年間、彼は二年以上一カ所に定住したことがなかった。一所不在のノマド・ワーカーである。

> 私は、毎日毎日移動しつづけることや、屋根がないところで一晩過ごすこと、今日寝るところと明日寝るところがちがう場所であることには、なんの驚きも感じないし、むしろそのほうが心理的にはしっくりくる。どこか一定の場所にしっかり腰を落ちつけた状態というのは、あまりなじめない。

（同）

最初の長期旅行は、第六章で既述の学生時代のヨーロッパ「反核無銭旅行」（同）、帰路の船旅で地中海、中近東、アジアを経由して帰国、そのため留年というお土産までついた。一番の長旅になったのは、ルポ「パレスチナ報告」（同書所収）を生んだ中近東とヨーロッパ各地をめぐる九カ月の旅（七二年）と、同じく中近東からインドを経巡った二カ月の旅（七四年）だった。

七二年の旅に関しては、取材のための旅行というのではなかった。まず初めに旅があって、記事は後から旅の成果として出来上がったと言ってよかった。そもそものきっかけは、同年はじめに、イスラエル政府が当時行っていたジャーナリスト招待の見学旅行への参加だった。文春を退社後、新宿ゴールデン街でバー「ガルガンチュア立花」を経営していた当時である。その店の客の一人が選ばれて行く予定だったのが、直前に不都合が生じ立花がピンチヒッターで旅の人となったのである。

その人とは講談社の編集者・川鍋孝文（のちに日刊現代社長、会長）で、彼は「ガルガンチュア立花」の入り口に掲げられた木造レリーフが、フランス・ルネサンスを代表する作家、フランソワ・ラブレーの『ガルガンチュア物語』からの引用であることを見抜いた唯一の人物だった。何と彼はその訳者である渡辺一夫の薫陶を受けた早大仏文卒のジャーナリストだったのだ。イスラエル訪問中止は、急遽『週刊現代』編集長に内定したためである。

川鍋からバトンタッチされた立花は、パレスチナ問題についての予備知識もほとんどないまま現地入りしたが、イスラエル政府があらかじめセットアップしたベツレヘム、死海、エルサレムなどの聖地観光を終え、ナチスによるホロコースト、シオニズム運動とイスラエル独立運動、三次にわたる中東戦争などユダヤ民族の現代史を、お仕着せのメニューとはいえ学び、ヨルダン、シリア、レバノン、エジプトの各国境地帯を見学するうちに、徐々に本来のジャーナリスト気質が目を覚ますのだ。

見学旅行が終わると、立花は帰国を引き延ばしイスラエルに残留、数週間をかけて私費で同国内を徹底的に歩き回った。こうしてパレスチナ問題に対し、イスラエル寄りではない視角を獲得した彼は、七四年の旅では意識的にレバノン、シリア、エジプトなどイスラエル周辺国家を巡歴し、新たな視点を加えていった。

そもそも、立花の中近東への関心は、学生時代に遡る。文春退社後の東大への学士入学では、コーランを本格的に読むためにアラビア語とペルシャ語の授業まで受講していた。思想的には、世界的なイスラム学者・井筒俊彦（岩波文庫版『コーラン』全三巻の訳者）の著作との運命的な出会いがあった（『知の旅は終わらない』参照）。

こうした蓄積の上に、レバノンでの取材が時事問題と焦点を結び書かれたのが、「パレスチナ報告72・1〜7、74・2〜5」（初出、『諸君！』一九七四年六月号）である。もともとそれは、同誌に先行掲載された、イザヤ・ベンダサン（山本七平訳）による「日本人のための《アラブ史・中学生教科書》1〜3」（同誌同年三月号〜五月号）への反論として書かれた。

立花は例えば、「イスラエルの独立直後に移住した七十万人のユダヤ人は西欧からではなくアラブ圏からである」の件りや、パレスチナ難民の実数のカウント、さらにイスラエルにおけるアラブ系ユダヤ人への差別など、ベンダサンが本当にユダヤ人だったなら当然知っていなければならない事実についての無知と誤謬を指摘、完膚なきまでに相手をやり込めている。それが直接の原因かどうかはともかく、「訳者」の山本七平はその後ベンダサンの仮面をはずして実名で書き始め、いつの間にかイザヤ・ベンダサンは、日本のジャーナリズムからフェイドアウトすることになる。

もっともベンダサンの論考に取り柄がなかったわけではない。まずその「1」で彼は、「国家としてのイスラム」と「宗教としてのイスラム」を文字通り中学生にかんで含めるように解説する。

オスマン・トルコが絡む「アラブ史」と「イスラム史」の錯綜を歴史的に遡行（この点では立花の論考より含蓄が深い）、「2」の結論で「トルコ＝イスラム制」に対する「アラブ＝イスラム制」の歴史的復活を跡づけ、「イスラム制」には元来、西欧で意味するような「民族」の概念がなく、したがって中東に「民族国家」（これを「国民国家《ネーション・ステート》」と言い換えてもよいだろう）が存在しないことを啓蒙的に語り起こしている。

細部の瑕瑾から最終的に立花に論破されたこの論考は、実はベンダサン＝山本が『諸君！』連載の「ベンダサン氏の日本史」という長期連載を中断して執筆したもので、筆者はむしろこの「日本史」（未刊行）こそ、『ユダヤ人と日本人』にも優るベンダサンの（というより山本七平自身の）最高傑作ではないかと思う（拙著『戦後日本の論点――山本七平の見た日本』参照）。

その後何の因縁か立花は、同じ『諸君！』誌で、ロッキード裁判批判の論陣を張った山本七平と再度論争することになる。衆目の見るところ、ここでも立花隆は山本を完膚なきまでに粉砕（裁判用語の無理解と単なる事実誤認を指摘）したのだった。

次に『思索紀行』第十章の「独占スクープ・テルアビブ事件」についてである。この事件は赤軍派の日本人ゲリラ三名（奥平剛士、安田安之、岡本公三）が、一九七二年五月三十日、イスラエルのテルアビブ・ロッド空港（現在のベン・グリオン国際空港）で自動小銃を無差別乱射、二十六人を殺害（負傷者七十三人）したもので、パレスチナゲリラと合流した日本赤軍（同年、長野県軽井沢の浅間山荘で警官隊と銃撃戦を繰り広げ全員検挙された後、同志十二人のリンチ殺人が発覚した連合赤軍とは別派）の国際テロ事件だった。生き残ったのは岡本のみ（イスラエルに拘束され終身刑を受けるがパレスチナ武装勢力と捕虜交換で釈放、二〇〇〇年にレバノンに政治亡命、事件から五十年後の二〇二二年五月三十日、岡本はＰＦＬＰ「パレスチナ解放人民戦線」主催の記念集会に姿を見せた）で、他の二名は乱射直後に警備当局に射殺および手榴弾で自殺している。

旅先で金欠状態だった立花隆は、イスラエルで逮捕拘留中の岡本公三の裁判が始まると聞き知り、『週刊文春』編集部にコレクトコールで、金を送ってくれたら岡本裁判をカバーすると持ちかけ、首尾よく電報為替が送られてきて取材が始まった。

とは言え国際刑事犯に、一介の日本人ジャーナリストが面会できるはずはない。一問一答形式のスクープ記事が同誌に掲載されると、デッチ上げという噂が流れた。実情は面会を許された日本大使館の参事官に、相手が心を開いて質問に答えるノウハウを伝授、立花の用意した質問項目を口伝えするようにして事が運んだ。

『週刊文春』一九七二年七月二十四日号の緊急レポートでは、「本誌特派の評論家・立花隆氏が各方面のルートを通じて得た、岡本の全貌を伝える迫真のレポート」とあり、取り調べを受ける岡本公三の写真（オリオンプレス提供）まで公表された。

この独占スクープが『思索紀行』に収録されたのは、かの参事官が退職したかなり後のことであった。デッチ上げと言われようと、時効になるまで守秘義務を守り抜いたのである。因縁話めくが、テルアビブ事件が起きたとき、日本の警察は立花隆その人を、犯人の一人と目していたという。イスラエルに出国し、次にヨーロッパ経由で中東に行き、その後行方知れずになっていたためである。

それにしても本件に象徴されるように、立花隆のフットワークは実に軽くしかもタフである。七二年の大旅行では、イスラエルの次に確保してある帰りの航空チケットを利用してイタリアに飛んでいる。正規料金のＩＡＴＡ（国際航空運送協会）加盟航空会社のチケットは、自由な書き換えによって、世界中の航空路線を自由に相互に分割利用できる仕組みになっていた。

それを利用して彼は、日本への帰国のチケットを全て書き換え（ルートが逆行しない限り無料）、全行程を一寸刻みにして各駅停車型のフライトに切り替えたのだ。まさにノマド的な旅の達人である。その極意（「肉体を運ぶ旅というプロセス」〔『思索紀行』〕の重要性）を、彼はこう語っている。

一言でいうなら、この世界を本当に認識しようと思ったら、必ず生身の旅が必要になるということだ。

そういう意味において、人生の大きな切れ目ごとに旅から旅への日々をつづけてきた私は、その旅を利用して、最大限の自己教育というか自己学習をやってきたのだろう。これまで外部に語ることが少なかった旅ほど、私の内部的自己形成に役立ってきたのだと思っている。学生時代の旅にしろ、七二年、七四年の旅にしろ、あるいはその後の幾つかの旅にしろ、どの一つを欠いても、いまある私はなかったと思う。

（同）

なお、『思索紀行』には、「序論」の終わりで語られている「果たされない約束」、連載中断（主に田中角栄のロッキード裁判の再開のため）で未刊行のまま積み残された文章があった。一九八三年に月刊『プレイボーイ』（五月号～八月号）に連載された、「レンタカー・オデュッセイ8000キロ」がその一つである。

これは同誌版元の集英社が、資金提供を申し出、ロッキード裁判が一段落した時点で立花に場所を選ばせ、グラビア・ページでの連載が実現したもの。ロッキード裁判は、一九八三年十月十二日、東京地裁で田中角栄被告に懲役四年、追徴金五億円の実刑判決が確定していた。四十代に入った立花の旅は、当時新進のカメラマン須田慎太郎とのコラボにより、約四十日をかけてレンタカーでギリシア、トルコの古代文明の遺跡を探訪しつくすというハードなものだった。

旅の記録（レンタカーの積算走行距離八千キロ、撮影写真七千点）は、長い中断の末二十二年後の二〇〇五年に『エーゲ』としてようやく日の目を見ることになる。ちくま文庫版の「あとがき」で、立花は同書を「自分が書いた本のなかで一番気に入っている」と愛着を語っている。

ここでも立花隆は、ギリシア（アトス自治修道士共和国）、トルコの遺跡をめぐる「思索」を、粘り強く継続していた。時に彼は遺跡の前に二時間も黙って座り込んだ。そのうちに二千年、三千年という時間が具体的に立ち現れてくる。立花は序章で、「千年単位の時間が見えてくるということが、遺跡と出会うということなのだ」と語っている。

二十年の中断は、こうした立花の「思索紀行」が、世俗的な、あまりに世俗的なロッキード裁判の時間と折り合いがつかなかったために違いなかった。だが彼は、およそ他のどんなジャーナリストもなし得なかった、聖なるもののうちで最も聖なる時間と、俗なるもののうちで最も俗なる時間を、自在に往還できた希有な旅人だったのだ。改めて『思索紀行』の「序論」から引こう。

旅で経験するすべてのことがその人を変えていく。その人を作り直していく。旅の前と旅の後では、その人は同じではありえない。

旅の意味をもう少し拡張して、人の日常生活ですら無数の小さな旅の集積ととらえるなら、人は無数の小さな旅の、あるいは「大きな旅の無数の小さな構成要素」がもたらす小さな変化の集積体として常住不断《じょうじゅうふだん》の変化をとげつつある存在といってもよい。

ロンドンを皮切りに、ローマ、パリ、オランダを経巡った学生時代のはじめてのヨーロッパへの長旅について、「人生で最大の勉強をしていた」と振り返る立花は、「いま思い返すと、この旅行をしていたころの僕は、ひとことでいうなら大人になったつもりの少年でした」と回顧している。だがそれ故に「がむしゃらに行動することができる」のは「若者の特権」だとも（『知の旅は終わらない』）。そのようにして彼は、自分を作り直したのだ。それは昨今の、「自分探しの旅」などとは無縁な自らに課した厳しい試練だった。

その旅の途次、南仏エクス・アン・プロヴァンスでの一週間、若き立花は泊めてもらったリセの英語教師をしている未亡人と生物学専攻の女学生の家の庭で、デザートに無心にサクランボをもいで口のなかに放り込んでいた。六十年後までこれほど美味《おい》しいサクランボを味わうことはないと知るよしもなく。それもまたいずれ失われるであろう、無意識のうちにがむしゃらに行動してしまう若さの特権であったと彼は述懐する。サクランボはこの長旅を記憶にとどめる一番いい思い出の象徴だった。

二十前後というのは、あれこれ難しいことを考える前に、とりあえずかたっぱしから何でも口のなかに放り込んで食べてしまうべき年代なんだと思います。（同）

ここで立花隆は、その特権を放棄しているかに見える現代の若者たちに、強面《こわもて》の風貌に反して優しく語りかけているかのようだ。

そして数々の修羅場をくぐり抜け、旅先の風雨に揉まれて『思索紀行』にたどり着いたのである。それがまた、一つの通過点でしかなかったのは、立花の死後一年になる二〇二二年五月、写真家・佐々木芳郎とのコラボ作品『インディオの聖像』が三十年の眠りを覚ますように、一九八〇年代半ばの南米取材の原稿から復元刊行されたからである。

ここで彼は、十七世紀の南米のジャングル奥深くに眠ったイエズス会の伝導村の痕跡を探り、奇跡的に文明化されたユートピアを物語的に再構成（佐々木カメラマンとの協働）したのである。

それは現在のブラジル南部、北東パラグアイに跨がるラテンアメリカ原住民「グアラニ族」をめぐる物語の発掘であった。未開インディオへの伝道として最も成功したその布教活動によって、彼らはただ原始宗教を捨てて、キリスト教に改宗したのではなかった。グアラニ族は、「ツパ」という「古い神」の観念を、「新しい神」によっていわば止揚したのである。立花が注目したのは、例えば次のような彼らの歴史的習性だった。

グアラニ族はきわめて原始的かつ野蛮な生活をしていたインディオで、食人の風習すら持っていた。定住地を持たず、遊動しながら狩猟採集生活をつづけていた。まだ鉄器を知らず、衣服を知らず、主たる武器は弓矢で、他の道具にしても原始的なものだけだった。その生活水準は事実上、新石器時代そのままといってよいくらいだった。

グアラニ族の民族宗教の中心概念の一つに、「イヴィ・マラネイ」（スペイン語では tierra sin

mal）というものがあった。これは、完全無欠な土地、一切の悪がない土地、誰も手をつけていない土地を意味する。グアラニ族はこれを永遠に追い求めつづけているのである。前に述べたようにグアラニ族は定住地を持たない。現に住んでいるところはいつでも仮の住居である。それはイヴィ・マラネイに向かう途中で設営されたキャンプのようなものである。時期がくれば、またイヴィ・マラネイを求めて移動するのである。

まさに立花隆の思想的原点にして、ライフスタイルの理想がここにあった。キリスト教との出会いによって、イヴィ・マラネイは「パライソ（天国）」を意味するようになる。立花隆はと言えば、正反対の文明観、歴史観を育んできた日本のキリスト者の子供として、脱宗教的にノマドロジーを実践する一所不在の「旅人」となったのである。

生まれ故郷の長崎にも、両親のルーツで中国北京からの引き上げの際に身を寄せた水戸にも、立花はさしたる郷愁を抱いてはいなかった。永遠の「旅人」とは、そのルーツから何らかの外的要因によって切り離され、根こぎにされたデラシネ（根無し草）のことであった。

五歳で敗戦を体験し、翌年には新制の茨城県女子師範付属小学校（卒業時は茨城大学教育学部付属愛宕小学校）に入学する戦後教育第一世代（GHQは一九四五年末、修身・日本歴史および地理の授業停止と教科書回収に関する覚書を交付）の立花隆は、とりわけ外地・北京で二歳から五歳までを過ごした彼にあっては、生の根源を問う、常に抽象的（哲学志向的）な感受性が自ずと育まれていったと見ることができる。しかも彼は、両親が無教会派のクリスチャンという家庭環境で、十代いっぱいまで教会に通う高度に宗教的で哲学的な文学青年だった。「万能知識人《ゼネラリスト》」を生涯にわたって支えていたのは、存在の根源にある抽象性を孕みもってしまった立花の多ジャンルに跨がらざるをえない高度に抽象的な問い、自分はどこから来てどこへ行くのか――への飽くなき問いであった。さらに彼はジャーナリストとして、それを具体的なるもの、ノンフィクションのジャンルに照らして、世俗的な世界に撃ち返して見せたのである。

立花隆の『死霊』の作者・埴谷雄高（一九〇九〜九七年）への変わらぬ関心とリスペクト（最初の接点は、一九七五年の『中核VS革マル』の帯に推薦文をもらったことだった）は、この抽象的な問いを、無限大に引き延ばしリアリズム的な実体を超克する、「虚体」という概念に行き着いた異能の作家への羨望からであった。

二人の間には、『無限の相のもとに』（一九九七年）という対談集がある。そこで問題になっていたのが、カントの「仮象の論理学」である。『純粋理性批判』でカントは、経験を超えた対象を論じる形而上学を一旦は否定する。第一版「序文」には、形而上学という、「女王を自称するかの者の生まれが通常の経験という下層階級に由来するものとされた（註：ロックによって）のだから、とうぜんそのことで、女王という僭称は疑わしいものとなるほかなかった」（熊野純彦訳）と語られている。ただし、「仮象」は感覚、感性だけではなく、理性によってももたらされる。感覚によってもたらされる「仮象」は、理性によって訂正できるが、理性が要求する「仮象」は消し去ることはできない。それが形而上学の難題なのだ（以上、柄谷行人「第一回　長池講義　講義録」、長池講義オフィシャルウェブサイト参照）。

埴谷雄高は戦前の豊玉刑務所でカントの『純粋理性批判』と出会い、「虚体」（＝「かつてなくこれからもないもの」）という消し去ることのできない「仮象」、すなわち「超越論的仮象」にぶち当たる。キリスト教的風土にあっては、一般に「自由」や「神」、「魂の不死」などが「超越論的仮象」と呼ばれるものだが、無神論者の埴谷は「虚体」という名の形而上学に導かれながら、「可能性」ならぬ「不可能性の文学」（作品としては実質的に未完に終わった『死霊』）を、生涯をかけて追求したのである。

立花隆との対談では、埴谷がT・S・エリオットの *The Waste Land*（『荒地』）を持ち出し、立花が「アンリアル・シティ」（空虚な都市）という言葉を喚起、これに対し埴谷が「虚体」の概念に近いが、「ぼくの言うのはアンリアルよりもっと広い概念だから」と応ずるスリリングな場面があった。

立花隆の「宇宙」や「臨死」をめぐる反復的かつ執拗な問いの根底に、埴谷に共通する（立花は北京からの引き揚げ者、埴谷は植民地・台湾で育った戦前派）こうした抽象的な問いがあったことを忘れるべきではない。立花のほうはそこに、神秘的なるもの、超常的なるものへの止みがたい憧憬が加わっていた。オカルティズムやニューエイジ思想への親和は、その表層的な符合と見るべきである。信じられないことだが、スプーン曲げのインチキ・パフォーマーに立花が危うく引っかかりかけた時、手品の名人として知られた埴谷雄高が冷静に覚醒を促すという場面も、この対談で見られる。

埴谷は立花の『宇宙からの帰還』や『物質と精神』のよき読者であったが、立花の埴谷への共鳴の核には、教条的マルキシストではなく、本質的アナキストだった埴谷の「形而上学」（それは立花にとっての最後の著書のタイトルになるはずであった）への羨望があったからではなかったか。

先の対談で埴谷は、「自同律の不快」という彼が手放さなかった年来の「形而上学」について語っている。カントに即して自同律とは、「AはAである」というトートロジー（同義反復）のことだ。「私は私である（他の誰でもない）」という命題は、だが「（超越論的）仮象」に過ぎない（昨日の「私」は厳密には今日の「私」とは別なのだから）。そこに埴谷的な「不快」の感覚がもたらされる形而上学的な根拠があった。

立花隆はかつて、『小林・益川理論の証明』（二〇〇九年）で見たように、「対称性の破れ」（宇宙史開闢《かいびゃく》の時点での）という、素粒子の世界で出来した事態によって、この不動の肯定命題である自同律が破綻する致命的な場面を描き出していた。学生時代に『純粋理性批判』を、二時間かけて数ページずつ精読する購読会を行っていた立花ならではの考察である。

埴谷雄高とは異なり、立花隆には現代資本主義批判の観点は全くなかった。余談になるが、実は資本主義経済の商品交換の根底にも、「対称性の破れ」は歴然と認められる。その「破れ」を、等価交換という非対称的なものの等置によって隠蔽するのが、貨幣の呪力であり、資本主義という制度だったのだ。マルクスは『資本論』で、「等価形態」という「虚偽の仮象」が完成するのは、「貨幣形態」に結晶したときだと述べている。またこのシステムを支え、かつ解体する鍵が、「労働力商品」という名の商品ならざる「商品」（の「破れ」）にあることも、マルクスの『資本論』には示唆されている。「猫ビル」には『マルクス・エンゲルス全集』が全巻揃っていたらしいが、思想内容に関しての言及はほとんどない。立花隆のリテラシーの盲点は、実はマルクス的な唯物弁証法に対する無知にあった。

ただ『思考の技術』で、生態学の「遷移」という概念の説明に、マルクスの歴史の弁証法が、遷移現象を人類の社会史の中に見出したものだといった件りがある程度。立花はそこで、歴史的な遷移には革命がつきものだが、マルクスは次の歴史段階の「科学的な予想」に、「願望を混ぜ合わせるという過誤を犯している」と批判する。だがこれは、俗流マルクス主義の紋切り型（＝「史的唯物論」）への、これまたステレオタイプの批判に過ぎず、到底マルクスの思想本体に迫ったものとは言い難い。

立花の本領は、こうした表層的なイデオロギー批判にあるのではなく、やはり宇宙システムの「対称性の破れ」を、素粒子論のレベルで論じる、抽象的にしてかつ実践的な科学認識論《エピステモロジー》の深度と強度にこそあったと言うべきだろう。埴谷雄高との互角の勝負も、そのことではじめて可能になった。今さらドゥルーズをネタに、「差異は同一性に先立つ」などという紋切り型を繰り返している御仁（千葉雅也『現代思想入門』）は、「差異」なるものの発生が、対称性（同一性）の「破れ」に起因することを、科学的に論じてみてはどうだろう。柄谷行人は、差異を覆い隠している同一性を、マルクスの学位論文（『エピクロスとデモクリトスにおける自然哲学の差異』）にまで遡り、原子運動における自然それ自体の偏差、差異化に注目している（『マルクスその可能性の中心』）。「自己意識」の根拠をめぐる「対象性の破れ」への遡行的な考察である。

重要なのは小説家だろうと、ノンフィクション作家だろうと、あるいは柄谷のような思想家だろうと、「根源的な思索」（埴谷）に追い詰められた人間の言説は、立花隆のように懸命に「現実」に就こうとしてもなお、抽象的な余白を排除することは不可能だという事実だ。小説家志望から、ノンフィクションの世界に転じた立花の言説は、無意識のうちに「現実」の向こう側の「非—現実」、「宇宙」、「臨死」といった「虚」に接する領域、カントの「超越論的仮象」への夢と欲望に支えられていたように思われる。

その意味で彼は、「哲学的人間学」（井筒俊彦『ロシア的人間』）に憑かれた言葉の人であり、「理念が抽象物ではなくて、真に生きた具体的なものであり得ること」（同）を実証するために、ためらわずにジャーナリズムの世界に就いた書き言葉の職人だったのだ。本稿はその思索の旅の痕跡の一端を記したにすぎない。

終章　未来の他者——立花隆は二度死ぬ《ユー・オンリー・リブ・トウワイス》

立花隆の誕生は一九六八年、二十八歳の年に遡る。「素手でのし上った男たち」を、『文藝春秋』十月増刊号に寄稿したのが最初だった。翌年、寺山修司の推薦文付きで『素手でのし上った男たち——無から億への栄光！』が、番町書房から刊行される。ただし、このペンネームはそのまま固定したわけではなかった。

同じく一九六九年、ゴースト・ライターとして香月泰男のシベリア体験を聞き書き取材した彼は、一九七一年に学士入学した東大哲学科を中退、新宿ゴールデン街にバー「ガルガンチュア立花」を開店、『思考の技術』を刊行する。

翌一九七二年が物書きとして大きな転機となったのは、半年で店の経営権を売却し、イスラエルに旅立つからだ。さらにヨーロッパ、中近東を放浪してテルアビブ事件に遭遇、『週刊文春』にスクープ記事を売り込み、言論活動を再開するのだが、何故かその後、立花隆のペンネームを封じ込めることになる。

ここで登場するのが、菊入龍介という新たなペンネームだった。「菊入」は結婚した妹の姓、「龍介」は兄の長男の名から取られた。立花隆名義との併用で一九七三年に菊入龍介は、『日本経済　自壊の構造――危機はなぜ起き、どう展開するか』（日本実業出版社）を刊行、さらに『週刊文春』に「日本列島石油パニック」を十一月二十六日号より五回連載している。併用というのは、その直前の同誌十月二十九日号から立花隆は、「未来ルポ――1980年のニッポン」を四回連載しているからだ。

この一九七三年は、日本の戦後にあっても大きな転機の年で、二月には変動相場制への移行で円が急騰、十月にはメジャー系各社の原油価格一斉引上げで石油ショックが生起し、俄《にわか》に省エネの時代が始まる。菊入龍介は、その危機の構造にメスを振るう立花隆の別働隊だった。ただその活動はこの年に限られ、立花隆は翌一九七四年の再度の中近東放浪から帰ると、運命の「田中角栄研究」を『文藝春秋』十一月号に発表、大反響のうちに第三十六回文藝春秋読者賞を受賞している。

筆者がここで注目したいのは、束の間のペンネーム菊入龍介の前と後での「立花隆」の変容についてだ。つまり「彼」は、橘隆志から立花隆へ、さらに菊入龍介から再び立花隆へと変成しているのである。その生まれ変わりを決定づけたのは、香月泰男のゴーストライターとして執筆した『私のシベリヤ』と、「田中角栄研究」の初出論考であった。まず前者についてである。先にも引いたように、この本が再録された『シベリア鎮魂歌』（二〇〇四年）で、立花は聞き捨てならない次のコメントを残している。

この本は実は、一九六九年、当時まだ二十九歳の駆けだしのルポライターであった私が、ゴースト・ライターとして書いたものなのである（実はこの当時私はまだプロのライターというより東大哲学科の学生だった）。ゴースト・ライターであるから、原本には、私の名前は全く出てこない。しかしこの本は私が書いたものの中でも、自分で最も気に入っている作品だったから、自分の作品としてカウントされないことをずっと残念に思っていた（実は他にも私がゴースト・ライターとしてやった仕事はあるが、それはすべて、私の年譜からも消されており、私の作品としてカウントされていない）。

立花にとって、香月の『私のシベリヤ』が掛け替えのない「作品」であったのは、そこに「はじまりの立花隆」の痕跡が、歴然と刻まれていたからなのだ。文藝春秋刊の初版は一九七〇年だが、増版にもならず版元品切れになっていたものが、香月の没後十年に当たる一九八四年に普及版の筑摩叢書となって再刊された。ただし、オリジナル版に口絵カラーで付いていた四十一点の作品は全て割愛されている。そのことを惜しみつつ、立花は遺族の了承を得て、ゴースト・ライターの仮面を脱いで「『私のシベリヤ』のころ」という一文を記し巻末に収録されている。『シベリア鎮魂歌』の「まえがき」で、立花はその生成過程について、「そもそもあの時代はテープレコーダーなんて便利なものがない時代で、聞き書きというのは、すべてその場でメモをとり、あとでメモをもとに文章を書き起こすという形でなされた」と述べている。だが、これは少しおかしい。立花が山口県の香月の故郷に出向き、十日ばかり旅館に泊まり込みで、連日聞き取り取材に通い詰めた一九六九年、テープレコーダーがなかったなどということはあり得ないからだ。しかしその経緯はどうあれ、『私のシベリヤ』は、結果的にメモ起こしによる香月と立花の協働作品として出来上がったのである。

経験のある者は誰もが知っていようが、これは忠実なテープ起こしに基づく取材対象の「声」の再現＝文章化とは、本質的に別の作業なのである。

重要なのは、香月の何点かの作品の背景を「自己解説」する立花隆を媒介した言葉が、香月作品の一点一点に付せられた香月自身の「説明文」を最大限に生かした、文体上の協働作業がダイナミックに『私のシベリヤ』の生成を促す仕掛けになっていることである。

もとより香月泰男は画家であって、職業的な物書きではない。しかし、その緊張感に満ちた「説明文」を読むと、彼が記憶を再現する独特のセンスを文章化する能力を備えた、ユニークな画家であることが直ちに了解される。『私のシベリヤ』では、その「説明文」が立花の「文体」と一体になって溶け込んでいるのだ。先の「まえがき」で立花は、そのあたりの機微を、「文章の背後に、香月さんの生言葉（そのメモ）がそのまま存在している部分もあれば、私が一連のやりとりをふまえて、少し抽象度の高い文章表現にまとめてしまったところもある」と語られている。

問題はこの「抽象度の高い文章表現」をめぐる、「説明文」と立花の文体の類い希な共鳴ぶりである。二つの例をあげよう。まず一つは、香月の作品に即してではなく反芻されたその体験を、香月に成り代わって語るゴースト・ライターの言葉だ。

シベリヤを描きながら、私はもう一度シベリヤを体験している。私にとってシベリヤとは一体何であったのか。わたしに襲いかかり、私を呑みこみ、私を押し流していったシベリヤを今度は私が画布の中にとりこみ、ねじふせることによってそれをとらえようとする。肉体がシベリヤを体験しているとき、精神がその意味を把握するには状況はあまりに苛酷であり、あまりにめまぐるしく変りつつあった。私の軍隊生活と俘虜生活とはあわせてたかだか四年半のことでしかない。すでにその四倍の時間を、四年半の体験を反芻することに費している。

（『私のシベリヤ』）

これは到底、忠実なメモ起こしに基づいた香月泰男の言葉の再現などではない。香月の思いを受け止めた、ゴースト・ライター立花隆独自の「表現」と言ってよいだろう。次に作品に即して語られた、香月の「説明文」が立花の文体と溶け込む例。現在のロシアとモンゴルの国境に近い地、「ホロンバイル」をタイトルとする作品の香月による「説明文」は、以下のようになっている。

ホロンバイル草原の白い砂地に屍体が風化して、白骨化してゆく姿は、そのまま私の運命を物語っていたといってよい。絵にかいたような人間の屍体を目撃したことはないけれど、死んだ牛や馬が放置され、腐り、肉がくずれ落ち、やがて風化して骨となり、砂に同化してゆく過程に何度か出会った。人間だからと云って、死んだ牛馬の運命とどこが違うだろう。戦争であろうと、病気であろうと、ホロンバイルで死ぬことは、必ずこの姿で終ることを意味するのだ。

対する、『私のシベリヤ』での立花の文体はこうだ。

大草原に遺棄されて、風化していく屍体。ホロンバイルは草原といっても砂漠のようなものである。白い砂地だから、屍体が白骨化してしまうと、まるで目立たなくなる。絵に描いたような人間の屍体を見たことはなかった。しかし、牛や馬が死んで、そのまま放置され、腐敗し、肉がくずれ落ち、やがて風化され、真白な骨だけが残るプロセスを目にしたことは幾度かある。人間だからといってそれと異ることもあるまい。同じように腐り、同じように骨だけが残り、やがてその骨すら砂地に同化してしまうのだ。

香月の「説明文」は、小説に挿絵があるように、説明文のついた絵があってもよいのではという意図（『私のシベリヤ』、「はじめに」参照）で丁寧に書き込まれている。当然にもそこに、さかしらな文飾は一切ない。立花もそのことは十分承知しているのだが、彼の文章には散文としての仄《ほの》かな色香が漂っている。しかもそれは、香月の文章との共鳴によって引き出された協働的な「表現」なのである。この色香を大胆に削ぎ落とすことによって、「田中角栄研究」の文体が生成する。『私のシベリヤ』刊行から四年後のことであった。

土地も、株と同じように安く買い、高く売ることによって、簡単に資金づくりができる。売買差益が坪千円になることなどザラにある。すると、十万坪の土地があれば、一億円の差益がでるわけだ。

株によって作られた資金は、職業的に株の売買をしていなければ、税務署に申告の必要がないから、全くのヤミ金となる。土地の場合は、個人で売買しないで、自分の分身のような会社を作って、その会社にやらせる。

（『「知の巨人」立花隆のすべて』から引用）

色香も味もそっけもない、無表情なノンフィクション言語である。この一作により世に出たというより、一躍、時の人となった立花隆は、逆説的にゴースト・ライター当時に持っていた表現者としてのパーソナリティを、自ら禁じ手にして、インパーソナルなノンフィクション作家に変態、文春創業以来という人と金を投入した、「田中角栄研究」のアンカーマンとして徹底して修辞を排除した、「事実」に就く表現を獲得したのだった。

この一連の「研究」が、『ロッキード裁判傍聴記4──政治家田中角栄の敗北』と『田中角栄新金脈研究』でほぼ収束した一九八五年、篠田一士によって『ノンフィクションの言語』が刊行された。沢木耕太郎の『テロルの決算』に始まり、本田靖春、鎌田慧、石牟礼道子、上野英信、森崎和江から、果ては杉浦明平、大岡昇平、松本清張、吉村昭といった作家たちのフィクションとノンフィクションの境界をめぐる、あるいはそれを越境し相互浸透する言語のダイナミズムを縦横に論じた同書に、立花隆は全く登場しない。

その理由は、両者の境界を揺さぶるどころか、「無表情このうえないノンフィクション言語」(同)に徹した立花の戦略が、篠田の琴線に触れることがなかったためであろう。そうとしか考えられないほど、このラインナップから立花隆がこぼれ落ちたことは、いかにも不自然なのである。

先回りして言うと、すでにこの時、激情の人でもあり、高校から大学のはじめにかけて失恋により何度か自殺を考えた(『死はこわくない』)多感な文学青年は、自らを扼殺し立花隆として再生していたのである。若き日の詩や小説を犠牲にし、ゴースト・ライター時代にさえ持っていた豊かな表現者としての資質を封じ込めることによって。この「擬死」と「再生」を通過儀礼として、立花隆は生成したのである。

そもそもペンネームを使用するということは、本名を葬ることだ。そこには、いわば「命がけの飛躍」(マルクス)がある。『仮面の告白』の背後に、生身の平岡公威が存在しないように、立花隆は橘隆志の生きながらの分身ではあり得なかった。北京からの引き上げに始まる旅は、したがって自分探しならぬ「自分殺し」の旅でもあっただろう。五歳で日本の敗戦を体験した彼は、「戦争」と「平和」、あるいは「革命」と反革命としてのファシズムという、二十世紀の歴史的、物語的な枠組みを引き受けた前世代の後に来る、遅れてきた世代だった。だが、否だからこそ、そうした紋切り型の大テーマではすくいきれない、ノンフィクションという、優れて戦後的なジャンルの申し子にもなり得たのである。

それは、私小説的な「私」語りの対極にある、「私」殺しを前提としてインパーソナルに「事実」に就くという宿命を背負ったジャンルでもあった。宇宙への関心も、ドナー署名も、遺体を堆肥にするコンポスト葬への憧れも、筆者には「私」殺しの変奏に思われてならないのだ。立花隆はその意味で、サブカルチャーを上から見下ろし、「小説言語の芸術的純化」(『ノンフィクションの言語』)にいそしんできた、この国の「作家」たちの最大の「敵」だったのだ。彼はだから、二〇世紀の「大きな物語」を回避するために、「小さな物語」の方に逃走した凡百の作家たちを嘲笑《あざわら》うように、細胞から宇宙まで、田中角栄からヴィトゲンシュタインまでを、細大漏らさず思考の射程に入れ、極め尽くそうとしたノンフィクション作家であった。

しかも立花隆は、無表情このうえないノンフィクション言語にとどまってはいなかったのである。最初のベストセラーとなった『宇宙からの帰還』(一九八三年)、『精神と物質』(利根川進との共著、一九九〇年)、『サル学の現在』(一九九一年)などの仕事で、彼はその道のプロフェッショナルとの協働作品を次々にものしてゆく。香月泰男との協働に、さらに磨きをかけた専門家とのダイアローグの文体がそこから生まれた。

『サル学の現在』で取材を受けた一人の河合雅雄は、この仕事を「立花隆演出指揮のオペラ」と呼んだ。立花流のダイアローグの文体は、「高度で濃縮された内容」を、「普通の人が読めるように、また、オーケストラとして調和するように、自分で再編集し直す」（『立花隆のすべて　下』）というのである。取材者と被取材者の言葉が、ポリフォニックに響き合う「ダイアローグの文体」は、この裁ち直しによって生まれた。

こうして彼は、従来のノンフィクション言語を超え、また限定されたインナーサークルの内部でしか流通しないフィクションの言語をも超えた、独自の文体を獲得するに至ったのだ。「純文学」という意匠は、三島由紀夫なき一九七〇年代以降、概ねノンフィクションに圧倒され、八〇年代には大西巨人や金石範、古井由吉といった〝絶滅危惧貴種〟を例外として、その軍門に下ったばかりではなく、世界商品としてのジャパニメーションに拮抗する「上位文化」としての価値を決定的に失っていた。

『ノルウェイの森』（一九八七年）を契機に、小説家ではなく優れた物語作者に首尾よく変態した村上春樹の一人勝ちは、その一つの傍証である。そして今や時代は、岩波書店の雑誌『思想』が、桐野夏生を特集（二〇二〇年十一月号）するほどに、あられもなくサブカル化している。

いま、ここに立花隆を召喚すること、それはもう二度と現れることのないかも知れぬ、奇っ怪な「万能知識人《ゼネラリスト》」を、来たるべき「未来の他者」として呼び寄せることに他ならない。「下位文化」としてのサブカルチャーの、脱‐階級的な勝利について、私はフィクションとノンフィクションの「文体」をできる限り精確に吟味する作業を通じ、じっくり考察してみたかった。立花隆は、そのための恰好の証言者になってくれそうな確かな予感があったのだ。

例えば髙村薫は、二〇一七年の大佛次郎賞受賞記念講演で、「小説の主流ではなくなった純文学の後退」、「エンターテインメントに吸収されてもとのかたちを失った末の純文学の変容」を、「小説の現在地とこれから」のタイトルで語っている。そこで起きているのは、ひところ言われたような、「ジャンルを超えた両者の融合」などではないと彼女は言うのだ。これは率直に認めざるを得ない。

純文学という守旧的意匠にしがみついて、文化的な危機を告知するためなら、何も今さら立花隆を呼び寄せる必要などない。ただしその危機が、立花的「万能知識人《ゼネラリスト》」の存立の不可能性とも相渉っているとするなら、純文学とエンターテインメントという今や不毛な二項対立図式を、フィクションとノンフィクションの関係性に置き直して、再考してみることも一つの方法として許されるのではないか。

「純文学の後退とエンターテインメントの拡大」（高村）という事態は、依然として立花隆によって見捨てられたフィクションの危機自体を、克服するものではないのだから。それによって、新たなパースペクティヴを切り開くことができたかは心許ない。ただ私は、「知の巨人」といった商標（元々それは南方熊楠のものではなかったか）をまとったまま、立花隆のノンフィクション言語と思考が、なし崩し的に時代からフェイドアウトしてゆくことを、何とか阻止しておきたかった。

振り返って私たちは、知的世界のスターたちを、安易に祭り上げては残酷に祭り棄てるという文化的儀式を、戦後に何度反復してきたことだろう。消長の激しいジャーナリズムの世界での「知の巨人」（最近では佐藤優もまた）への祭り上げは、それだけにどこか不吉なのだ。

最後に改めて、彼が八十年をかけて必死に走り抜けた、「立花隆とその時代」が、「戦争」と「革命」という二十世紀的な大テーマから離脱しつつも、なお「昭和」や「戦後」に担保された、まだしも幸福な時代だったことを銘記しておこう。それほどにも、これから私たちを待ち受けているのは、想像を上回るほど悪い時代なのかも知れないのだ。だからといって、否だからこそ絶望するには当たらない。

追悼番組のタイトルにもなった、立花隆のこの世への置き土産の言葉、「見えた　何が　永遠が」は、ランボーの詩句から取られているが、もとより詩人も立花隆もそこで歓喜しているわけではない。だから、『地獄の季節』なのだ。見えた永遠とは、すでに去ってしまった、「海と溶け合う太陽」だった。しかも見者《ヴォワイアン》ランボーの早熟は、「明日なんてものはありゃしない」という苦い覚醒とともにあった。私はそこに、非対称的な関係にありながら響き合う、晩熟の作家・魯迅の次の言葉を重ねてみたい。アジア的なもう一人の見者《ヴォワイアン》の名言として。

だが暗夜はそもそも、どこにあるのか。今は星なく、月光なく、笑の渺茫《びょうぼう》と愛の乱舞さえない。青年たちは安らかである。そして私の前には、ついに真実の暗夜さえないのだ。

絶望の虚妄なることは、まさに希望に相同じい。

（「希望」、『野草』所収、竹内好訳）

年譜・立花隆とその時代

年	立花隆個人史／著作	社会の動き
一九四〇 昭和十五 〇歳	五月二十八日、父・橘経雄、母・龍子の次男（長男は二歳年上の弘道、四年後に妹・直代誕生）として長崎医科大学の産婦人科病棟で生まれる。本名・橘隆志。住所は長崎市鳴滝町九八番地。水戸をルーツとする父は長崎・活水学院の国語教師だった。	八月十五日、全政党解党。九月二十七日、日独伊三国同盟締結。十月十二日、大政翼賛会結成。十一月十日、紀元二六〇〇年祝典。「ぜいたくは敵だ」、「八紘一宇」、「バスに乗りおくれるな」が時代を象徴する標語に。
一九四一 昭和十六 一歳		十二月八日、太平洋戦争勃発。防空頭巾、もんぺ、ゲートルなどの服装、国防色が目立つようになる。
一九四二 昭和十七 二歳	四月、父・経雄が文部省支那派遣教員に選抜され北京市立師範学校（生徒のほとんどは中国人）教員に就任（翌年、北京市立高級中学校教員となり日本語、日本文化を教える）、茨城県那珂西の母方の実家で待機していた家族とともに北京市豆腐池胡同十二号の住宅に移り住む。	四月、開戦いらい初の米軍機による東京、名古屋、神戸への空襲始まる。五月、日本文学報国会創立（会長・徳富蘇峰）。「欲しがりません勝つまでは」が標語に。映画『ハワイ・マレー沖海戦』（東宝・山本嘉次郎監督）がこの年公開。

一九四三 昭和十八 三歳		二月、ガダルカナル島の撤退開始により戦局の主導権を失う。五月、アッツ島で日本軍守備隊二千五百人玉砕。十月、神宮外苑競技場で出陣学徒の壮行会。この年、陸軍省は「撃ちてし止まむ」のポスター五万枚を配布。
一九四四 昭和十九 四歳		十月、レイテ沖海戦始まり、神風特攻隊出撃。八月、学童疎開始まる。「鬼畜米英」、「一億火の玉」が標語に。
一九四五 昭和二十 五歳	八月十五日、終戦にともない北京郊外西苑に家族は集結し抑留される。	八月十五日、終戦。十月、連合国最高司令官マッカーサー、学校教育の自由主義化など民主主義に関する五大改革を指令。文部省は中学校以下の教科書の戦時教材の削除を通達、教室で児童らは筆と墨で教科書の塗りつぶしを行う。「一億総懺悔」（東久邇首相の発言から）が標語に。この年、「リンゴの唄」（霧島昇・並木路子）が大ヒット。
一九四六 昭和二十一 六歳	一家五人は三月二十日、天津港を出発、二十二日山口県仙崎港着、下関、東京経由で母の郷里那珂西に住む。抑留居留民団第一班の班長を務めていた橘経雄は、単身東京の兄宅に留まり就職活動を行う。十月、父・経雄が社団法人「日本自由出版協会」事務局に入社（以後、一	一月、ＧＨＱの指令により昭和天皇、神格化を否定する詔書（人間宣言）。五月、極東国際軍事裁判（東京

	九九三年株式会社読書人を専務で定年退職するまで「出版業界人」として戦後ジャーナリズムの生き証人となる）。 隆志はこの年、茨城県女子師範附属小学校に入学。	裁判）開廷。 十月、日本史の授業、墨塗り教科書で再開。 十一月、日本国憲法公布（翌年五月施行）。 この年、雑誌『世界』、『展望』の創刊、『改造』、『中央公論』の復刊などが相次ぐ。
一九四七 昭和二十二 七歳	一家は父の郷里茨城県水戸市に転居（経雄は以後、東京で十年間の単身赴任生活を送る）。	一月、GHQ、二・一ゼネスト中止を命令。 五月三日、日本国憲法施行。出生数二百五十万人を超えるベビー・ブーム。 エロ・グロ・ナンセンスの「カストリ雑誌」が氾濫。「斜陽族」が流行語に。
一九四八 昭和二十三 八歳		六月、ソ連、ベルリンを封鎖。東西冷戦を象徴する「鉄のカーテン」が標語に。 八月、大韓民国、九月、朝鮮民主主義人民共和国成立。 十一月、極東国際軍事裁判判決、東条英機ら七人に絞首刑執行。
一九四九 昭和二十四 九歳		四月、GHQ、一ドル三百六十円の単一為替レート設定。 七月、下山事件、三鷹事件、松

		川事件相次ぐ。 十月、中華人民共和国成立。 十一月、湯川秀樹、ノーベル物理学賞受賞。
一九五〇 昭和二十五 十歳		六月、朝鮮戦争勃発。 七月、GHQの指示でレッドパージ始まる。 朝鮮戦争の「特需景気」が流行語に。
一九五一 昭和二十六 十一歳		四月、マッカーサー解任。 九月、サンフランシスコ講和会議で対日講話条約調印。 黒澤明監督の『羅生門』、ベルリン国際映画祭でグランプリ。
一九五二 昭和二十七 十二歳		四月、講和条約・日米安全保障条約発効。 同月、NHK連続ラジオ放送劇『君の名は』（脚本・菊田一夫）放送開始。 五月、メーデー事件で死者二名、検挙者千二百三十二人。
一九五三 昭和二十八 十三歳	三月、茨城大学教育学部附属愛宕小学校卒業。 四月、茨城大学教育学部附属愛宕中学校入学。	二月、テレビの本放送開始。 三月、中国からの引き揚げ業務再開。 七月、朝鮮休戦協定調印。

		この年、うたごえ運動盛ん。 映画『君の名は』（大庭秀雄監督）が空前の大ヒット。
一九五四 昭和二十九 十四歳	無教会派クリスチャンであった両親の影響で「水戸無教会グループ」の集会に通う。 夏目漱石の弟子で茨城大学教授の宮野氏から英語を学ぶ。	三月、第五福竜丸、ビキニ環礁の米水爆実験で被爆。 七月、自衛隊発足。 この年、『文学入門』（伊藤整、カッパブックス）など新書ブーム。 電気洗濯機・冷蔵庫・掃除機（のちテレビ）が「三種の神器」と呼ばれる。
一九五五 昭和三十 十五歳	三月、茨城大学教育学部附属愛宕中学校卒業。 四月、茨城県立水戸第一高校入学。	保守合同、社会党統一で五五年体制始動。「神武景気」始まる。 石原慎太郎「太陽の季節」を発表、翌年の芥川賞受賞（一九五五年下半期）で、「太陽族」が社会現象に。
一九五六 昭和三十一 十六歳	茨城大学教育学部附属愛宕小中学校『さくら』第三十六号に、「僕の読書を顧みる」を発表。	日本の国連加盟承認。ソ連、フルシチョフがスターリン批判演説。 五月、売春防止法公布。経済白書の「もはや戦後ではない」が流行語に。 十月、ハンガリー事件でソ連軍出動。

一九五七 昭和三十二 十七歳	千葉県松戸市光ヶ丘団地転居。 四月、茨城県立水戸第一高校から東京都立上野高校に転入。	「なべ底不況」始まる。東京の人口八百五十一万八千六百二十二人で世界一に。 ソ連、人工衛星打ち上げに成功。
一九五八 昭和三十三 十八歳		東京大学在学中の大江健三郎が「飼育」で芥川賞受賞。二十三歳は当時の最年少記録。
一九五九 昭和三十四 十九歳	都立上野高校卒業。東京大学文科二類入学。 『駒場文学』で創作活動を行いつつ、無党派のクラス委員となり反安保闘争に参加。	八月、三井・三池の炭鉱争議始まる。 十一月、安保改定阻止第八次統一行動でデモ隊二万人が国会構内に突入。 この年、「岩戸景気」にわく。
一九六〇 昭和三十五 二十歳	四月、イギリスで開かれた国際反核会議出席のためカンパを集めて渡英、十月までヨーロッパ各国を回り、ロッテルダムから貨物船で名古屋に帰る。	五月二十日、未明に自民党単独で新安保条約を可決。以後、国会は空転し連日デモ隊が国会を包囲。六月十九日に新安保条約自然成立。 十月十二日、浅沼日本社会党委員長、右翼少年に刺殺される。 「所得倍増」が標語に。
一九六一 昭和三十六 二十一歳		四月、ソ連の宇宙船が地球一周有人飛行に成功（ガガーリン少佐）。 八月、東独、ベルリンの壁構築。

		レジャーブーム。 「上を向いて歩こう」（坂本九）が大ヒット、全米チャートのトップにも。
一九六二 昭和三十七 二十二歳	四月、大学二年時の欧州旅行のため一年留年して文学部仏文科に進学。	八月、堀江謙一が小型ヨットで日本人初の太平洋横断。 十月、米ソ対立激化でキューバ危機。 「青田買い」、「無責任時代」が流行語に。
一九六三 昭和三十八 二十三歳	この頃、『駒場文学』に詩「うたげ　Adagio Legato」を発表。後に幼なじみで東京藝大一年生の池辺晋一郎（三歳年下）がピアノ伴奏の歌曲として作曲。	五月、埼玉県狭山市で女高生が誘拐され遺体発見、被差別部落の石川一雄青年を浦和地検が別件逮捕。 十一月、ケネディ米大統領ダラスで暗殺。
一九六四 昭和三十九 二十四歳	三月、東京大学文学部仏文科を卒業。 四月、文藝春秋新社（当時）入社。『週刊文春』に配属される。	十月、東京オリンピック・パラリンピック開催。 同月、東海道新幹線開業。 巨人・王貞治、長嶋茂雄がＯＮ砲として活躍。
一九六五 昭和四十 二十五歳		二月、原水爆禁止国民会議（原水禁）結成。 同月、北爆開始でベトナム戦争本格化。

		下半期より昭和四十五年七月まで「いざなぎ景気」。エレキギターブーム。
一九六六 昭和四十一 二十六歳	社員会報に「退社の弁」（十月十二日）を書いて文藝春秋を退社。 この頃、文京区根津のアパートを借りる。 女性週刊誌『ヤングレディ』（講談社）のアンカーマンを務める。	五月、中国、文化大革命始まる。 六月、ザ・ビートルズ来日。 『笑点』放送開始。３Ｃ（カラーテレビ、カー、クーラー）が新三種の神器に。
一九六七 昭和四十二 二十七歳	四月、東京大学文学部哲学科に学士入学。	十月、佐藤首相南ベトナム訪問に反対の反代々木系学生が警官隊との衝突で死亡（第一次羽田事件）。 新宿を中心に「フーテン族」、「アングラ（アンダー・グラウンド）族」登場。
一九六八 昭和四十三 二十八歳	十月、立花隆の筆名で「素手でのし上った男たち」（『文藝春秋』臨時増刊号）を発表。	一月、東大医学部無期限ストで東大紛争の発端。 四月、二十億円の使途不明金発覚で日大紛争の発端。 八月、札幌医大和田教授、日本初の心臓移植手術。 十二月、東京府中市で三億円強奪事件。 国民総生産（ＧＮＰ）世界第二位に。

一九六九 昭和四十四 二十九歳	五月、寺山修司の推薦文付きで『素手でのし上った男たち――無から億への栄光！』（番長書房）を刊行。 画家・香月泰男の山口県長門市の自宅で聞き取り取材を行う（香月のゴーストライターとして『私のシベリヤ』を翌年刊行）。 「60年安保英雄の栄光と悲惨」（『文藝春秋』二月号）。「東大ゲバルト壁語録」（同三月号）。「この果てしなき断絶」（『諸君！』七月号）。「『少年マガジン』は現代最高の総合雑誌か」（同九月号）。「実像・山本義隆と秋田明大」（『文藝春秋』十月号）。	一月、東大安田講堂の封鎖解除。 七月、米アポロ一一号、人間をのせ初の月面着陸。 『男はつらいよ』（山田洋次監督・渥美清主演）公開。
一九七〇 昭和四十五 三十歳	「これが世界最大のシンクタンクだ」（『諸君！』三月号）。「生物革命――人類は生き延びられるか」（同八月号）。「人間としてのあなたの限界と可能性」（『潮』十月号）。「毛沢東の徹底解明」（同十一月号）。	三月、日本万国博覧会開幕。 同月、日航機よど号、赤軍派学生に乗っ取られ乗客百三人を韓国金浦空港で解放し北朝鮮へ。 十一月、三島由紀夫、「楯の会」会員四人と東京市ヶ谷の自衛隊駐屯地に乱入、決起を呼びかけるが失敗し割腹自殺。
一九七一 昭和四十六 三十一歳	五月、『思考の技術――エコロジー的発想のすすめ』（日経新書）刊行。 この年、東大哲学科を中退。新宿ゴールデン街に「ガルガンチュア立花」を開店。	二月、成田空港公団、一坪地主所有地の第一次強制代執行に着手。反対同盟抵抗。 八月、金―ドル交換停止などでドル防衛策発表（ドルショック）。 この年、ジーパンTシャツが若者のファッションとして大流行。
一九七二 昭和四十七 三十二歳	「ガルガンチュア立花」の経営権を売却、イスラエルへ旅立つ。ヨーロッパ、中近東を放浪し、テルアビブ事件（ロッド空港での日本赤軍による乱射事件）を知る。『週刊文春』七月二十四日号に、「テルアビブで岡本公三	二月、連合赤軍事件（軽井沢浅間山荘での警官隊との銃撃戦と、同志のリンチ殺人発覚）。

	と一問一答」を独占スクープで発表。「時代と状況の病理」（『月刊リクルート』、『いち』に不定期連載）。「世紀の米ソ頭脳決戦」（『文藝春秋』十月号）。「商社・日本原産のモンスター」（同十一月号）。	五月、沖縄施政権返還。 九月、日中国交正常化。
一九七三 昭和四十八 三十三歳	菊入龍介のペンネームで、『日本経済　自壊の構造――危機はなぜ起き、どう展開するか』（日本実業出版社）を刊行。「子殺しの未来学」（『文藝春秋』一月号）、「総合商社解体論」（同五月号）。「未来ルポ　1980年のニッポン」（『週刊文春』十月二十九日号より連載、全四回）。「日本列島石油パニック」（菊入龍介名義で同十一月二十六日号より連載、全五回）。	一月、ベトナム和平協定調印。 二月、変動相場制へ移行。円急騰。 十月、大手石油供給五社十％の供給削減通告（石油ショック）。 「省エネ」が流行語に。
一九七四 昭和四十九 三十四歳	この年の前半、中近東を放浪。「パレスチナ報告」（『諸君！』八月号）。「意外!!田中角栄首相が三福に完勝した七月政変の内幕」（『週刊現代』八月二十三日号）。「田中角栄研究――その金脈と人脈」（『文藝春秋』十一月号）。「中核・革マルの『仁義なき闘い』」（『現代』十一月号より連載、全三回）。 「田中角栄研究」で第三十六回文藝春秋読者賞受賞。	十月、「田中角栄研究」がきっかけとなり、田中金権批判が国会にまで波及。 十一月、田中首相退陣。 「狂乱物価」が流行語に。
一九七五 昭和五十 三十五歳	「田中角栄研究の内幕」（『文藝春秋』一月号）。「『田中角栄金脈の決着』に異議あり」（『現代』五月号）。「新星企業金脈商法の疑惑をついに追い詰めた」（同七月号）。「連続企業爆破事件への重大疑惑」（同九月号より連載、全四回）。「田中金脈裁判傍聴記」（『朝日ジャーナル』十一月十四日号より連載、全四回）。 『中核VS革マル　上・下』（講談社、十一月）。 「田中角栄研究」で新評賞受賞。	四月、ベトナム戦争終結。 「およげ！たいやきくん」（子門真人）発売、翌年に大ヒット。
一九七六 昭和五十一 三十六歳	「日本共産党の研究」（『文藝春秋』一月号より二十一回連載）。「事件の核心――ロッキード疑獄を追って」（『文藝春秋』四月号）。「ロッキード事件追及レポート」（『週刊文春』三月十一日号より三回連載）。「児玉誉士夫と	二月、米上院でロッキード事件発覚。 七月、同事件で東京地検、田中

	は何か」（『文藝春秋』五月号）。「ＣＩＡと児玉誉士夫」（『週刊文春』四月二十二日号より五回連載）。「田中角栄氏への公開質問状」（『週刊朝日』七月十六日号）。「新・田中角栄研究」（『文藝春秋』九月号）。「田中角栄を大勝させた日本は終わったか」（『週刊文春』十二月十六日号）。『田中角栄研究――全記録　上・下』（講談社、十月）。『文明の逆説』（講談社、十二月）。	前首相を逮捕。 十一月、防衛費をＧＮＰの一％以内とすることを決定。
一九七七 昭和五十二 三十七歳	「ロッキード裁判傍聴記」（『朝日ジャーナル』二月十一日号より六十二回連載）。「ジャーナリズムを考える旅」（『諸君！』八月号より四回連載）。	一月、東京地裁、ロッキード事件丸紅ルート初公判。 九月、日航機、日本赤軍にハイジャックされる。 この年、男女の平均寿命世界一となる。
一九七八 昭和五十三 三十八歳	「アメリカＳＥＸ革命報告」（『諸君！』二月号より九回連載）。「不破・上田兄弟論」（『文藝春秋』七月号より五回連載）。 『日本共産党の研究　上』（講談社、三月）。『ジャーナリズムを考える旅』（文藝春秋、五月）。『日本共産党の研究　下』（講談社、九月）。	五月、成田空港開港、反対同盟が総決起集会。 ディスコブーム。 ファミリーレストラン盛況。
一九七九 昭和五十四 三十九歳	『日本共産党の研究』により、講談社ノンフィクション賞受賞。 「ダグラス疑惑」（『朝日ジャーナル』一月五日号より七回連載）。「白い黒幕」（『文藝春秋』三月号）。「農協――巨大な挑戦」（『週刊朝日』十月五日号より十四回連載）。 『アメリカ性革命報告』（文藝春秋、九月）。	二月、ホメイニ師のもとイラン革命。 六月、元号が法制化される。 「ナウい」、「ダサい」が流行語に。
一九八〇 昭和五十五 四十歳	「『地獄の黙示録』研究」（『諸君！』五月号）。「新・田中角栄の研究――被告人と宰相」（『文藝春秋』七月号）。「被告人の選択を待つ首相候補たち」（同八月号）。 『農協』（朝日新聞社、七月）。	三月、都市銀行、現金自動支払い機のオンライン提携開始。 この年、自動車生産台数、米国を抜き世界一に。 校内暴力、家庭内暴力急増。

一九八一 昭和五十六 四十一歳	「『田中角栄独占インタビュー』全批判」（『文藝春秋』三月号）。「『田中角栄無罪』はあるか」（同九月号）。「ニューヨーク81」（『くりま』四月号、『思索紀行』第十三章）。「宇宙からの帰還」（『中央公論』十一月臨時増刊号より七回連載）。『ロッキード裁判傍聴記1——被告人田中角栄の闘争』（朝日新聞社、七月）。	三月、中国残留日本人孤児四十七人、初の正式来日（二十六人が身元不明） 八月、鈴木内閣の全閣僚が靖国神社参拝。 十月、ロッキード裁判公判で榎本被告の前夫人が榎本の五億円受領を認め「ハチの一刺し」で話題になる。 黒柳徹子『窓ぎわのトットちゃん』が戦後最大のベストセラーになる。
一九八二 昭和五十七 四十二歳	「〝田中新金脈〟追及」（『週刊朝日』一月二十二日号より十回連載）。「古井喜実『首相職務権限論』を駁す」（『中央公論』五月号）。「無人島生活六日間」（『週刊文春』七月一・八日号、『思索紀行』第一章）。「角栄を清算しきれぬ日本政治の惨状」（『中央公論』八月号）。 『田中角栄いまだ釈明せず——田中新金脈追及』（朝日新聞社、十一月）。	二月八日、東京・永田町のホテル・ニュージャパンで火災、死者三十三人。 「ネクラ」、「ネアカ」が流行語に。 『E・T』（スティーヴン・スピルバーグ監督）、史上最高の観客動員、一千万人を突破。
一九八三 昭和五十八 四十三歳	「徹底した取材と卓抜した分析力により幅広いニュージャーナリズムを確立した文筆活動」により、菊池寛賞受賞。 「情報のインプット&アウトプット」（『図書』一月号より十二回連載）。 「巨大な悪の連鎖を断て」（『文藝春秋』三月号）。「レンタカーオデュッセイ8000キロ」（『プレイボーイ』五月号より四回連載）。「ヴュー・フロム・ザ・トップ」（『ペントハウス』五月号より九回連載）。「NASA宇宙飛行特訓からの帰還」（同八月号）。「田中角栄と私の九年間」（『文藝春秋』	四月、東京ディズニーランド開園。 十月、東京地裁、ロッキード裁判の田中角栄被告に懲役四年・追徴金五億円の実刑判決。 パソコン、ワープロ急速に普及。 『おしん』がNHK朝の連続ド

	十一月号）。「虚構が崩れた時――10・12判決で感じたこと」（『中央公論』十一月臨時増刊号）。「田中擁護のあらゆる俗論を排す」（『文藝春秋』十二月号）。 『宇宙からの帰還』（中央公論社、一月）。『ロッキード裁判傍聴記2――闇将軍田中角栄の策謀』、『ロッキード裁判傍聴記3――軍団総帥田中角栄の反攻』（朝日新聞社、十月）。	ラマで最高視聴率を記録。 『戦場のメリークリスマス』（大島渚監督）
一九八四 昭和五十九 四十四歳	「神のための音楽」（『FMファン』二月十三日号より三月十二日号まで連載、『思索紀行』第六章）。「青春漂流」（『スコラ』三月八日号より十二回連載）。「立花隆の大反論」（『諸君！』七月号）。「ガルガンチュア風　暴飲暴食の旅」（『文藝春秋』八月号、『思索紀行』第三章）。「ふたたび『角栄裁判批判』に反論する」（『諸君！』九月号）。「再開〝田中新金脈〟追及」（『週刊朝日』七月二十七日号より十回連載）。「ロッキード裁判批判を斬る」（『朝日ジャーナル』十月十二日号より十二回連載）。 『「知」のソフトウェア――情報のインプット&アウトプット』（講談社現代新書、三月）。	一月、三浦和義「ロス疑惑」騒動始まる。 三月、グリコ製品に毒物との脅迫状が報道機関に。 九月、グリコ事件犯人「かい人21面相」、森永製菓も脅迫。 浅田彰『構造と力』（前年には中沢新一『チベットのモーツァルト』）刊行されニューアカ・ブーム。
一九八五 昭和六十 四十五歳	「脳死」（『中央公論』十一月号より十回連載）。 『ロッキード裁判傍聴記4――政治家田中角栄の敗北』（朝日新聞社、二月）。『青春漂流』（スコラ、八月）。『田中角栄新金脈研究』（朝日文庫、八月）。『論駁Ⅰ』（朝日新聞社、十二月）。 私家版レコード『Raga Gaud Malhar Raga Yaman: Classical Indian Vocal Music』（カイラシュ・チャンドラ・パンディ演奏、レーベルは「シェ・タチバナ」）制作。	八月、日航機が群馬県御巣鷹山山中に墜落、死者五百二十人。 九月、G5でドル高是正のためのプラザ合意で円高時代へ。 この年、全国小・中学校での「いじめ」が社会問題となる。
一九八六 昭和六十一 四十六歳	「立花隆――ヨーロッパ・チーズの旅」（『別冊専門料理』三月号、『思索紀行』第五章）。「読書ノート」（『文學界』四月号より三回連載）。「サルに学ぶヒト」（『アニマ』十月号より三十六回連載）。「人間存在の本質を見る」	四月、男女雇用機会均等法施行。 同月、ソ連、チェルノブイリの原子力発電所で大事故、放射能

	(『ナーシング・トゥデイ』十月号)。「河童のお邪魔対談」(妹尾河童との対談、『太陽』十一月号)。『論駁Ⅱ』(朝日新聞社、四月)。『論駁Ⅲ』(朝日新聞社、九月)。『脳死』(中央公論社、十月)。	汚染拡大。九月、ウルグアイでの関税貿易一般協定(GATT)閣僚会議、多角的貿易交渉開始決定(ウルグアイ・ラウンド)。「新人類」が流行語に。
一九八七 昭和六十二 四十七歳	この年『脳死』で第四十一回毎日出版文化賞受賞。「情報ウォッチング」(『週刊現代』一月二十四日号より百四十七回連載)。「脳死を医師はごまかすな」(同四月号)。「宇宙への道」(『中央公論』二月号より七回連載)。「神の王国イグアス紀行」(『文藝春秋』五月号、『思索紀行』第七章)。「AIDSの荒野を行く」(『ペントハウス』六月号より五回連載、『思索紀行』第十四章)。「ラテン・アメリカのキリスト教美術――インディオたちの聖像」(『太陽』八月号、『インディオの聖像』Ⅱ)。「〔ロッキード裁判公訴審判決〕弁護側主張を『論駁』、最高裁でも耐え得る判決」(『朝日ジャーナル』八月二十一日号)。「音楽過剰の時代」(『ポリフォーン』十月号)。「ヨーロッパ名酒紀行――フランスの岩盤深きところより」(『太陽』十二月号、『思索紀行』第四章)。『ロボットが街を歩く日――剛い機械から柔らかい機械へ』(三田出版会、二月)。私家版レコード第二弾『とぎれた闇』(吉原すみれ)発売。	四月、国鉄分割民営化で百十四年の歴史に幕。七月、ロッキード裁判、田中元首相の控訴棄却二審有罪決定。十月、利根川進教授にノーベル生理学・医学賞。十一月、全日本民間労働組合連合会(連合)発足。この年、防衛費GNP一%を突破。「地上げ屋」が流行語に。俵万智『サラダ記念日』がベストセラーに。
一九八八 昭和六十三 四十八歳	六月三十日、手書きの『たちばなしんぶん』(発行部数十二部)を創刊(編集長は当時六歳の長女・薫、記者に立花隆、正子夫人)、満一周年で廃刊。「汚職体質――野党にも」(『朝日新聞』一月十八日)。「ボルドーのシャトーより――陽のあたるブドウ園紀行」(『ペントハウス』二月号)。「その日のソウル――大統領選挙前日、当日、翌日に見た隣国の素顔」(同三月号)。	三月、青函トンネル開業。四月、瀬戸大橋が開通。六月、リクルート事件発覚。十月、天皇の容態悪化で行事・興行・広告・宣伝などの自粛相次ぐ。

	「脳死（再論）」（『中央公論』三月号〜六月号・八月号）。「アメリカの世論を変えたパレスチナ報道」（『週刊現代』四月三十日号、『思索紀行』第十一章）。「立花隆のここが知りたい」（『サウンドトップス』春号より十六回連載）。「信濃川河川敷訴訟判決を読んで」（『朝日新聞』六月十六日付）。「〈リクルート事件〉検察は眠りから覚めよ」（『毎日新聞』七月十六日付）。「『安保反対』からノーベル賞へ」（『文藝春秋』八月号より八回連載）。「巨悪は眠っている――『ロッキード』以後の政治家と検察」（国正武重との対談、『世界』十月号）。「税制改革――ここが議論不足」（座談会、『朝日新聞』十月十一日付）。『同時代を撃つⅠ――情報ウォッチング』（講談社、四月）。『脳死再論』（中央公論社、十一月）。	十一月、『平凡パンチ』が休刊。十二月、『少年ジャンプ』が初の五百万部発行。「朝シャン」、「ＤＩＮＫＳ」が流行語に。
一九八九 昭和六十四 平成元 四十九歳	「立花隆が歩く――研究最前線」（『科学朝日』一月号より十八回連載、『サイエンス・ナウ』に収録）。「わたしの天皇感覚――大多数は無関心、無感覚派」（『朝日ジャーナル』一月二十五日臨時増刊号）。「リクルート事件・政界捜査の報に」（『朝日新聞』五月十八日付）。「『表紙』も『中身』も変わらなかった――総括リクルート事件」（国正武重との対談、『世界』八月号）。「〈朝日サンゴ報道に〉この程度になぜ時間を――背景の掘り下げ足りない」（『朝日新聞』十月九日付）。『同時代を撃つⅡ――情報ウォッチング』（講談社、三月）。ＴＶ『立花隆の思索紀行――南米・失楽の五〇〇年』（ＮＨＫ、六月二十日〜二十二日）。	一月七日、天皇十二指腸部腺癌で死去（昭和天皇と追号）。皇太子明仁即位、平成と改元。四月、消費税スタート。五月、中国天安門広場に民主化を求め百万人規模の民衆が集まり戒厳令、戦車等で制圧（天安門事件）。六月、美空ひばり死去、国民栄誉賞に。十一月、ベルリンの壁崩壊。
一九九〇 平成二 五十歳	「ネイチャー・トーク／自然を考える」（『マザーネイチャーズ』夏号より七回連載）。「東欧解体――これが新しい現実だ」（討論、『文藝春秋』二月号）。「立花臨時講師が見た東大生」（同十二月号）。『同時代を撃つⅢ――情報ウォッチング』（講談社、三月）。『精神と物質	一月、大学入試センター第一回試験実施。十一月、天皇、即位の礼。同月、海外渡航者初の一千万人

	――分子生物学はどこまで生命の謎を解けるか』（文藝春秋、七月）。 TV『立花隆――宇宙への道』（TBS、七月二十三日～二十六日）。	突破。 「バブル崩壊」が流行語に。
一九九一 平成三 五十一歳	『精神と物質』により新潮学芸賞受賞。 「宇宙飛行士秋山豊寛の『心理』と『生理』」（『文藝春秋』二月号）。「私の提言――国連軍を常備軍とし兵力と費用を出す」（『月刊ASAHI』四月号）。「［湾岸戦争］算定の根拠なく戦費支援おかしい」（『毎日新聞』三月五日付）。「私の『国連軍』合憲論」（『月刊ASAHI』五月号）。「コンピューター最前線」（『科学朝日』四月号より十五回連載）。「脳死臨調これでいいのか」（『中央公論』六月号）。「脳死臨調『中間意見』を批判する」（同九月号）。「やはり問題多い脳死判定基準」（『朝日新聞』七月四日付）。 「臨死体験」（『文藝春秋』八月号より二十九回連載）。「立花隆が荒俣宏のすべてを聞く」（『太陽』十一月号）。「自民党を考える」（『毎日新聞』十一月十七日付）。 『サイエンス・ナウ』（朝日新聞社、二月）。『サル学の現在』（平凡社、八月）。『ランダムな世界を究める』（米沢富美子との共著、三田出版会、十一月）。 TV『臨死体験』（NHK、三月十七日）。『NHKスペシャル　臨死体験――人は死ぬ時何を見るのか』（三月十八日～二十日）。	一月、湾岸戦争支援費として九十億ドル（約一兆二千億円）の追加支出。 六月、文部省、教科書検定で社会科全教科書に「日の丸が国旗」、「君が代が国歌」と明記。 九月、韓国、北朝鮮が国連同時加盟。 十月、今春卒業の女子大生の就職率八十一・八％で男子を抜き史上最高と発表。 十一月、PKO協力法案、衆院本会議通過。 十二月、ソ連消滅宣言採択。
一九九二 平成四 五十二歳	「脳死臨調の危険な論理」（『中央公論』四月号より四回連載）。「生命の根源から人類の究極へ――立花隆が埴谷雄高のすべてを聞く」（『太陽』六月号）。「武満徹・音楽創造の旅」（『文學界』六月号より六十六回連載）。「私の読書日記」（『週刊文春』八月二十七日号より連載）。「検察幹部は全員辞職せよ」（同十月十五日号）。「新聞の利点を生かせ」（『朝日新聞』十月十五日付）。「検察のかくも長き眠り」（『文藝春秋』十二月号）。 十二月、猫ビル竣工。 『宇宙よ』（文藝春秋、九月）。『脳死臨調批判』（中央公論社、九月）。	一月、加藤紘一官房長官、従軍慰安婦問題で旧軍の関与を認め公式に謝罪。 九月、PKO部隊の自衛隊第一陣が呉港から出発。 十月、大蔵省、都市銀行等二十一行九月末の不良債権十二兆三千億円、三月末より五十四％増

	TV『21世紀への対話――大江健三郎VS立花隆』（NHK、一月一日）。	と発表。「カルト」、「PKO」が流行語に。
一九九三 平成五 五十三歳	『電脳進化論』で大川出版賞受賞。 「何が金丸事件を生んだのか」（『文藝春秋』五月号）。「遅すぎた終焉」（『文藝春秋』八月号）。「僕の秘書公募――500人顚末記」（『婦人公論』八月号）。「新生党に問う――過去にけじめをつけずに何が新生」（『朝日新聞』六月二十四日付）。「立花隆『金丸裁判傍聴記』」（『週刊現代』八月七日号）。「小沢一郎新生党代表幹事の大罪」（同八月二十一日号）。「脳研究最前線」（『科学朝日』十月号より十八回連載、『脳を究める』に収録）。「新生党が単独与党になる日」（国正武重との対談、『世界』十一月号）。 『電脳進化論――ギガ・テラ・ペタ』（朝日新聞社、二月）。『バーバラ・ハリスの「臨死体験」』（バーバラ・ハリス、ライオネル・バスコム著、立花隆訳、講談社、八月）。『巨悪VS言論――田中ロッキードから自民党分裂まで』（文藝春秋、八月）。『マザーネイチャーズ・トーク』（新潮社、十二月）。 TV『ドキュメンタリーとは何か』（NHK、三月二十二日）。『コリン・ウィルソン氏』（NHK教育、四月十二・十三日）。	五月、大蔵省経常収支の黒字千二百六十億七千六百万ドルで過去最高と発表。 六月、徳仁皇太子と小和田雅子、結婚式。 十一月、EU（ヨーロッパ連合）発足。 十二月、田中角栄元首相死去（七十五歳）。 「規制緩和」が流行語に。 この年、米の作況指数七十四で昭和八年来の凶作。
一九九四 平成六 五十四歳	「田中角栄と私の二十年」（『文藝春秋』二月号）。「最後の田中派・小沢一郎」（国正武重との対談、『世界』二月号）。「新聞vs雑誌」（橘弘道との対談、『文藝春秋』四月号）。「日本版スペースシャトルが翔ぶ日」（五代富文との対談、同五月号）。「田中秀征・鳩山由紀夫と徹底検証！武村正義VS立花隆――小沢一郎との政争270日」（『現代』六月号）。「小沢か反小沢か――細川辞任と新政権の構図」（国正武重との対談、『世界』六月号）。「『自民党へCIA資金』米紙の報道を考える」（座談会、『毎日新聞』十月十六日付）。「イーヨーと大江光の間」（『文學界』十二月号より三回連載）。「にっぽん私の診断書⑨汚職生む不透明な決定過程」（『毎日新聞』十二月	三月、参院本会議、衆院への小選挙区比例代表並立制導入の政治改革関連法案可決。 六月、自民、社会、さきがけ共同政権誕生、村山富市内閣発足。 同月、オウム真理教による松本サリン事件で七人死亡。 七月、日本人女性初の宇宙飛行士向井千秋、スペースシャトル

	十九日）。『立花隆・対話篇――生、死、神秘体験』（書籍情報社、六月）。『アポロ13号　奇跡の生還』（ヘンリー・クーパーJr.著、立花隆訳、新潮社、六月）。『臨死体験　上・下』（文藝春秋、九月）。	で宇宙へ。十月、大江健三郎、ノーベル文学賞受賞。「価格破壊」、「就職氷河期」が流行語に。
一九九五 平成七 五十五歳	六月一日付で東京大学先端科学技術研究センター客員教授に就任。「孤独なリーダー、『政治屋』小沢一郎」（『文藝春秋』二月号）。ロッキード事件丸紅ルート最高裁判決関連の寄稿（『朝日新聞』、『読売新聞』、『毎日新聞』、『日本経済新聞』、『東京新聞』及び共同通信・時事通信、二月二十三日付。『朝日新聞』三月八日付）。「東京共同銀行徹底研究」（『週刊文春』三月二十三日号、同三十日号）。「オウムとサリンの深い闇」（同五月四日号より六月一日号まで四回連載）。「オウムに見る『宗教と殺人』」（同七月二十日号）。「オウム『金剛乗』とは何か」（同七月二十七日号）。「徹底インタビュー・司馬遼太郎①麻原彰晃は史上最悪の人間」、「同②オウム真理教と日本軍」（同八月十七・二十四日号、同三十一日号）。「崩れつつあるメディアの特権」（『朝日新聞』八月十五日付）。「脳の新世紀、脳研究、そして人間」（伊藤正男との対談、同十一月二十八日付）。『立花隆・対話篇――宇宙を語る』（書籍情報社、十月）。『ぼくはこんな本を読んできた』（文藝春秋、十二月）。『NHKスペシャル　立花隆のシベリア鎮魂歌　抑留画家・香月泰男』（六月四日）。	一月十七日、阪神・淡路大震災。三月、オウム真理教による営団地下鉄猛毒サリン事件で死者十二人、重軽傷者五千五百人超。四月、東京外国為替市場、一ドル＝七九・七五円の史上最高値。五月、オウム真理教代表・麻原彰晃（本名・松本智津夫）を殺人、同未遂罪容疑で逮捕、起訴。八月十五日、戦後五十年の村山富市首相談話、「植民地支配と侵略」につきアジア諸国に「お詫び」を表明。「マインド・コントロール」が流行語に。
一九九六 平成八 五十六歳	四月、東京大学教養学部非常勤講師就任、「応用倫理学」講座を担当。インターネットに立花隆ホームページを開設。十一月、東大病院で初診。「幻の『航研機』と日本の技術」（座談会、『文藝春秋』一月号）。「インターネットは『どこでもドア』」（『Views』一月号より二十回連載）。「先端	一月、最高裁、宗教法人法によるオウム真理教解散命令は合憲と判断。二月二十日、武満徹死去。四月、橋本龍太郎首相と駐米大

	研究探検」（『科学朝日』一月号より三回連載）。「インターネットが地球と人をここまで変える！」（村井純との対談、『週刊現代』一月十三・二十日号）。「『超』勉強法・『超』整理法」（野口悠紀雄との対談、『週刊文春』五月二・九日号）。「情報選別のコツ――切羽詰まること」（『読売新聞』四月六日付夕刊）。「立花隆に聞く『インターネット探検』」（『毎日新聞』五月十四日付夕刊）。「同時代を撃つ！」（『週刊現代』五月十一・十八日号より五十四回連載）。「私の東大初講義」（『文藝春秋』六月号）。「電脳対論」（『週刊現代』八月二十四・三十日号より十月十二日号まで四回連載）。「環境データ提供で世界に貢献」（『朝日新聞』八月二十三日付）。「立花隆100億年の旅」（『サイアス』十月十八日号より二〇〇〇年三月号まで連載、『立花隆・100億年の旅』、『宇宙・地球・生命・脳――その原理を求めて　100億年の旅2』）。『脳とビッグバン――生命の謎・宇宙の謎　100億年の旅3』所収）。 『インターネット探検』（講談社、四月）。『脳を究める――脳研究最前線』（朝日新聞社、五月）。『証言・臨死体験』（文藝春秋、十月）。『立花隆のすべて』（『文藝春秋』十一月臨時増刊号）。『知の現在』（日本放送出版協会、七月）。『二十歳のころ　第一集』（東大教養学部・立花隆ゼミ、十一月）。 TV『ETV特集　立花隆戦争を語る　香月泰男のシベリア』（NHK、二月二十三日）。『武満徹が残したものは　立花隆が伝える作曲家の「愛」』（NHK、二月二十五日）。『NHK人間大学　知の現在　限りなき人間へのアプローチ』（NHK教育、七月一日〜九月十六日）。	使、沖縄の普天間基地等の整理・統合・縮小について合意。 六月、消費税翌年四月より五％への引き上げを閣議決定。 七月、英チャールズ皇太子とダイアナ妃、離婚に合意。 九月、民主党結成、代表・菅直人／鳩山由紀夫。 十月、第四十一回総選挙（初の小選挙区比例代表並立制）。 この年、携帯電話急増。「援助交際」が流行語に。
一九九七 平成九 五十七歳	六月、原因不明の激痛に襲われ、東大病院で緊急検査。MRIで脳梗塞、脳出血の跡が見つかる。 「ビル・ゲイツ対談――21世紀を生き延びるための討論　コンピューターは人間を超えるか」（『文藝春秋』二月号）。「21世紀の日本と国際貢献――開発と文化」（『朝日新聞』三月二十一日付）、「梅棹忠夫対談――20世紀日本人の世界体験」（『季刊民族学』七十九号）。「東大講義『人間の現在』」	七月、香港、英国から中国に返還。 十一月、北海道拓殖銀行破綻。山一証券破綻。 十二月、温暖化防止京都会議開幕、議定書採択。

（『新潮』六月号より十八回連載、『脳を鍛える』所収）。「モンゴル『皆既日食』体験」（『ＳＩＮＲＡ』六月号、『思索紀行』第二章）。「器量も能力もない橋本首相について」（『週刊現代』十一月二九日号）。『二十歳のころ　第二集』（東大教養学部・立花隆ゼミ、一月）。『立花隆の同時代ノート』（講談社、三月）。『二十歳のころ　第三集』（東大教養学部・立花隆ゼミ、四月）。『二十歳のころ　第四集』（東大教養学部・立花隆ゼミ、十一月）。『無限の相のもとに』（埴谷雄高との共著、『平凡社、十二月』）。『インターネットはグローバル・ブレイン』（講談社、十二月）。


この年、国内総生産（ＧＤＰ）前年比〇・七％減。二十三年ぶりのマイナス成長。

『もののけ姫』（宮崎駿監督）、『タイタニック』（ジェームズ・キャメロン監督）

一九九八
平成十
五十八歳

二月、第一回司馬遼太郎賞受賞。

第四十九回放送文化賞受賞。

「日本は世界一のダイオキシン汚染大国!!——人類を蝕む環境ホルモンの恐怖」（『週刊現代』一月三・十日号）。「私の東大論」（『文藝春秋』二月号より連載、『天皇と東大』所収）。「阿川佐和子のこの人に会いたい——入院中は徹底的に病気の勉強をしました」（『週刊文春』二月十九日号）。「正常と異常の間」（『文藝春秋』三月号）。「司馬さんの『仕事』の意味」（『週刊朝日』三月六日号）。「インターネットを超える巨大情報化社会の衝撃」（『週刊現代』四月四日号）。「『欲望拡大』型経済の終焉」（同四月十一日号）。「環境ホルモンは人類を滅ぼす」（笹尾敬子との対談、『中央公論』四月号）。「日本の宇宙科学はどこへ行く」（座談会、同六月号）。「幕末、敗戦の教訓『第三の開国』は成功するか」（半藤一利・松本健一との鼎談、『プレジデント』七月号）。「環境ホルモンと〝キレる子供〟の相関関係」（『週刊現代』八月二十二・二十九日号）。「シリーズ対談——立花隆のスーパー好奇心」（『中央公論』九月号より十三回連載）。

『立花隆・１００億年の旅』（朝日新聞社、三月）。文藝春秋編『立花隆のすべて』（文藝春秋、三月）。『生命論パラダイムの時代』（共著、第三文明社、六月）。『環境ホルモン入門』（東京大学教養学部立花隆ゼミ共著、新

二月、第十八回冬期オリンピック長野大会開幕。

四月、明石海峡大橋が開通し、本四連絡橋神戸－鳴門ルート全線開通。

八月、北朝鮮「テポドン1号」発射、三陸沖に落下。

十一月、中国・江沢民国家主席、初の日本公式訪問。

この年、老年人口が初めて子供人口（十五歳未満）を上回る。「キレる」、「老人力」、「モラル・ハザード」が流行語に。

	潮社、七月）。『二十歳のころ——立花ゼミ「調べて書く」共同製作』（東京大学教養学部立花隆ゼミ共著、新潮社、十二月）。TV『ETV特集　立花隆・〝知〟の最終講義』（NHK教育、五月二十八日）。	
一九九九 平成十一 五十九歳	「サイバーユニバーシティの試み」（『UP』一～三月号）。「20世紀——知の爆発」（『文藝春秋』二月号）。「ドナー署名しました」（『朝日新聞』四月二十八日付夕刊）。「20世紀知の爆発——生命科学篇　バイオ革命最前線を行く」（『文藝春秋』七月号）。「ぼくはなぜドナーに署名したか」（『中央公論』七月号）。「アポロ着陸から30年『アポロ以後ヒトは地球人になった』」（『朝日新聞』七月二十日付）。「揺さぶられる死生観——立花隆×鈴木まどか」（『朝日新聞』九月二日付）。「文藝春秋と私」（『文藝春秋』十一月号）。「医学の人間化と非人間化」（第二十五回日本医学会総会会誌）、「再生医工学の将来と課題」（筏義人・大島宣雄・清水慶彦との座談会、『学術月報』十二月号）。 『宇宙、地球、生命、脳——その原理を求めて　100億年の旅2』（朝日新聞社、六月）。『サイエンス・ミレニアム』（新潮社、十二月）。 TV『21世紀プロジェクト筑紫哲也・立花隆　ヒトの旅　ヒトへの旅』（TBS、五月五日）。	一月、欧州連合（EU）の単一通貨「ユーロ」導入。 二月、臓器移植法施行後初の脳死移植。 五月、情報公開法公布。 同月、新しい日米防衛協力のための指針（新ガイドライン）関連法成立。 八月、日の丸・君が代を国旗・国歌とする法律可決、公布施行。
二〇〇〇 平成十二 六十歳	「20世紀の一冊——ヴィトゲンシュタイン『論理哲学論考』」（『新潮』一月号）。「表紙の人——立花隆」（『中央公論』一月号）。「スペシャル再録——この人と一週間　倍賞千恵子」（『週刊文春』一月六・十三日号）。「残された世紀の謎——『ツングース大爆発』を追う」（『文藝春秋』二月号）。「21世紀　知の挑戦——DNA革命はここまで来た」（『文藝春秋』三月号）。「なぜいま『人間の現在』か——『脳を鍛える・東大講義1——人間の現在』について」（インタビュー、『波』三月号）。「著者に聞け！『サイエンス・ミレニアム』」（インタビュー、『週刊ポスト』三月十日号）。「21世紀	四月、介護保険制度発足。 五月、ストーカー規制法公布。 七月、第二十六回主要国首脳会議、沖縄県名護市で開催。 九月、三宅島の火山活動活発化、全島民に避難指示発令。 十二月、改正少年法公布、刑罰対象年齢を十六歳から十四歳に

	知の挑戦2――ガンを制圧せよ」（『文藝春秋』四月号）。「21世紀　知の挑戦3――天才マウスからスーパー人間へ」（同五月号）。「21世紀　知の挑戦番外編――若者たちは21世紀を担えるか」（同六月号）。「文春ラウンジ――ラジオ少年の熱意は、際限なく音を極める」（同八月号）。「二人讃客――サイエンスの21世紀」（廣川信隆との対談、『新薬と治療』六・七月号）。「第22回講談社ノンフィクション賞『選評』」（『現代』十一月号）。「最後に勝つのは若手世代だ」（『ニューズウィーク日本版』十一月二十七日号）。「超ベストセラー徹底批判『「捨てる！」技術』を一刀両断する」（『文藝春秋』十二月号）。	引き下げ。 この年、少年凶悪事件相次ぐ。警察不祥事件多発。病院の医療ミスによる死亡事故多発。 「ＩＴ革命」、「パラサイト・シングル」、「ひきこもり」が流行語に。
二〇〇一 平成十三 六十一歳	『脳を鍛える――東大講義　人間の現在①』（新潮社、四月）。『人体再生』（中央公論新社、六月）。『脳とビッグバン――生命の謎・宇宙の謎　100億年の旅3』（朝日新聞社、六月）。『21世紀　知の挑戦』（文藝春秋、七月）。『新世紀デジタル講義』（新潮社、七月）。 『ぼくが読んだ面白い本・ダメな本そしてぼくの大量読書術・驚異の速読術』（文藝春秋、四月）。『東大生はバカになったか――知的亡国論＋現代教養論』（文藝春秋、十月）。	一月、中央省庁再編、一府十二省庁スタート。 五月、熊本地裁、ハンセン病訴訟で国に賠償金支払いを命じる。 八月、小泉首相が靖国神社参拝。 九月十一日、米で同時多発テロ。死者二千五百人以上。 十月、米、アフガニスタン空爆開始。 「聖域なき改革」が流行語に。
二〇〇二 平成十四 六十二歳	十月、便の血液反応が陽性。大腸内視鏡で直径二センチのポリープが見つかる。手術後、良性と判明。 『解読「地獄の黙示録」』（文藝春秋、二月）。『「田中真紀子」研究』（文藝	四月、学習指導要領改訂により「ゆとり教育」スタート。 五月、サッカー日韓Ｗ杯開幕。

	春秋、八月）。	九月、小泉首相、北朝鮮を訪問。十月、北朝鮮拉致被害者五人帰国。同月、小柴昌俊ノーベル物理学賞、島津製作所・田中耕一が同化学賞受賞。
二〇〇三 平成十五 六十三歳		三月、米英軍、イラク攻撃開始。翌月イラク全土を掌握。四月、日本郵政公社が発足。五月、個人情報保護関連五法成立。六月、有事法制関連三法成立。
二〇〇四 平成十六 六十四歳	『「言論の自由」VS.「●●●」』（文藝春秋、四月）。『イラク戦争・日本の運命・小泉の運命』（講談社、六月）。『シベリア鎮魂歌——香月泰男の世界』（文藝春秋、八月）。『思索紀行——ぼくはこんな旅をしてきた』（書籍情報社、十月）。東京・水戸・金沢・山口・静岡など各地で香月泰男に関する講演会を開く。	一月、陸自、空自にイラク派遣命令。五月、裁判員制度法成立。六月、年金改革関連法成立。この年、消費者物価五年連続下落。「自己責任」が流行語に。
二〇〇五 平成十七 六十五歳	『政治と情念——権力・カネ・女』（文藝春秋、八月）。『エーゲ——永遠回帰の海』（須田慎太郎写真、書籍情報社、十月）。『天皇と東大——大日本帝国の生と死　上・下』（文藝春秋、十二月）。ＮＨＫ『プレミアム10』番組制作のためアメリカ・中国を取材訪問。東京大学大学院総合文化研究科科学インタープリター養成プログラム特任教授就任。第二期東大立花ゼミWeb「ＳＣＩ（サイ）」開始。	八月、郵政民営化関連法案、参議院で否決。小泉首相、衆議院を解散。九月、第四十四回総選挙で自民党圧勝、公明と合わせ与党で三分の二の議席。「想定内」が流行語に。

	Web連載「立花隆の『メディア　ソシオ－ポリティクス』」（日経BP）開始。 TV『NHKスペシャル　最前線報告　サイボーグ技術が人類を変える』（十一月五日）	十一月、皇室典範に関する有識者会議「女性・女系天皇は不可欠」と小泉首相に報告。
二〇〇六 平成十八 六十六歳	二月、この頃から糖尿病が顕在化する。 『滅びゆく国歌——日本はどこへ向かうのか』（日経BP社、四月）。『読む力・聴く力』（河合隼雄、谷川俊太郎共著、岩波書店、十一月）。 「8月15日と南原繁を語る会」を主催。 プログラム・コーディネーターとして、自然科学研究機構とシンポジウムを開催（第一回「見えてきた、宇宙の謎、生命の謎、脳の謎」、第二回「爆発する光科学の世界」）。 NHK『プレミアム10　立花隆が探るサイボーグの衝撃』（四月二十四日）	一月、ライブドアの堀江貴文社長、証券取引法違反で逮捕。 七月、昭和天皇のA級戦犯靖国合祀（一九七八年）への不快感が元宮内庁長官のメモで判明。 九月、安倍晋三内閣発足。初の戦後生まれの首相。 十月、北朝鮮、核実験実施を発表。 十二月、フセイン元イラク大統領に死刑執行。 「格差社会」が流行語に。
二〇〇七 平成十九 六十七歳	東京大学大学院情報学環特任教授就任。 第三期東大立花ゼミWeb「見聞録」開始。 立教大学大学院21世紀社会デザイン研究科特任教授就任。 立教立花ゼミWeb「立教立花組乱歩通り裏6号館ネコ屋敷」開始。 自然科学研究機構とシンポジウムを開催（第三回「宇宙の核融合・地上の核融合」、第四回「生物の生存戦略」）。 東京大学五月祭でシンポジウム（徹底・討論核融合「点火&アフター」）を開催。 八月、再び大腸ポリープが見つかる。頸動脈に軽度の動脈硬化が見つかる。 『ぼくの血となり肉となった五〇〇冊そして血にも肉にもならなかった一	一月、安倍首相、施政方針演説で戦後レジームの見直し強調。 五月、憲法改正の手続きを定める国民投票法成立。 八月、厚労省、「ネットカフェ難民」全国で五千四百人と発表。 十月、郵政民営化スタート。 十二月、社保庁、宙に浮いた約五千万件の年金記録のうち千九百七十五万件が名寄せ困難と発

	〇〇冊』（文藝春秋、一月）。『南原繁の言葉――8月15日・憲法・学問の自由』（編著、石坂公成ほか、東京大学出版会、二月）。『爆発する光科学の世界――量子から生命体まで（自然科学研究機構シンポジウム収録集2）』（クバプロ、八月）。	表。
二〇〇八 平成二十 六十八歳	自然科学研究機構とシンポジウムを開催（第五回「解き明かされる脳の不思議」、第六回「宇宙究極の謎」）。『宇宙の核融合・地上の核融合（自然科学研究機構シンポジウム収録集3）』（クバプロ、四月）。『見えてきた!宇宙の謎。生命の謎。脳の謎（自然科学研究機構シンポジウム収録集1）』（クバプロ、八月）。『生物の生存戦略――われわれ地球生物ファミリーはいかにしてここにかくあるのか（自然科学研究機構シンポジウム収録集4）』（クバプロ、八月）。	三月、円高で十二年ぶりに一ドル百円を突破。 六月、東京・秋葉原で無差別殺傷事件、七人死亡。 九月、米大手証券会社の経営破綻（リーマン・ショック）が世界金融危機の発端に。 十月、ノーベル物理学賞に南部陽一郎・小林誠・益川敏英。同化学賞に下村脩。
二〇〇九 平成二十一 六十九歳	自然科学研究機構とシンポジウムを開催（第七回「科学的発見とは何か」、第八回「脳が諸学を生み、諸学が脳を総合する」）。『小林・益川理論の証明――陰の主役Bファクトリーの腕力』（朝日新聞出版、一月）。『解き明かされる脳の不思議――脳科学の未来（自然科学研究機構シンポジウム収録集5）』（クバプロ、五月）。『がんと闘った科学者の記録』（戸塚洋二との共著、文藝春秋、五月）。『宇宙究極の謎――暗黒物質、暗黒エネルギー、暗黒時代（自然科学研究機構シンポジウム収録集6）』（クバプロ、九月）。『ぼくらの脳の鍛え方――必読の教養書４００冊』（佐藤優との共著、文春新書、十月）。『未来をつくる君たちへ――司馬遼太郎作品からのメッセージ』（関川夏央、松本健一ほかとの共著、日本放送出版協会、十一月）。 ＴＶ『ＮＨＫスペシャル　立花隆思索ドキュメント　がん　生と死の謎に	五月、裁判員制度スタート。 八月、第四十五回衆議院総選挙、民主党大勝、与党惨敗で歴史的政権交代。 十一月、「事業仕分け」スタート。 「草食系男子」、「派遣切り」が流行語に。 村上春樹『１Ｑ８４』

	挑む』（十一月二十三日）。	
二〇一〇 平成二十二 七十歳	自然科学研究機構とシンポジウムを開催（第九回「ビックリ4Dで見るサイエンスの革新」、第一〇回「多彩な地球の生命——宇宙に仲間はいるのか」）。 『白川静読本』（平凡社編、平凡社、三月）。『がん——生と死の謎に挑む』（文藝春秋、十二月）。	五月、鳩山内閣、普天間飛行場の辺野古移設の方針を閣議決定。 九月、尖閣諸島の日本の領海内で中国漁船が海上保安庁巡視船に衝突。 同月、北朝鮮金正日総書記の三男・金正恩が公式に後継者に。 同月、米・大リーグのイチロー十年連続二百本安打達成。
二〇一一 平成二十三 七十一歳	自然科学研究機構とシンポジウムを開催（第十一回「宇宙と生命——宇宙に仲間はいるのか2」）。 『二十歳の君へ——16のインタビューと立花隆の特別講義』（東京大学立花隆ゼミ、文藝春秋、一月）。『〝生命〟の未来を変えた男——山中伸弥・iPS細胞革命』（NHKスペシャル取材班との共著、文藝春秋、八月）。 『心のクスリ』（読売新聞編集局医療情報部編、文藝春秋、九月）。『私と宗教』（渡邊直樹編、平凡社新書、十月）。	一月、中国、二〇一〇年の名目GDPで日本を抜いて世界第二位へ。 三月十一日、宮城県沖でM9の巨大地震、死者・行方不明者約一万六千人（東日本大震災）。津波により東京電力福島第一原発で炉心溶融（メルトダウン）事故。 七月、女子サッカー日本代表「なでしこジャパン」、ドイツW杯で優勝。 「帰宅難民」、「風評被害」、「絆」が流行語に。
二〇一二 平成二十四	自然科学研究機構とシンポジウムを開催（第十二回「知的生命の可能性——宇宙に仲間はいるのか3」）。	五月、国内の原発、すべて運転中止に。

七十二歳	『「こころ」とのつきあい方――13歳からの大学授業』（桐光学園中学校・高等学校編、水曜社、四月）。『学問ノススメ。――学校では教えてくれない達人の知恵』（ＪＦＮ編、徳間書店、四月）。『歴史と現在――明治学院大学国際学部付属研究所公開セミナー4』（原武史編、河出書房新社、五月）。『地球外生命9の論点――存在可能性を最新研究から考える』（自然科学研究機構編、講談社ブルーバックス、六月）。	同月、東京スカイツリー開業。十一月、習近平、中国共産党総書記に就任。十二月、第四十六回衆議院総選挙で民主党大敗、自民党単独過半数確保で政権交代、第二次安倍晋三内閣発足。
二〇一三 平成二十五 七十三歳	『立花隆の書棚』（薈田純一写真、中央公論新社、三月）。『体験から歴史へ――「昭和」の教訓を未来への指針に』（保阪正康ほかとの共著、講談社、三月）。『ジブリの教科書1――風の谷のナウシカ』（スタジオジブリ、文春文庫編、文春ジブリ文庫、四月）。『自分史の書き方』（講談社、十二月）。『ぼくの深読み３００冊の記録』（文藝春秋、十二月）。	一月、日銀、物価目標二%を決定、無期限の金融緩和策を策定。二月、北朝鮮が四年ぶりに三回目の核実験を実施。八月、財務省、六月末の国の借金残高が初めて一千兆円を突破と発表。十二月、特定秘密保護法成立。
二〇一四 平成二十六 七十四歳	『四次元時計は狂わない――21世紀文明の逆説』（文藝春秋、四月）。『立花隆の「宇宙教室」「正しく思考する技術」を磨く』（岩田陽子との共著、日本実業出版、七月）。ＴＶ『ＮＨＫスペシャル　立花隆思索ドキュメント　臨死体験　死ぬとき心はどうなるのか』（ＮＨＫ、九月十四日）。	四月、消費税、八%に引き上げ。六月、ＩＳ（イスラム国）、建国宣言。七月、集団的自衛権の行使を条件付きで容認する政府見解を閣議決定。九月、香港で学生デモ、路上占拠（雨傘革命）。
二〇一五 平成二十七	『揺らぐ世界〈中学生からの大学講義〉4』（共著、桐光学園・ちくまプリマー新書編集部編、ちくまプリマー新書、四月）。『21世紀の日本最強論』	六月、選挙権年齢を十八歳以上に引き下げる改正公職選挙法成

七十五歳	（文藝春秋編、文春新書、四月）。『死はこわくない』（文藝春秋、十二月）。TV『ETV特集　立花隆　次世代へのメッセージ　わが原点の広島・長崎から』（八月八日）。	立。 九月、安全保障関連法成立。集団的自衛権の行使を容認。 十月、マイナンバー法施行。「ふるさと納税」が盛んに。中国人の「爆買い」が話題に。
二〇一六 平成二十八 七十六歳	『武満徹・音楽創造への旅』（文藝春秋、二月）。『「戦争」を語る』（文藝春秋、七月）。	一月、日銀、マイナス金利政策導入決定。 七月、第二十四回参院選、与党勝利で改憲派が憲法改正に必要な三分の二の議席に達する。 八月、天皇、生前退位の意向表明。 十一月、米大統領選で共和党のドナルド・トランプが当選。 この年、世界各地でイスラム過激派などによるテロが相次ぐ。
二〇一七 平成二十九 七十七歳	この年、在日外国特派員協会より「生涯功労賞（ライフタイム・アチーブメント・アウォード）」を授与され、受賞記念スピーチで、「田中金脈問題」の原点である自身の「田中角栄研究」と、同外国人記者クラブでの田中の記者会見について述べる。	二月、辺野古で海上での埋め立て本体工事に着手。 同月、安倍昭恵夫人が名誉校長の森友学園への大阪府豊中市の国有地の格安売却判明。 五月、今治市での加計学園の獣医学部新設に関し、「総理のご意向」と記された文書の存在発覚。

		「忖度」が流行語に。
二〇一八 平成三十 七十八歳	『知的ヒントの見つけ方』（文春新書、二月）。	三月、森友学園の国有地の格安売却をめぐる財務省の決済文書に改竄の疑い表面化。 六月、十八歳を成人とする改正民法成立。 九月、大坂なおみ、テニス全米オープンで優勝。 この年、米中経済摩擦激化。
二〇一九 平成三十一 令和元 七十九歳		一月、英議会、「EU離脱協定案」を大差で否決。 三月、二〇一九年度予算成立、初めて百兆円超える。 五月、皇太子徳仁即位。令和と改元。
二〇二〇 令和二 八十歳	『知の旅は終わらない——僕が3万冊を読み100冊を書いて考えたこと』（文藝春秋、一月）。	二月、国内外で新型コロナウイルス感染拡大。世界銀行の試算で五兆ドルの経済損失。 八月、藤井聡太、史上最年少の将棋二冠に。 九月、憲政史上最長記録の安倍晋三首相退陣、後任は菅義偉に。
二〇二一 令和三	四月三十日、死去。 「立花隆の『遺言』」（『週刊文春』七月八日号）。「〈追悼特集〉私たちが見た『戦後最大のジャーナリスト』」（『文藝春秋』八月号）。	一月、米第四十六代大統領に民主党ジョー・バイデン就任。 七月、東京オリンピック・パラ

年	著作・出演	社会の出来事
	『サピエンスの未来――伝説の東大講義』（講談社現代新書、二月）。『立花隆　最後に語り伝えたいこと――大江健三郎との対談と長崎大学の講演』（中央公論新社、八月）。『「知の巨人」立花隆のすべて』（文春ムック、文藝春秋、八月）。『ユリイカ　特集＝立花隆』（青土社、九月）。『立花隆　長崎を語る――長崎が生んだ「知の巨人」追悼と鎮魂、そして人類』（長崎文献社編集部、長崎文献社、九月）。『東大生と語り尽くした6時間――立花隆の最終講義』（文春新書、十月）。 TV『NHKスペシャル　立花隆のシベリア鎮魂歌　抑留画家・香月泰男』（六月二十七日、初放送一九九五年）。『NHKスペシャル　立花隆最前線報告　サイボーグ技術が人類を変える』（六月二十九日、初放送二〇〇五年）。『ETV特集　立花隆　次世代へのメッセージ　わが原点の広島・長崎から』（NHK、六月二十九日、初放送二〇一五年）。『NHKスペシャル　立花隆思索ドキュメント　がん　生と死の謎に挑む』（六月三十日、初放送二〇〇九年）。『クローズアップ現代＋　知ることに終わりはない　立花隆さんからのメッセージ』（NHK、六月三十日）。『NHKスペシャル　立花隆思索ドキュメント　臨死体験　死ぬとき心はどうなるのか』（七月一日、初放送二〇一四年）。『映像ファイル　あの人に会いたい　立花隆（ジャーナリスト）』（NHK、十月十六日）。『耳をすませば　知の巨人、最後の言葉　半藤一利・立花隆』（NHK、十二月三十一日）。	リンピック開催。 十月、菅首相辞任、岸田総理誕生。 同月、小室圭、眞子内親王結婚。 『鬼滅の刃』など少年コミックの人気が沸騰。 「二刀流」が流行語に。 『シン・エヴァンゲリオン劇場版』（庵野秀明監督）
二〇二二 令和四	『インディオの聖像』（写真・佐々木芳郎、文藝春秋、五月）。『いつか必ず死ぬのになぜ君は生きるのか』（SB新書、SBクリエイティブ、十一月）。 TV『アナザーストーリーズ　運命の分岐点　立花隆vs.田中角栄』（NHK、一月八日）。『NHKスペシャル　見えた　何が　永遠が　立花隆最後の旅　完全版』（十二月三十一日）。	二月、ロシア、ウクライナに侵攻。エネルギー、食品価格高騰で世界的にインフレ加速。 七月、安倍元首相、奈良市内で演説中に銃撃死。犯人の供述から自民党議員と旧統一教会の関係が問題化。

同月、新型コロナ感染者初の二十万人超え（一日）で第七波の猛威。
十二月、中国「ゼロ・コロナ」政策を断念。

あとがき

私にとって、本書は三冊目の「評伝」になる。ただ、これまで書いた中上健次や西部邁は、いずれも私の運命を決定づけた人物たちだが、立花隆はそうではない。個人的にまったく面識もなかったし、接点らしきものも何もなかった。

それがどうして評伝を書く巡り合わせになったのか、説明するのはそう簡単ではない。前二者が私の前に立ちはだかる大いなる「他者」だったとするなら、立花隆はずっと遠くにありながら、その死によって俄然立ち現れてきた大いなる「異人」であった。しかも彼には、すでにして「知の巨人」という、不動の商標がついていた。必ずしも忠実に立花の著作を追いかけてきたわけではないが、私を奮い立たせたのはまず、このイージーな商標を引き剝がしてみたいという批評家としての欲望であった。

その神話剝がしのために、「万能知識人《ゼネラリスト》」という別の商標をこしらえたわけではない。ただ、卓越した知的フットワークの持ち主である彼に、「巨人」というレッテルを押しつけるのは、いかにもその有機的、動態的な知性の運動を静止させることでしかない。「知の巨人」である以前に、彼は大いなる旅の人であった。その軌跡を追うことはまた、知的な遍歴をたどり直すことでもあるだろう。サブタイトルにこめたのは、そのことである。

遥かなる知の旅――その第一歩は到達点へのそれではなく、帰還への小さな一歩である。大いなる旅人はしかし、同じ場所に戻ることはできず、同じ人間にとどまることもできない。立花がただならぬ関心を示した宇宙からの帰還者にしても、臨死体験からの生還者にしてもだ。「旅」は人間に何らかの変容をもたらし、それが次なる旅を促すことになる。立花はこの意味で、常に、そして既に「途上」にある人だった。

評伝という方法は、とりあえずその長い旅の遍歴を、時代との関係から照らし出すための補助手段である。何とか覚悟を決め、大いなる旅人の「あとを追いかける」(going after) ことにしたのが二年前のことだ。とはいえ私には、肝心のデータが決定的に不足していた。立花隆自身が、半自叙伝『知の旅は終わらない』その他数ある著書のあちこちで開陳している、バイオグラフィーの断片を系統立ててアレンジしただけでは、本書はこのような形にはならなかった。立花隆の実妹で最後の秘書まで務められた菊入直代さんに、父上のお仕事にまつわるデータ、立花隆五歳の年の北京からの引き上げの際の貴重な資料など、評伝のための多くの素材をご提供いただいた。心から感謝したい。

さて、その僥倖にもあずかって、私は徐々に、「たとえ偽りにせよ、夜中に呼び鈴の音で起こされて出た医者はもう家に戻れない」(カフカ「田舎医者」) という切迫感にとらわれるようになった。誰に強要されたわけではなく、不意撃ちのように死せる立花隆が間近に迫ってきて、私を強力なノンフィクション言語の渦へと、引き込んでいったのである。

ただ作業は必ずしも順調には進まず、遅滞の連続だった。膨大な量に達する立花の著書をたどり直しつつ、「評伝」と「評論」の相互乗り入れを、一つの書物として整合し再構成するという難題に何度も躓《つまず》いたからだ。その都度、救世主のようにこちらが求める資料を迅速に提供され、上書きに継ぐ上書きで破綻しかけた構成案の再構築を促してくれたのが、旧知の作品社・青木誠也氏であった。

他者の生涯に踏み込まざるを得ない評伝作者は、懐手をした傍観者であることは許されず、自らの退路を断つ覚悟を必要とされる。今度初めて分かったことだが、評伝とは虫食い算の穴を埋めつつ、未知の余白をさらに増やしていくような作業なのだから、無傷でいられるわけはないのだ。それでも、夜中にたたき起こされた医者さながらに、おぼつかない足取りで荒野をとぼとぼといきながら、何とかゴールにたどり着くことができたのは、誰も手をかしてくれないカフカの田舎医者よりも、よほど幸運に恵まれていたからだろう。

なお、巻末の「年譜」作成にあたっては、文藝春秋編『立花隆のすべて　下』（文春文庫）所収の「立花隆略年譜」、『ユリイカ』二〇二一年九月号「特集　立花隆」所収の「立花隆略年譜」、および『増補完全版　昭和・平成現代史年表』（神田文人・小林英夫編、小学館）、『戦後史大事典』（佐々木毅・鶴見俊輔他編、三省堂）、『言語』（一九八五年一月号、大特集「昭和語小辞典」、大修館書店）を参照したことをお断りする。

二〇二三年九月

高澤秀次

【著者略歴】

高澤秀次（たかざわ・しゅうじ）

文芸評論家。1952年北海道室蘭市生まれ。早稲田大学第一文学部卒業。著書に、『評伝　西部邁』（毎日新聞出版）、『戦後思想の「巨人」たち』（筑摩選書）、『文学者たちの大逆事件と韓国併合』（平凡社新書）、『ヒットメーカーの寿命』（東洋経済新報社）、『吉本隆明1945-2007』（インスクリプト）、『戦後日本の論点』（ちくま新書）、『江藤淳』（筑摩書房）、『評伝　中上健次』（集英社）など、監修に『別冊太陽　中上健次』（平凡社）、『電子版　中上健次全集』（小学館）など、編書に中上健次『現代小説の方法【増補改訂版】』、『中上健次［未収録］対論集成』（以上作品社）などがある。

評伝　立花隆

遥かなる知の旅へ

2023年11月25日初版第1刷印刷
2023年11月30日初版第1刷発行

著　者　高澤秀次

発行者　青木誠也
発行所　株式会社作品社
〒102-0072 東京都千代田区飯田橋2-7-4
TEL.03-3262-9753　FAX.03-3262-9757
https://www.sakuhinsha.com
振替口座00160-3-27183

装　幀　　小川惟久
本文組版　前田奈々
編集担当　青木誠也
印刷・製本　シナノ印刷株式会社

ISBN978-4-86182-997-0 C0095

【作品社の本】

現代小説の方法【増補改訂版】

中上健次　高澤秀次編・解説

「地の果て」の、さらなる果てのトポスへの旅の意志。「地の果て」を、今ここに接続する獰猛で繊細な想像力。いま、小説はいかに可能か。壮大な物語世界を背景に、現代文学の異形の巨人が語る小説作法。著者絶頂期の表題作と同時期の発言「音の人　折口信夫」、「坂口安吾・南からの光」を増補した、没後30年記念改訂版！

ISBN978-4-86182-929-1

中上健次［未収録］対論集成

高澤秀次編

「文学」を、「定型詩」を、「同時代」を、「韓国」を、「熊野／民俗」を、「芸能／文化」をめぐる、49人との39の対話。単行本未収録の対談／座談を一挙集成。未だ知られざる中上健次の、ざわめきたち騒ぐ“声”

ISBN978-4-86182-062-5

エリック・ホッファー自伝　構想された真実

エリック・ホッファー　中本義彦訳

港湾労働者にして哲学者、ハンナ・アレントの友人にして中上健次が愛した思索者エリック・ホッファー。失明、両親の死と孤独、自殺未遂、10年にわたる放浪、そして労働と思索の日々……。1920年、30年代のアメリカの貧民街、農場、鉱山を舞台に、苛酷な運命に翻弄されながらも社会の最底辺で生きぬいた経験と、自身をとりまく個性あふれる人々との出会いと別れ、そして生きることの意味を綴った比類なき自伝的回想。

ISBN978-4-87893-473-5

魂の錬金術　エリック・ホッファー全アフォリズム集

エリック・ホッファー　中本義彦訳

「人間とは、まったく魅惑的な被造物である。そして、恥辱や弱さをプライドや信仰に転化する、打ちひしがれた魂の錬金術ほど魅惑的なものはない」。波瀾の生涯から紡ぎだされた魂の言葉475。いま最も注目を集める〈沖仲仕の哲学者〉エリック・ホッファーのすべてがここにある。

ISBN978-4-87893-527-5